Der Weg zum attraktiven Arbeitgeber

Der Weg zum attraktiven Arbeitgeber
Employer Branding in der Unternehmenspraxis

Prof. Dr. Gunther Olesch

1. Auflage

Haufe Gruppe
Freiburg · München

Bibliografische Information der Deutschen Nationalbibliothek
Die Deutsche Nationalbibliothek verzeichnet diese Publikation in der Deutschen Nationalbibliografie; detaillierte bibliografische Daten sind im Internet über http://dnb.dnb.de abrufbar.

Print ISBN: 978-3-648-04449-0	Bestell-Nr. 04451-0001
EPUB ISBN: 978-3-648-04450-6	Bestell-Nr. 04451-0100
EPDF ISBN: 978-3-648-04451-3	Bestell-Nr. 04451-0150

Prof. Dr. Gunther Olesch
Der Weg zum attraktiven Arbeitgeber
1. Auflage 2014

© 2014, Haufe-Lexware GmbH & Co. KG, Munzinger Straße 9, 79111 Freiburg
Redaktionsanschrift: Fraunhoferstraße 5, 82152 Planegg/München
Telefon: (089) 895 17-0
Telefax: (089) 895 17-290
Internet: www.haufe.de
E-Mail: online@haufe.de
Produktmanagement: Jutta Thyssen

Lektorat: Helmut Haunreiter, 84533 Marktl
Satz: Reemers Publishing Services GmbH, 47799 Krefeld
Umschlag: RED GmbH, 82152 Krailling
Druck: Schätzl Druck, Donauwörth

Alle Angaben/Daten nach bestem Wissen, jedoch ohne Gewähr für Vollständigkeit und Richtigkeit. Alle Rechte, auch die des auszugsweisen Nachdrucks, der fotomechanischen Wiedergabe (einschließlich Mikrokopie) sowie der Auswertung durch Datenbanken oder ähnliche Einrichtungen, vorbehalten.

Für Martina

Inhaltsverzeichnis

Einleitung		11
1	**Human Resources als Basis des Unternehmenserfolges**	**13**
1.1	Am Anfang steht eine Vision	13
1.2	Visionäres HR-Management	21
1.3	Employer Branding	32
1.4	Die HR-Bilanz	41
1.5	Messbare Wertschöpfung von Employer Branding	48
2	**Der globalisierende Markt als Chance**	**57**
2.1	Qualifikation – ein Wettbewerbsvorteil deutscher Unternehmen	59
2.2	Effizienz – eine Stärke deutscher Arbeitskultur	61
2.3	Mitarbeiter auf andere Kulturen vorbereiten	63
3	**Herausforderung Demografie**	**65**
3.1	In Aus- und Weiterbildung investieren	66
3.2	Frauen in technische Berufe	68
3.3	Generation Gold – 50 plus	69
3.4	Migranten – ein häufig unentdecktes Potenzial	72
3.5	Duales Studium	74
3.6	Strategien zur Fachkräftesicherung	75
3.7	Gesundheitsmanagement – die Leistungsfähigkeit präventiv erhalten	75
3.8	Immaterielle Anreizsysteme	76
3.9	Bildung als Fundament der Unternehmensstrategie	77
4	**Was ein exzellentes HR-Management auszeichnet**	**81**
4.1	Neue Mitarbeiter gewinnen	81
4.2	Die Human-Resources-Homepage	84
	4.2.1 Einarbeitungsprogramme	87
	4.2.2 Mitarbeiterqualifizierung und Weiterbildung	89
	4.2.3 Möglichkeiten von Hochschulengagement	92
	4.2.4 Zielorientierte Mitarbeitervergütung	93
	4.2.5 Flexible Arbeitszeiten	93
	4.2.6 Unternehmensleitlinien und -kultur	93
	4.2.7 Freizeitwert der Region	98

Inhaltsverzeichnis

4.3	Weitere Tools des Personalmarketings	100
4.4	Kontakte zu Bewerbern	101
5	**Bindung von High Potentials an das Unternehmen**	**103**
5.1	Drei Hierachieebenen von Fach- und Projektleitern	106
5.2	Entwicklung von High Potentials	108
5.3	Selbstpräsentation	112
5.4	Coaching und Mentoring	113
6	**Gesundheitsmanagement und Work-Life-Balance**	**115**
6.1	Partizipation der Belegschaft	118
6.2	Resultate des Gesundheitsmanagements	121
6.3	Betriebliches Eingliederungsmanagement	123
6.4	Gesundheitsmanagement in der Führungsstrategie	125
6.5	Work-Life-Balance und Arbeitszeitmodelle	127
6.6	Teilzeit und Jobsharing	129
6.7	Telearbeit	129
7	**Führungsleitlinien**	**131**
7.1	Entwicklung von Führungsleitlinien	132
7.2	Umsetzung von Führungsleitlinien	135
8	**Unternehmenskultur**	**139**
8.1	Prozesse der Unternehmenskultur	140
8.2	Prozess der Zielvereinbarung durch Target Card	142
8.3	Unternehmensführung und Fairness	146
8.4	Unternehmensethik und Leistung	147
8.5	Mission, Vision und Werte	149
8.6	Soziale Verantwortung des Managements	155
8.7	Krise als Chance	160
8.8	Social Responsibility	164
9	**HR als modernes Servicecenter**	**171**
9.1	Historie von Human Resources	172
9.2	Aufgaben gestern, heute, morgen	173
9.3	Bedarfsanalyse für HR-Aufgaben	176
9.4	Wirkungsvolles HR-Tool – die Mitarbeiterbefragung	177

10	**Prozessorientiertes HR-Management**	**181**
10.1	Prozessorganisation – wegweisend für die Zukunft	182
10.2	HR als Business Partner	186
10.3	Vom Business Partner zum Steering Partner	188
	10.3.1 Exzellente HR-Arbeit	189
	10.3.2 Generalistisches Handeln	189
	10.3.3 HR-Face-Organisation	190
	10.3.4 „Begeisternder" HR-Manager	193
10.4	HR und das Prinzip Markt	193
10.5	Marketing für Personaldienstleistungen	196
10.6	Insourcing von HR-Aufgaben	200
11	**Positionierung von HR innerhalb der Geschäftsleitung**	**203**
11.1	Hürden auf dem Weg in die Unternehmensleitung	203
	11.1.1 Der Personalmanager als Berater mit Stabsfunktion	204
	11.1.2 Der Personalmanager als Spezialist	204
	11.1.3 Der Personalmanager als Kostentreiber	205
	11.1.4 Der Personalmanager als nüchterne Persönlichkeit	205
11.2	Der Weg in die Unternehmensleitung	205
11.3	Zukunftschancen für HR-Manager	207

Schlussgedanken	**209**
Literatur	**211**
Abbildungsverzeichnis	**215**
Stichwortverzeichnis	**221**

Einleitung

Was macht Human-Resources-Management heute erfolgreich? Diese Frage möchte ich in diesem Buch beantworten. Megatrends wie Demografie und Globalisierung stehen dabei im Vordergrund. Visionäres sowie ethisches Management, pragmatische Konzepte und ihre tägliche Umsetzung sollen Ihnen, dem Leser, von Nutzen sein. Ich vertiefe auch die Positionierung von HR in der Unternehmenshierarchie und das Marketing für das Personalmanagement, weil es genauso zum HR-Erfolg gehört wie dessen Inhalte. Phoenix Contact, wo ich als Geschäftsführer für Personal, Informatik und Recht verantwortlich bin, ist nun vielfach als vorbildlicher Arbeitgeber ausgezeichnet worden. Dieser Weg war kein Walking in the Park. Gegen viele im Folgenden beschriebene Konzepte und Aktivitäten gab es diverse Widerstände, sei es die Kosten betreffend, sei es bereits die Ideen und Visionen betreffend. Jedes Fachbuch zeigt die idealen Konzepte auf. Ich möchte auch die Hürden beschreiben, die ich zu überwinden hatte und die mich manchmal sogar an meinen HR-Überzeugungen zweifeln ließen. Die schwierigsten Erfahrungen, die ich machen musste, haben dabei am meisten zu meiner eigenen Entwicklung beigetragen. Ich möchte dem Leser Mut machen, auch Widerstände und Niederlagen auf seinem Weg zu einem exzellenten Human Resources zu akzeptieren, denn sie machen einen stark.

Paulo Coelho (2013) beschrieb es so: „Das Schlimmste ist zu fallen und nicht wieder auf die Füße zu kommen. Besiegt ist nur, wer aufgibt. Alle anderen sind siegreich. Und es wird der Tag kommen, an dem die schwierigen Augenblicke nur noch Geschichte sind, die wir einander erzählen. Und alle anderen werden lauschen und drei Dinge lernen: Geduld — um den richtigen Augenblick zum Handeln abwarten zu können. Klugheit — um eine zweite Chance nicht ungenutzt verstreichen zu lassen. Und stolz auf die eigenen Narben zu sein."

Human Resources zu gestalten und erfolgreich umzusetzen bedeutet daher auch, die eigene Persönlichkeit zu entwickeln. Das Buch richtet sich an Führungskräfte, das Topmanagement, an Unternehmer, HR-Mitarbeiter, HR-Berater sowie an Professoren und Studenten des Fachs Human Resources.

Geben Sie Ihrer Arbeit eine Vision, behalten Sie diese stets fest in den Augen, gerade wenn der Weg schwieriger wird, und geben Sie nie auf. Gestalten Sie für Ihr Unternehmen oder Ihre Auftraggeber exzellente HR-Aktivitäten und setzen Sie sie mutig um. Dafür möchte ich Ihnen in diesem Buch Anregungen geben. Und was

Einleitung

liegt näher, als dies beispielhaft anhand meines Unternehmens Phoenix Contact zu tun? Eines Unternehmens, das — wie erwähnt — eine Reihe von Auszeichnungen für seine vorbildliche HR-Arbeit erhalten hat.

Aus diesem Grund werden verschiedene in diesem Buch vorgestellte Konzepte aus Sicht eines größeren Unternehmens, was Phoenix Contact nun einmal ist, beschrieben. Daher könnten sich kleinere Unternehmen, die über keine eigenen Personalfachleute verfügen, fragen: „Kann ich die geschilderten Maßnahmen auch anwenden?" Ja, sie können. Ich empfehle solchen Unternehmen, Netzwerke und Interessengemeinschaften mit anderen kleineren Unternehmen zu bilden, um gemeinsam die erforderlichen Kapazitäten zu schaffen. Sie können weiterhin auf Fachleute der IHKs, Arbeitgeberverbände und Personaldienstleister zugreifen, die ihnen bei der Implementierung der verschiedenen Personalstrategien und -maßnahmen behilflich sein werden.

Schließlich möchte ich Ihnen noch zwei Hinweise geben: In diesem Buch werden die Begriffe Human Resources bzw. HR nicht in der relativ eng gefassten deutschen Bedeutung verwendet, sondern so, wie sie in der internationalen Unternehmenswelt etabliert sind: Human Resources steht für alles, was mit Personalarbeit zu tun hat.

Zugunsten der besseren Lesbarkeit habe ich in diesem Buch durchgängig die Personenbezeichnungen lediglich in der männlichen Form verwendet. Selbstverständlich schließt dies auch das andere Geschlecht mit ein.

Gunther Olesch

1 Human Resources als Basis des Unternehmenserfolges

Die Mitarbeiter sind die Basis für den Erfolg eines Unternehmens. Sie entwickeln neue Produkte, produzieren und verkaufen sie und bieten Dienstleistungen an. Daher stehen gerade sie im Fokus der Human Resources Verantwortlichen. HR-Mitarbeiter müssen ideale Bedingungen schaffen, passende Konzepte entwickeln und sie vor allem umsetzen, damit die Mitarbeiter ihre Herausforderungen meistern und ihre Aufgaben erfüllen können. Zu Beginn einer HR-Aktivität sollte immer eine Vision stehen.

1.1 Am Anfang steht eine Vision

Manager wie Bill Gates von Microsoft und einst Steve Jobs von Apple haben anspruchsvolle Visionen gehabt und damit den wirtschaftlichen Erfolg ihres Unternehmens erst ermöglicht. Eine Vision zeigt langfristige und damit auch nachhaltige Ziele auf. Auf diesem weiten Weg hatten beide Unternehmer auch Niederlagen einstecken müssen. Doch eine starke Vision gibt Kraft, wieder aufzustehen und den Weg seiner Überzeugung weiterzugehen. Steve Jobs hatte sogar seine Firma Apple verloren, doch seine Vision brachte ihn dazu, nicht aufzugeben und schließlich, nachdem er zu Apple zurückgeholt worden war, sie zur wertvollsten Firma der Welt zu entwickeln.

> Eine Vision gibt nachhaltig Kraft, seine Ziele auch bei Widrigkeiten stets im Auge zu behalten.

Manager von Aktiengesellschaften müssen jedes Quartal die wirtschaftliche Entwicklung bzw. Ergebnisse präsentieren. Alle drei Monate muss der Vorstand sein betriebliches Tun rechtfertigen. Dadurch wird der Blick auf eine eher kurzfristige Zukunft gerichtet. Langfristige Ziele spielen damit eine sekundäre Rolle. Unternehmen werden jedoch nur Nachhaltigkeit erzeugen, wenn sie nicht nur auf das nächste Quartalsergebnis blicken, sondern ihren Horizont ins Auge fassen.

Privatunternehmen handeln oft anders. Die Inhaber wollen, dass ihr Unternehmen auch in Jahrzehnten besteht, um es der nachfolgenden Generation zu übergeben. Es zählt nicht in erster Linie die schnelle Gewinnmaximierung, sondern der dauerhafte Ertrag. Das zeigte sich auch im Rezessionsjahr 2009. Während Aktiengesellschaften Personalkosten eher durch Entlassungen reduzierten, haben Privatunternehmen ihre Belegschaft primär durch Kurzarbeit gehalten. Viele Inhaber dieser Unternehmen haben zugunsten der Mitarbeiter auf Rendite verzichtet und Einbußen hingenommen. Sie fühlen sich persönlich für ihre Belegschaft verantwortlich.

Der Erhalt des Arbeitsplatzes ist für Mitarbeiter gewiss eines der Bedürfnisse, das höchste Priorität genießt. Schließlich muss jeder seinen Lebensunterhalt monatlich bestreiten. Ohne Arbeit und Einkommen zu sein, bedeutet für die meisten Menschen vor dem Abgrund ihrer Existenz zu stehen. Jedes Unternehmen wiederum benötigt qualifizierte und vor allem motivierte Kräfte. Dafür bedarf es einer hohen Identifikation und Zufriedenheit der Mitarbeiter mit dem Unternehmen. Wenn diese Voraussetzungen erfüllt werden, wird sich auch der wirtschaftliche Erfolg einstellen, weil begeisterte Mitarbeiter einfach mehr leisten. Nur der Manager, der langfristige Ziele und Visionen hat, wird auch in zukünftigen Jahren seine Mitarbeiter und sein Geschäft erfolgreich führen können.

Natürlich müssen konkrete Jahresziele in Budgets definiert werden. Es muss ein messbares Soll definiert sein, mit dem man das Ist vergleichen kann. So kann man, falls notwendig, schnell Korrekturen einleiten. Ein Soll-Ist-Vergleich als kurzfristige Erfolgsrechnung und eine Jahresbilanz sind genauso wichtig wie der Tachometer im Auto. Bei einer Abweichung von der vorgegebenen Geschwindigkeit sind Korrekturen durch Bremsen oder Beschleunigung möglich. Es ist aber nach wie vor wichtig, ein langfristiges Ziel zu haben. Daher setze ich einen besonderen Akzent auf die Vision der Manager eines Unternehmens, die vielleicht nicht klar formuliert wurde und leicht aus den Augen verloren wird (Lasko & Busch, 2007).

Visionen generieren in der Gegenwart zunächst keine Wertschöpfung. Sie werden aber die Umsätze und Gewinne von morgen erzeugen. Vor allem haben weitreichende Ziele eine hohe Motivationskraft für Management und Belegschaft. Mitarbeiter, die sich mit dem Unternehmen identifizieren, wollen wissen, wo das Unternehmen übermorgen stehen soll. Schließlich richten sie ihre Lebensplanung u. a. an einem erwarteten Einkommen aus. Dafür brauchen sie einen starken Arbeitgeber, der heute alles tut, damit er auch übermorgen Arbeitsplätze sichern und ausbauen kann (Olesch, 2013 a).

1 Am Anfang steht eine Vision

Abb. 1: **Vision als Orientierung**

Wie kann man pragmatische und langfristige Ziele bzw. Visionen definieren? Ich bin der festen Überzeugung, dass sie in erster Linie von den Geschäftsführern persönlich entwickelt werden sollten. In der Regel werden jedoch in deutschen Unternehmen dafür externe Berater herangezogen. Diese haben meistens nicht den unternehmenshistorischen und kulturellen Hintergrund, um passgenaue und akzentuierte Perspektiven zu entwickeln.

Meine Überzeugung ist:

> Die Aufgabe des Managements ist es, die Ausrichtung und Zukunft des Unternehmens in Form von Mission, Vision, Strategien, Zielen und vor allem Werten zu definieren und die beteiligten Personen wie Mitarbeiter, Kunden und Lieferanten dafür zu gewinnen.

Die soeben verwendeten Begriffe werden in den folgenden Abschnitten noch detailliert erläutert. Ich möchte sie aber bereits vorab ganz kurz erklären:

Unter Mission wird der Auftrag des Unternehmens verstanden. Was ist der Grund seiner Existenz? Die Vision definiert den Horizont und die langfristigen Ziele für die nächsten 10 bis 20 Jahre. Strategien beschreiben, welche Wege beschritten werden, um die Vision zu erreichen. Die Ziele konkretisieren, was im aktuellen Jahr angestrebt wird. All diese Aspekte drücken aus, was erreicht werden soll. Die Werte definieren, wie etwas angestrebt werden soll und welche Ethik verfolgt wird.

Die Geschäftsführung von Phoenix Contact hatte vor dem Jahr 2000 begonnen, die Mission, Vision und die Werte des Unternehmens schriftlich zu definieren. Viele Tage hatten wir, die Geschäftsführung, damit verbracht, alle Möglichkeiten und Alternativen zu durchdenken. Es wurde schließlich zusammen mit anderen Führungskräften der Rohdiamant „Corporate Principles" bis zu seiner endgültigen Form entwickelt. Schließlich hat jedes Mitglied der Geschäftsführung in zahlreichen Workshops den Mitarbeitern die Inhalte verdeutlicht und mit ihnen darüber diskutiert. Ziel dabei war es, alle in ein Boot zu holen.

Die gelebte Mission des Unternehmens lautet:

Mission

**Wir gestalten Fortschritt
mit innovativen Lösungen, die begeistern.**

Abb. 2: **Mission von Phoenix Contact**

Das eröffnet viel Freiraum für die Kreativität der Mitarbeiter und hat zur Folge, dass diese überdurchschnittlich viele Neuheiten pro Jahr auf den Markt bringen, wodurch Phoenix Contact in seiner Branche zum weltweiten Marktführer geworden ist. Über ein Jahrzehnt im Voraus wurden die langfristigen Ziele für das Jahr 2020 definiert. Während davor ausschließlich quantitative Werte wie Umsatz als Ziele gesetzt wurden, hat man für 2020 erstmalig ein zunächst qualitatives Ziel gesetzt.

1 Am Anfang steht eine Vision

Was war der Grund für ein qualitatives Ziel? Phoenix Contact entwickelt und produziert High-Tech-Produkte für den weltweiten Markt. Es sind elektronische oder elektrotechnische Produkte, deren Komplexität immer mehr zunimmt. Auch die Anzahl der Neuheiten geht in astronomische Höhen. Die Komplexität und die Menge der Produkte führen schließlich dazu, dass ein Kunde diese Vielfalt im Detail nicht mehr erfassen kann. Nicht zu begreifende Komplexität kann nur durch Vertrauen ersetzt werden. Daher wurde formuliert, dass Phoenix Contact die Marke in unserer Branche ist, der man am meisten vertraut. Es ist wie beim Fliegen: Die meisten Passagiere können wegen der Komplexität eines Flugzeuges nicht erklären, warum hundert Tonnen in der Luft bleiben, sie könnten es bei einem Ausfall der Piloten auch nicht sicher zur Erde bringen, dennoch vertrauen sie dem komplexen Flugzeug und seiner Besatzung ihr Leben an. Es steht das Vertrauen dahinter, dass die Fluggesellschaften stets die Sicherheit der Passagiere durch exzellente Technik und hoch qualifiziertes Personal sicherstellen.

Abb. 3: **Das strategische Ziel für 2020 (2007 definiert)**

Auf dem Weg zum strategischen Ziel 2020 wurden einige Meilensteine und Kernaktivitäten definiert. Kunden gewinnen nur Vertrauen zu einem Unternehmen, wenn zunächst die eigenen Mitarbeiter Vertrauen zum eigenen Unternehmen haben.

Denn sie sind es, die in erster Linie das Geschäft mit den Kunden betreiben. Sie sollen qualitativ hochwertige Neuheiten entwickeln, sie sollen diese in effizienten Prozessen produzieren, sie sollen Produkte mit zuverlässigen Zusagen vertreiben und sie sollen im persönlichen Kontakt den Kunden begeistern. Alle Einheiten des Unternehmens haben sich so auszurichten. Daher ist das Vertrauen der Mitarbeiter zum Unternehmen eine wichtige Voraussetzung.

Abb. 4: **Der Autor als Leiter eines Workshops für Führungskräfte**

Vertrauen entsteht nur, wenn die Betroffenen an der strategischen Zieldefinition beteiligt sind. Daher werden in regelmäßigen Abständen Workshops durch Mitglieder der Geschäftsführung mit den Mitarbeitern durchgeführt. Unter der Moderation der Personal- und Organisationsentwicklung diskutiert die Geschäftsführung mit Mitarbeitern in Gruppen von bis zu 20 Personen, wie das Ziel 2020 gestaltet sein soll. Gemeinsam wird ermittelt, welchen Beitrag jeder Einzelne dazu leisten kann. Ein Workshop dauert einen Tag. Es ist durchaus ein großer Aufwand, den die Geschäftsführung hierfür zu leisten hat. Aber nur die gemeinsamen Workshops ermöglichen es, im Detail mit den beteiligten Mitarbeitern zu diskutieren, Unsicherheiten und Skepsis abzubauen und hohe Identifikation mit dem langfristigen Ziel zu erzeugen. Indem die Geschäftsführung die Workshops selbst durchführt, wird auch eine hohe Authentizität erreicht, die kein externer Berater realisieren kann.

1 Am Anfang steht eine Vision

Um festzustellen, wie die Entwicklung zum strategischen Ziel 2020, die vertrauensvollste Marke in unserer Branche zu sein, verläuft, werden alle zwei Jahre weltweit Kundenbefragungen durchgeführt. Es werden z. B. Kriterien wie Produkte, deren Qualität, Dienstleistungen, Kundenfreundlichkeit oder Beschwerdemanagement den entsprechenden Benchmarks der weltweiten Marktbegleiter gegenübergestellt. Dadurch wissen wir konkret, wo wir gut sind und wo wir noch Verbesserungsbedarf gegenüber dem Wettbewerb haben.

Das Vertrauen des Kunden zu gewinnen, kann nur erreicht werden, wenn die Mitarbeiter all ihre Aktivitäten und Prozesse ihm gegenüber exzellent ausführen. Das heißt: überdurchschnittliche Innovationen, hohe Qualität von Produkten, Produktion, Dienstleistungen, Vermarktung und Vertrieb, hervorragender Service und Freundlichkeit. Nur wenn die Mitarbeiter selbst zufrieden sind und Vertrauen zum Unternehmen haben, können sie das durch ihre exzellenten Leistungen an den Kunden vermitteln. Daher ist es notwendig, die Mitarbeiter zu befragen, wie sie zum Unternehmen stehen.

Vertrauen der Kunden entsteht nur durch Exzellenz in allen Aktivitäten eines Unternehmens.

Wie kann die Ausprägung des Vertrauens der Mitarbeiter zum Unternehmen gemessen werden? Die Geschäftsführung und alle Beteiligten einigten sich darauf, die Mitarbeiter durch Great Place to Work® weltweit befragen zu lassen, gerade weil in dieser Befragung ein Vertrauensindex ermittelt wird. Great Place to Work® ist ein weltweit agierendes Institut, das Mitarbeiterbefragungen durchführt und sie auswertet. Führungsverhalten und Unternehmenskultur spielen in der Befragung eine ganz zentrale Rolle. Die Ergebnisse werden den Mitarbeitern durch die Geschäftsführung auf Belegschaftsversammlungen vorgestellt. Jede Führungskraft hat die Aufgabe, seinen Mitarbeitern das jeweilige Bereichsergebnis zu präsentieren. Vor allem sollen analysierte Verbesserungspotenziale umgesetzt werden. Diese werden im Detail mit den Mitarbeitern definiert. Alle zwei Jahre wird die Great-Place-to-Work-Befragung wiederholt. Das weltweite Ergebnis soll in diesem Zeitraum um zwei Prozentpunkte gegenüber dem Unternehmensdurchschnitt verbessert werden. Für jede einzelne Einheit kann das ein anderer Prozentwert sein (siehe weiter unten). Über dem Unternehmensdurchschnitt liegende Bereiche müssen nicht in dem Maße optimiert werden wie Bereiche, die darunter liegen. Im Abschnitt „Employer Branding" wird die Vorgehensweise näher beschrieben.

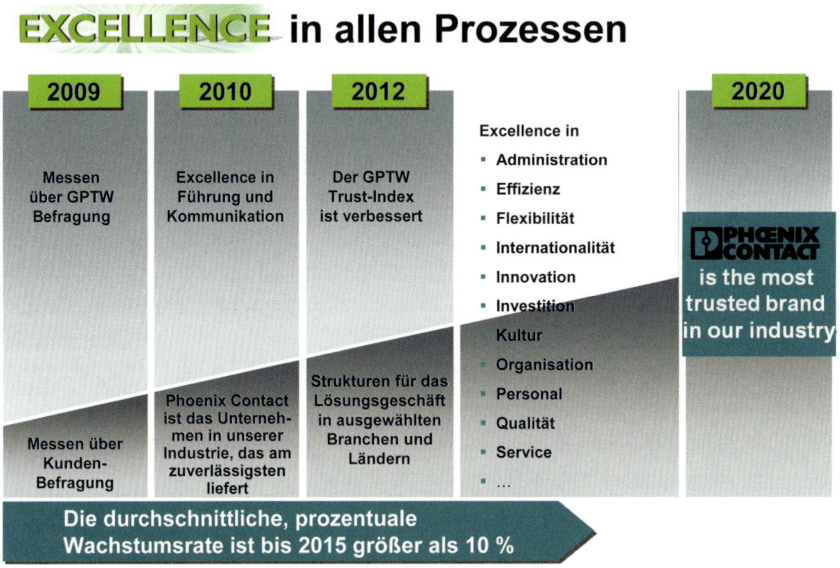

Human Resources als Basis des Unternehmenserfolges

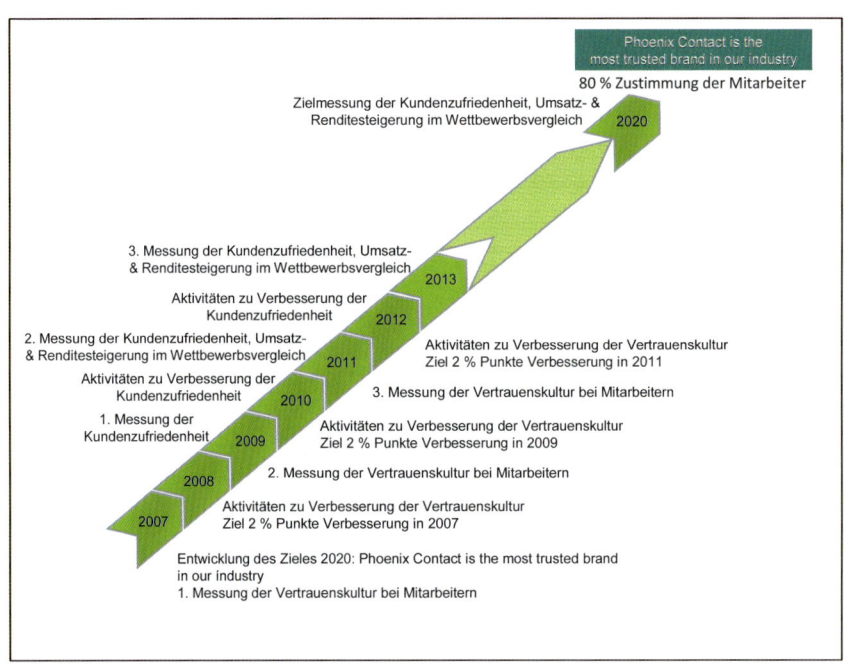

Abb. 5: **Strategische Maßnahmen auf dem Weg zum vertrauensvollsten Unternehmen**

Abb. 6: **Schritte von der Unternehmensvision zur Realisierung**

Visionäres HR-Management

Die Geschäftsführung lässt sich permanent berichten, welche Aktivitäten — abgeleitet von den gemessenen Ergebnissen der Great-Place-to-Work-Befragung — zur Vertrauensbildung und Führungskultur durchgeführt werden. Indem konkrete Ziele und Aktivitäten von der Führungskraft an die Geschäftsführung berichtet werden, lassen sich auch qualitative Werte nachvollziehbar quantifizieren und messen. Ziel ist es letztendlich, dass die Kunden hohes Vertrauen zum Unternehmen haben. Dadurch, dass die Mitarbeiter ein hohes Vertrauen zum Unternehmen besitzen, übertragen sie es auf die Kunden. Das hohe Vertrauen der Mitarbeiter führt zudem dazu, dass sie bereit sind, ihre Arbeit exzellenter auszuführen. Die exzellenten Prozesse wiederum führen zu einer hohen Zufriedenheit der Kunden und so wird das Unternehmen betriebswirtschaftlich erfolgreich. Wenn die Komplexität und die Menge der Neuheiten kaum noch überschaubar sind, ist das Vertrauen, das der Kunde zum Unternehmen und seinen Produkten hat, der entscheidende Schlüssel zum nachhaltigen Erfolg in der Zukunft. Wichtig dabei ist, dass die Geschäftsführung gemeinsam mit den Mitarbeitern die strategischen und langfristigen Ziele partizipativ erarbeitet und dafür persönlich die Belegschaft gewinnt (Olesch, 2012). Phoenix Contact kann so sein Wachstum für die Zukunft und seine Marktführerschaft ausbauen. Trotz hoher Leistung, die dabei die Mitarbeiter zu erbringen haben, besteht bei ihnen eine hohe Zufriedenheit und Identifikation mit dem Unternehmen.

Ich möchte auch die Hürden schildern, die ich bei der Einführung dieser Strategie erlebt habe. Es war kein Walking in the Park. Phoenix Contact ist ein ingenieurausgerichtetes Unternehmen. Über 90 % der Fachkräfte verfügen über eine technische Qualifikation. Hier musste ich viel Überzeugung und Ausdauer zeigen, um Softfacts wie regelmäßige Mitarbeiterbefragungen einzuführen. Ich erhielt einige Kritik wegen der Regelmäßigkeit der Befragungen. Meine Argumentation ist, dass jedes Unternehmen eine betriebswirtschaftliche Bilanz benötigt, um zu wissen, wo es steht. Etwas Vergleichbares benötigt man auch im Hinblick auf die Mitarbeiter, weil sie die innovativen Produkte entwickeln, produzieren und vertreiben (Olesch, 2013 b). Man kann dabei nicht alle Kritiker überzeugen, daher gilt es nach Steve Jobs, nie aufzugeben, auch wenn man manchmal glaubt, seine Überzeugung nicht realisieren zu können. Aber gerade mit der eigenen Überzeugung, Ausdauer und Begeisterungsfähigkeit kann man auch Kritiker überzeugen.

1.2 Visionäres HR-Management

Der Tag eines HR-Verantwortlichen wird stark durch klassische Arbeiten wie Personaleinstellungen, -betreuung, -entwicklung etc. ausgefüllt. Er oder sie wird als Serviceeinheit verstanden, die die Bedürfnisse der internen Kunden erfüllen soll.

Human Resources als Basis des Unternehmenserfolges

Hierzu einige Beispiele (Becker, 2005):

> **BEISPIELE: Klassische Arbeiten eines HR-Verantwortlichen**
> - Nachdem der Vertrieb neue Strategien entwickelt hat, beispielsweise seinen Kunden weitere Vertriebskanäle wie Social Media anzubieten, erhält das Personalmanagement den Auftrag, Qualifikationsprofile zu generieren und Mitarbeiter entsprechend zu qualifizieren, weil alles andere — wie z. B. die technische Infrastruktur — bereits vorbereitet ist.
> - Die Leiter des Produktionsbereiches haben sich Gedanken gemacht, wo ein neuer Standort eröffnet werden soll. Die HR-Einheit erhält anschließend den Auftrag, schnell Mitarbeiter dafür zu suchen und zu qualifizieren.
> - Nachdem die Geschäftsleitung z. B. die strategische Entscheidung getroffen hat, die Unternehmensorganisation weiterzuentwickeln, erhält wieder anschließend der HR-Verantwortliche den Auftrag, Prozesse für Change Management erfolgreich umzusetzen.

Leider wird das HR-Management meistens erst „anschließend" nach solchen Entscheidungen eingeschaltet. In vielen Fällen reagiert es daher nur. Wenn es nicht in die dezidierten Strategien und Ziele seiner internen Kunden eingebunden wird, kann es sich nicht gezielt vorbereiten, um z. B. rechtzeitig Kapazitäten freizustellen und proaktiv zu wirken. Die Folge kann sein, dass die zu erfüllenden Aufgaben zu spät umgesetzt werden, was die Kritik gegenüber dem HR-Management fördern kann. Dies ist ein Dilemma, in dem diverse HR-Einheiten von Unternehmen stecken. Das HR-Schiff wird dabei nicht vom HR-Management gelenkt, sondern von denen, die keine Kernkompetenz im Feld von HR haben (Olesch, 2011 a). Wir sollten rechtzeitig Strategien und Aktivitäten starten, um unser Schiff selber zu steuern und erfolgreich in den Hafen zu navigieren (siehe Kapitel „HR als modernes Servicecenter").

Die HRler sollten Maßnahmen ergreifen, um rechtzeitig in strategische Überlegungen und Entscheidungen ihrer Kunden eingebunden zu werden. Wann werden diese bereit sein, sie in ihre Strategien und Planungen früh einzubeziehen? Nur dann, wenn sie selbst sich neben den operativen Aufgaben auch intensiv mit den gesamten Unternehmensstrategien beschäftigen (Olesch, 2010 b).

1 Visionäres HR-Management

Zwei strategische Kompetenzen benötigt das HR-Management:

> **Strategische Kompetenzen des HR-Managements**
>
> **Marktgerechtes Managen:**
> Die Ausrichtung an den aktuellen Kundenbedürfnissen sowie deren Erfüllung stehen im Vordergrund.
>
> **Visionäres Managen:**
> Die Ausrichtung auf die Zukunft steht hier im Fokus. Die primäre Frage lautet: Was wird mein Kunde bzw. mein Unternehmen in ferner Zukunft brauchen, um erfolgreich zu sein, und was davon muss ich heute in Gang setzen?

HR-Manager müssen die Megatrends unserer Welt analysieren und studieren. Sie müssen in die Zukunft blicken und antizipieren, wo unsere Welt in 10 und 20 Jahren sein wird und welche Bedürfnisse das Unternehmen dann haben wird. Danach müssen sie Konzepte entwickeln, welchen Beitrag sie dazu leisten wollen. Daraus sollen dann HR-Strategien abgeleitet und in proaktive Maßnahmen umgesetzt werden (Olesch, 2011 b).

Visionäres Management

- Ausrichtung des Unternehmens an den Megatrends z. B. regenerative Energie, Urbanisierung, Verkehr, Nahrung, Gesundheit etc.
  - Wo wird unsere Welt in 10, 20 und 30 Jahren sein?
  - Was können wir vom Unternehmen dafür leisten?
- Megatrends für Human Resources
  - Demografie
    - Fachkräftesicherung, älter werdende Belegschaften, Employer Branding
  - Globalisierung
    - Volatilität, flexiblere Arbeitsorganisationen
  - Ethische Werte, Wertewandel, Social Media

Abb. 7: **Megatrends für Human Resources**

Hier kann man sich an Visionären wie z. B. Bill Gates orientieren. 1976 hatte er als junger Mann seine Vision definiert: In jedem Haushalt der Welt ein Computer. Die Fachwelt hatte ihn damals für verrückt erklärt. Man war der Überzeugung, dass vier Großrechner auf der Welt ausreichen werden. Wie sieht die Realität seiner Vision heute aus? In den industrialisierten Ländern hat ein Haushalt im Durchschnitt drei Computer und Bill Gates ist einer der reichsten Männer der Welt. Zu einer Vision gehört stets die Phantasie, sich in die Zukunft zu denken, und vor allem der Mut, konsequent gegen alle Widerstände und Niederlagen seiner Überzeugung zu folgen. Gerade wenn Widrigkeiten drohen, sollten wir sie mit Courage annehmen.

Der Blick in die Zukunft und die dafür notwendige Phantasie ist besonders wichtig. Henry Ford wurde einst gefragt, ob er intensive Marktanalysen durchgeführt habe, um so erfolgreich zu werden. Er antwortete: „Nur zum Teil. Hätte ich meine Kunden gefragt, was sie benötigen, hätten sie geantwortet, ein schnelleres Pferd. Ich schaute in die Zukunft und entwickelte daher Autos."

Abb. 8: **Der Weg zur Vision – bergauf und bergab**

Visionen geben uns langfristig die Kraft, Ziele im Auge zu behalten und sie zu verfolgen. Wenn man von einem Berggipfel zu einem höheren will, kann man ihn leider nicht auf direktem Wege erreichen. Nur in der Geometrie ist die kürzeste Distanz zwischen zwei Punkten eine Gerade. In der täglichen Herausforderung leider nicht. Man muss absteigen und später wieder aufsteigen. Gerade der Abstieg als

1 Visionäres HR-Management

Symbol für Widrigkeiten oder Niederlagen ist besonders herausfordernd. Hier kann man als Manager und als Mensch schnell aufgeben.

> „Es ist keine Schande zu fallen; es ist aber eine Schande nicht wieder aufzustehen", hat Steve Jobs gesagt.

Wenn man aber seine Vision vom höheren Gipfel fest im Auge behält, wird man die Hoffnung nicht aufgeben und eher die Kraft finden, um die kommenden anstrengenden Niederlagen und Herausforderungen zu meistern und seine Vision schließlich zu realisieren.

Visionäres Denken und Managen gehören unabdingbar zum zukünftigen Erfolg von HR (Hungenberg, 2001). Die Voraussetzungen dafür sind die Phantasie, die Zukunft zu antizipieren, und der Mut, die dafür notwendigen Aktivitäten konsequent umzusetzen. Gerade Mut ist dabei gefordert. Schließlich kann es notwendig sein, sich mit mächtigen Managern anzulegen, um seine Überzeugung umzusetzen. Dabei können einen Unsicherheiten und Ängste plagen, das habe ich selbst häufiger erlebt. Aber letztendlich hat auch David den Goliath besiegt.

> Es gibt immer Chancen, es liegt an einem selbst, sie wahrzunehmen.

In Zukunft müssen wir uns drei großen Megatrends, die HR betreffen, stellen: der Demografie, der Globalisierung und dem Wertewandel (Hohlbaum & Olesch, 2010). Die folgenden Abschnitte bieten Ihnen zunächst einen Überblick über die genannten drei Themenbereiche. Weitere detaillierte Erläuterungen erhalten Sie dann in den späteren Kapiteln.

Megatrend 1: Demografie

Die Demografie beschert uns den häufig erwähnten Fachkräftemangel. Hier müssen HRler beherzt Aktivitäten ergreifen, um ihrem Unternehmen in Zukunft genügend Reservoirs an Fachkräften zur Verfügung zu stellen. Phoenix Contact bildet daher über den eigentlichen Bedarf hinaus junge Menschen aus.

Heute sind primär Männer in technischen Berufen tätig und die demografische Entwicklung lässt ihre Zahl weniger werden. Technologisch Ausgebildete Mitarbeiter aber sind für unsere Exportmarktführerschaft unbedingt notwendig. Leider sind heute immer noch zu wenige Frauen an technischen Berufen interessiert. Daher motivieren wir durch viele Maßnahmen junge Mädchen, sich mehr solchen Berufen zu widmen. Fakt ist, und das haben wir in unserem Unternehmen bewiesen, dass junge Frauen dafür begeistert werden können, erfolgreich in technischen Berufen tätig zu werden (siehe Kapitel „Frauen in technische Berufe").

Hauptschüler stellen eine Gruppe dar, die in Zukunft die Nachfrage der Unternehmen an Personal decken können. Gerade ausländische Jugendliche besuchen primär Hauptschulen. Wie erfolgreich Phoenix Contact mit diesen Menschen arbeitet, wird im Kapitel „Migranten — ein häufig unentdecktes Potenzial" beschrieben.

Zu den zukünftig fehlenden Fachkräften werden natürlich auch Akademiker gehören. Daher bietet Phoenix Contact seit vielen Jahren Jugendlichen eine Ausbildung mit parallelem Studium an. Daraus resultiert erfahrungsgemäß eine starke Unternehmensbindung, sodass ein großer Bedarf an zukünftigen Akademikern gedeckt werden kann. Darüber hinaus werden berufsbegleitend Masterstudiengänge und MBA (Master of Business Administration) angeboten und vom Unternehmen finanziert.

Um gegen den demografischen Wandel zu wirken, ist es notwendig, ältere Mitarbeiter einzustellen und sie in ihrer beruflichen Entwicklung zu fördern. Es gibt genügend Arbeitslose über 50, die unverschuldet, z. B. durch Insolvenz ihres Unternehmens, ihren Arbeitsplatz verloren haben. Sie, so haben wir es erlebt, sind hoch motiviert, eine Berufschance in einem Unternehmen zu bekommen. Aber auch für die Weiterentwicklung der eigenen Mitarbeiter über 50 muss gesorgt werden. Phoenix Contact führt Weiterbildungsmaßnahmen durch, in denen über 50-Jährige für neue Berufe wie z. B. Mechatroniker qualifiziert werden (siehe Kapitel „Generation Gold — 50 plus")

Die alternden Belegschaften sollten durch beherztes präventives Gesundheitsmanagement fit gehalten werden. Beherzt heißt in diesem Fall auch gegen die Widerstände der auf die Kosten hinweisenden Finanzmanager. Bei Phoenix Contact gibt es bereits seit 2001 ein betriebliches Gesundheitsmanagement, das auf Prävention ausgerichtet ist. Jeder Mitarbeiter kann sich eine Stunde lang diagnostizieren lassen. Bei festgestellten Defiziten werden unter physiotherapeutischer Leitung Trainings je nach Bedarf für Muskulatur und Gelenke, Herz-Kreislauf und Entspannung durchgeführt. Ernährungsberatung gehört ebenfalls dazu. An den Arbeitsplätzen werden ebenfalls Trainings angeboten, um gesundheitliche Mängel durch Fehlhaltungen erst gar nicht vorkommen zu lassen (siehe Kapitel „Gesundheitsmanagement und Work-Life-Balance").

Megatrend 2: Globalisierung

Die Globalisierung wird die gegenseitigen Abhängigkeiten der weltweiten Märkte verstärken. Nachfrageschwankungen in fernen Ländern werden sich auf unsere exportausgerichteten Unternehmen viel stärker auswirken als bisher. Während in den letzten hundert Jahren die Wirtschaft mit mäßigen Schwankungen gewachsen ist, wird durch die globalen weltwirtschaftlichen Ereignisse die Volatilität stärker werden. 2009 fand aufgrund des Bankenzusammenbruchs die größte weltwirtschaftliche Stagnation statt. 2010 war wiederum eines der erfolgreichsten Jahre der deutschen Wirtschaft. Diese Ausschläge hatte es vorher nie gegeben. Eine höhere Flexibilität der Unternehmen als heute wird eine wichtige Voraussetzung für den Erfolg von morgen sein.

Die Unternehmen in Deutschland sind stark von der Volatilität abhängig, die durch Weltmarkt, Geldpolitik, Energiepreise, militärische Krisen und globalisierte Wettbewerbssituationen bedingt ist. Das kann zu wirtschaftlichen Herausforderungen führen, die die Arbeitsplatzsituation des jeweiligen Unternehmens beeinträchtigen. Hier sollten Gewerkschaften in Zukunft mehr proaktives Mitwirken zeigen, was stärkere Flexibilität und engere betriebliche Bündnisse für die Unternehmen zulässt. Bisher kommen Gewerkschaften Unternehmen erst entgegen, wenn der Karren tief im Morast steckt. Flächentarife starr zu halten, ist genauso fatal wie fundamentalistisches Denken und Handeln. Unternehmen sollten als Partner und nicht als Gegner betrachtet werden.

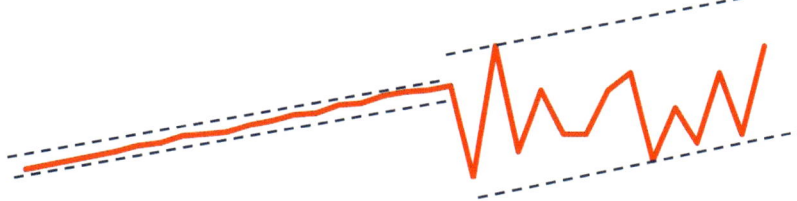

Abb. 9: **Die Zukunft wird mehr Flexibiltät von den Unternehmen fordern**

Wie kann ein Unternehmen auf die Volatilität und die Herausforderungen des globalisierten Marktes reagieren, um Arbeitsplätze in Deutschland zu sichern oder neu zu schaffen? Die Reaktionsfähigkeit deutscher Unternehmen wird in Zukunft zunehmen müssen. Während in der Industrie bis zum Jahr 2000 ein fast stetiges und gleichförmiges Wachstum der Wirtschaft zu verzeichnen war, ergeben die Globalisierung und die damit verbundene Volatilität höhere Amplitudenausschläge. Entsprechend sind flexible Arbeitszeitsysteme ein unbedingtes Muss. So können bei Phoenix Contact Zeitkonten auf bis zu +/- 210 Stunden variiert werden (Olesch, 2006 a). Ebenfalls sollte der Einsatz von Leasingmitarbeitern in den Unternehmen weiter genutzt werden. Die Branche des Personalleasings erfährt einen starken Aufschwung. Ein Teil der Arbeitnehmer muss sich auf Beschäftigungen als Leasingkraft einstellen. Dabei sollte Equal Pay eine wichtige Basis sein.

Von allen Beteiligten werden ein überzeugter Wille, die kreative Tatkraft und die moralische Verantwortung verlangt, um Arbeitsplätze, Land und die Zukunft unserer Kinder durch aktives Handeln zu fördern. Frei nach dem Motto:

> „Alles Gute in der Welt geschieht nur, weil einer mehr tut, als er muss!" (Hermann Gmeiner)

Phoenix Contact hat seine Arbeitszeitmodelle erweitert. Flexible Arbeitsorganisationsformen werden ausgebaut. Wir nutzen den Einsatz von Leasingkräften für Auftragsspitzen. Hierbei sind ethische Werte wie eine gute Führungskultur, Equal Pay und Equal Treatment besonders wichtig.

Besonders das Eingehen auf die Bedürfnisse der Mitarbeiter in der Krise spielt eine entscheidende Rolle. 2009 galt es für uns, die wirtschaftliche Existenz des Unternehmens genauso wie die Arbeitsplätze zu sichern. Es musste dringend gespart werden und so verzichteten zunächst die Geschäftsführung und das obere Management auf den prozentualen Gehaltsanteil, den die Mitarbeiter durch die Einführung von Kurzarbeit weniger erhielten. Die Treppe muss von oben gefegt werden, das Topmanagement muss als Vorbild vorangehen. So entsteht auch in der Krise eine zuverlässige Unternehmenskultur. Denn nur in einem guten Betriebsklima wächst der Erfolg des Unternehmens (Olesch, 2009 a).

> **Eine gute Unternehmenskultur zeigt sich nur in der Krise.**

Wenn im Management große Unsicherheit darüber herrscht, wie die wirtschaftliche Entwicklung sein wird, zeigt sich, wer Nerven bewahrt und seiner Vision und seinen Werten treu bleibt (siehe Kapitel „Führungsleitlinien").

Megatrend 3: Wertewandel

Der durch die Generation Y und die Digital Natives angestoßene Wertewandel wird unsere Unternehmen und unsere Kommunikationsformen stark verändern. HR muss dafür als Vorreiter strategische Maßnahmen wie Employer Clouds entwickeln. Darüber hinaus ist der Wertewandel nicht statisch, die Wertesysteme ändern sich laufend. Generation Y veröffentlicht in Social Media über sich viel mehr als Generation X. Persönliche Daten werden öffentlicher gehandelt. Zudem hat das private Leben neben dem Job bei Generation Y einen viel höheren Stellenwert als bei den vorherigen Generationen. Der Work-Life-Balance muss in Zukunft stärker entsprochen werden als heute. Dafür müssen wir HRler in unseren Belegschaften heute bereits Aktivitäten einleiten — auch gegen die Trägheit des Gewohnten.

Wir haben Arbeitszeitmodelle weiterentwickelt, um den Ausgleich zwischen Beruf und Privatem zu optimieren. Phoenix Contact betrachtet den Mitarbeiter als ganzheitliche Persönlichkeit. Dazu gehört auch der Teil des Menschen, der im privaten Leben „stattfindet". Hier muss die Geschäftsführung Vorbild sein. Wenn neue Mitarbeiter unser Start-up-Programm besuchen, präsentiere und diskutiere ich als Geschäftsführer mit ihnen die Visionen, Strategien und Werte des Unternehmens. Um unsere Überzeugung, dass das Privatleben wichtig ist, zu unterstreichen, stelle ich mich ihnen zunächst als Privatperson vor. Ich betone, dass das glückliche Leben mit meiner Frau sehr wichtig ist, wie auch meine Hobbies Joggen und Rockmusik in der Phoenix-Contact-Band zu spielen.

Privatleben | Jogging & Fitness

Musik

Abb. 10 und 11: **Das Topmanagement stellt das eigene Privatleben vor und ermutigt dadurch die Mitarbeiter, ebenfalls zu ihrem Privatleben zu stehen**

Ich möchte den neuen Mitarbeiter vermitteln, dass auch sie zu ihrem Privatleben stehen sollen. Es ist genauso wichtig wie ihr Berufsleben. Wenn beides ausbalanciert ist, können Mitarbeiter erfolgreich sein.

Sorgen, die im Privatleben entstehen, belasten die Arbeitsqualität des Mitarbeiters und berufliche Schwierigkeiten die Privatsphäre. Deswegen haben wir eine Sozialberatung eingerichtet, die dem Mitarbeiter dabei hilft, sowohl private als auch berufliche Probleme zu lösen und ein ausgewogenes Leben zu führen. Dafür hat Phoenix Contact Stellen geschaffen, zu denen Mitarbeiter auch mit privaten Problemen gehen können. Sie erhalten professionelle Beratung von Fachleuten, denn der Erfolg eines Unternehmens stellt sich nur dann ein, wenn Berufliches wie Privates im Fokus des Managements stehen und zur Ausgewogenheit geführt werden.

Visionäres HR-Management

Familienfreundlichkeit

- Betreuung bei privaten Herausforderungen

Abb. 12: **Fabel ist eine von Phoenix Contact mitgegründete Einheit, die sich um die privaten Probleme von Mitarbeitern kümmert**

Was beseelt Phoenix Contact, exzellentes HR-Management zu betreiben? Es ist die Vision, die ich vor mehr als 20 Jahren für meine Arbeit – inspiriert durch Steve Jobs und Bill Gates – definiert habe: „Wir sind einer der besten Arbeitgeber". Das ist nicht nur ein Postulat, sondern es ist auch messbar. Bei Arbeitgeberwettbewerben wie TOP JOB, Great Place to Work® oder CRF wollen wir olympisches Metall gewinnen, entweder Bronze, Silber oder Gold. Wenn wir einen der drei ersten Plätze besetzen, haben wir unsere Vision realisiert, wobei Gold besonders angestrebt wird.

Abb. 13: **Vision zu Human Resources**

Warum haben wir diese Vision definiert? Die Begründung lautet folgendermaßen:

Ein Unternehmen, das als exzellenter Arbeitgeber geführt wird, ist langfristig erfolgreicher:
- Mitarbeiter fühlen sich gut behandelt,
- sie sind bereit, mehr Leistung zu erbringen,
- und das Unternehmen wird dadurch erfolgreicher.

Die Glieder dieser Argumentationskette gehören untrennbar zusammen. Die HR-Vision wird jährlich durch abwechselnde Teilnahme an Wettbewerben wie Great Place to Work®, TOP JOB und Top Arbeitgeber überprüft. Durch die Analyse der Wettbewerbsergebnisse und die abgeleiteten HR-Aktivitäten wurde das Unternehmen mehrfach zum besten Arbeitgeber Deutschlands gekürt und hat sich durch die Leistung der Mitarbeiter zum Weltmarktführer entwickelt (Lemmer, 2011). Stark ausschlaggebend ist die gelebte HR-Vision, einer der besten Arbeitgeber zu sein. Wie ich bereits geschildert habe, gab es diverse Widerstände, aber eine Vision gibt Kraft, ihr auch bei Widrigkeiten weiter zu folgen. Die Zukunft wird uns HRlern interessante Möglichkeiten eröffnen. Mit Visionen und dem Mut, diese konsequent zu realisieren, können wir einen großen Beitrag zum Erfolg unseres Unternehmens leisten. Nehmen wir beherzt die Herausforderung an!

1.3 Employer Branding

Als Employer Branding wird definiert, was Mitarbeiter über das Unternehmen denken und sprechen. Das macht die Arbeitgebermarke aus. Sie wird häufig mit Personalmarketing vermischt, bei dem es darum geht, innerhalb des Unternehmens in einem guten Licht zu stehen (Frickenschmidt & Quenzler, 2012). Bedingt durch die demografische Entwicklung ist neben der guten Produktmarke vor allem die Arbeitgebermarke entscheidend.

Der Wettbewerb unter den Unternehmen wird in Zukunft nicht primär durch gute Produkte stattfinden, sondern durch den Kampf um die guten Mitarbeiter!

Schon heute hat ein Elektroingenieur vor Abschluss seiner Masterarbeit mehrere Arbeitsplatzangebote. Er kann sich also die Rosinen herauspicken. Gerade die Generation Y nutzt Social Media, um Informationen über potenzielle Arbeitgeber zu bekommen. Sie entscheidet nicht nach Unternehmenspräsentationen in Personalanzeigen, auf Hochschulmessen und Homepages der Firmen. Unternehmen zeigen sich dort immer von der schönsten Seite.

Die von Unternehmen dargestellten Fakten müssen unbedingt der Wahrheit entsprechen (Frickenschmidt & Quenzler, 2012). „Walk the talk" sagen die Amerikaner und meinen damit, dass Reden und Handeln übereinstimmen müssen. Das gilt besonders für Employer Branding. Durch Social Media wird eine enorme Transparenz und Überprüfbarkeit von Marketingaussagen gefördert. Kununu.com ist das populärste Portal für die Arbeitgeberbeurteilung im deutschsprachigen Raum. 80.000 Unternehmen werden mittlerweile von ihren Arbeitnehmern bewertet. Wer hier ein schlechtes Ergebnis erhält, hat es bei der Akquisition guter Mitarbeiter schwer. Erhält man eine positive Beurteilung, so wird es einfacher, qualifiziertes Personal zu gewinnen. Viele von uns, die ein Urlaubshotel suchen, entscheiden nicht nach dessen Homepage, auf der z. B. die schönsten Serviceleistungen betont werden, sondern danach, wie es auf Hotelcheck.de von den Gästen beurteilt wird. Genauso geht Generation Y bei der Suche nach einem exzellenten Arbeitgeber vor. Was Hotelcheck.de für den Urlaub ist, ist Kununu.com für die Arbeitsplatzsuche.

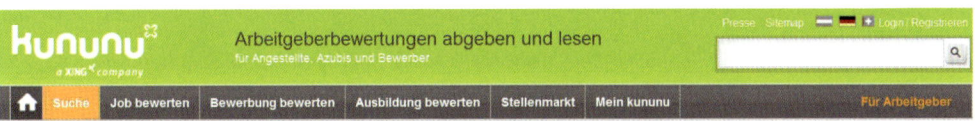

PHOENIX CONTACT GmbH & Co. KG in Blomberg - Erfahrungsberichte, Bewertungen und Kommentare

Abb. 14: **Phoenix Contact erreicht durch sein Engagement für seine Mitarbeiter ein gutes Image bei Kununu.com**

Human Resources als Basis des Unternehmenserfolges

Punkte 4,8 von 5	"Begeisternder Arbeitgeber, bei dem ich Spaß an der Arbeit habe"
	Kommentar: Ein toller Arbeitgeber, der wirtschaftlich erfolgreich ist und für die Mitarbeiter sein Bestes gibt. Ich fühle mich hier sehr wohl. Und weil das für die meisten Kollegen gilt, hat unser Unternehmen schon viele Arbeitgeberpreise gewonnen. Es ist einfach toll hier zu arbeiten.

Punkte 4,9 von 5	"Starkes Unternehmen für Menschen, die etwas bewegen wollen"
	Job Phoenix Contact **Jobstatus:** Aktueller Job | **Hierarchie**

Details ▸

Abb. 15: Feedback von Mitarbeitern auf Kununu.com

Exklusive Auswertung

Das sind die beliebtesten Arbeitgeber der deutschen Elektronikbranche

Die Arbeitgeber-Bewertungsplattform kununu hat exklusiv für karriere-ing.de seine Datenbank ausgewertet. Hier sind die beliebtesten Arbeitgeber aus der Elektronik.

Den eigenen Job bewerten sowie ein Unternehmen auf seine Stärken als Arbeitgeber überprüfen: Wie bei der Bewertung von Hotels, werden auf www.kununu.com Arbeitgeber durch ihre eigenen Mitarbeiter nach einem Punktesystem von 1 bis 5 (5 ist die Höchstnote) anonym bewertet. Mehr als 80.000 Unternehmen wurden bereits beurteilt. Kriterien waren die Gesamtbewertung sowie eine Mindestanzahl von 15 Bewertungen.

Die am besten bewerteten Unternehmen aus der Elektronik-Branche:

Platz	Arbeitgeber	Punkte
1	Sick	4,23
2	Phoenix Contact	4,02

Abseits vom Ranking hat kununu für karriere-ing.de bekannte Branchenleader auf ihre Beliebtheit als Arbeitgeber überprüft. Das Ergebnis: **Philips Deutschland** kommt auf die Note 3,42, **TQ-Systems** auf 3,40, **Infineon** auf 3,35 und **Schneider Electric** auf 3,34.

Corinne Schindlbeck, karriere-ing.de

Employer Branding 1

Besser als die Großen

Gute Werte für Phoenix

Blomberg. Phoenix Contact zählt laut der Arbeitgeber-Bewertungsplattform „kununu" zu den zwei beliebtesten Arbeitgebern der deutschen Elektronikbranche. Diese Auswertung ist im „karriere-ing"-Newsletter der Weka Fachmedien veröffentlicht worden.

Das Familienunternehmen mit Sitz im lippischen Blomberg wurde von Mitarbeitern, Bewerbern und Auszubildenden beurteilt. Mit einer Durchschnitts-Punktezahl von 4,02 bei 5 möglichen Punkten steht Phoenix Contact auf Platz 2.

Auf den zehn vorderen Plätzen dieser Auswertung finden sich laut einer Pressemitteilung von Phoenix Contact vorrangig mittelständisch geprägte Unternehmen in Familienhand. Dagegen weisen Branchenführer und Großkonzerne bei ihren Bewertungen eine niedrigere Punktzahl auf, heißt es in der Pressemitteilung.

Abb. 16 und 17: **Online- bzw. Zeitungsveröffentlichung zur Kununu-Bewertung von Phoenix Contact**

Gerade solche Veröffentlichungen mit den positiven Titeln helfen jedem Unternehmen, seinen Bekanntheitsgrad und sein Employer Branding zu verbessern. Daher werden im Weiteren Veröffentlichungen über Phoenix Contact illustriert, um den Leser zu ermutigen, auch diesen Weg zu gehen, um schließlich diesen Öffentlichkeitserfolg zu erreichen. Medien sind gerade dann stark an HR-Erfolgen interessiert, wenn bekannte Persönlichkeiten, wie z. B. auf den folgenden Abbildungen, die Awards übergeben.

Phoenix Contact erhielt Top Job-Auszeichnung für zukunftsorientierte Gesamtkonzeption der Personalarbeit (von links): Wolfgang Clement, Bundeswirtschaftsminister a.D., Prof. Dr. Heike Bruch, Leiterin des Instituts für Führung und Personalmanagement der Universität St. Gallen, Prof. Dr. Gunther Olesch, Geschäftsführer Phoenix Contact, Ulrich Wickert, Moderator der Preisverleihung.

Arbeitgeber des Jahres 2008

[Blomberg] Die enge Verknüpfung des systematischen Personalmanagements mit der Gesamtstrategie des Unternehmens sowie die ausgewogene und zukunftsorientierte Gesamtkonzeption der Personalarbeit waren für die Jury des Mittelstandswettbewerbs Top Job ausschlaggebend, Phoenix Contact als Arbeitgeber des Jahres 2008 auszuzeichnen. Im Beisein von Christa Thoben, Wirtschaftsministerin des Landes Nordrhein-Westfalen, überreichte Wolfgang Clement, ehemaliger Wirtschafts- und Arbeitsminister, die Auszeichnung im Rahmen der offiziellen Preisverleihung von Tob Job an Geschäftsführer Prof. Dr. Gunther Olesch.

Abb. 18: Herr Clement, Bundeswirtschaftsminister a. D., Frau Prof. Bruch, Universität St. Gallen, und Herr Wickert, Ex-Tagesthemen-Moderator, überreichen den TOP-JOB-Preis „Bester Arbeitgeber Deutschlands 2008"

Employer Branding 1

Abb. 19: Frau von der Leyen, Bundesarbeitsministerin, überreicht den Great-Place-to-Work-Preis 2010 an Phoenix Contact

Abb. 20: Herr Clement, Bundeswirtschaftsminister a. D., überreicht ein weiteres Mal den TOP-JOB-Preis „Bester Arbeitgeber Deutschlands 2010" an Phoenix Contact

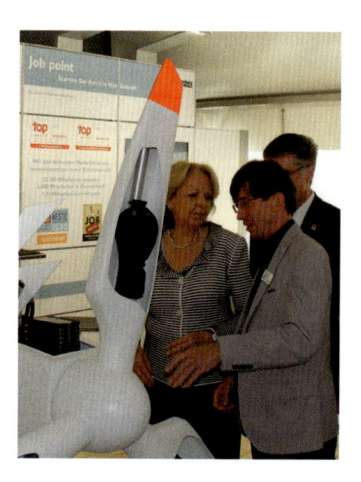

Abb. 21: **Die Ministerpräsidentin von NRW, Frau Kraft, informiert sich beim Besten Arbeitgeber Deutschlands für Ingenieure 2012**

Abb. 22: **Bundesministerin von der Leyen besucht Phoenix Contact als besten Arbeitgeber 2013**

Employer Branding 1

Diese Veröffentlichungen helfen außerordentlich, das Employer Branding zu fördern, da es nicht nur in gedruckten Medien, sondern von den Initiatoren auch im Internet verbreitet wird. Sie sollen den Lesern Anregung geben, diese Aktivitäten aufzugreifen. Es lohnt sich, wie man sieht.

Marketingtechnisch hat Phoenix Contact zwei Nachteile: Erstens gehört das Unternehmen zur Investitionsgüterindustrie und stellt keine Konsumgüter her. Die Produkte und das Unternehmen sind daher nicht so bekannt wie z. B. die Consumer-Marken Miele und BMW. Bekannte Marken wirken attraktiver auf interessierte Jobsuchende.

Ein weiterer Nachteil ist die Lage der Werke. Sie sind alle in kleineren Städten recht ländlich gelegen. Nun zieht es qualifizierte Kräfte häufig stärker in Großstädte, wo es z. B. mehr kulturelle Angebote gibt, wie beispielsweise zu BMW in München. Vielen anderen deutschen Unternehmen geht es ähnlich. Daher gilt es auch für sie, die beschriebene Strategie des Employer Branding zu nutzen.

Abb. 23: Phoenix Contact im herausfordernden Wettbewerb zu anderen attraktiven Arbeitgebern

Human Resources als Basis des Unternehmenserfolges

Phoenix Contact bekam viele Arbeitgeberpreise. Die Folge davon ist z. B., dass wir im Jahr 2012 pro Monat 800 Bewerbungen erhielten, ohne eine Online- oder Print-Anzeige geschaltet zu haben. Ein Beweis dafür, dass sich interessierte Bewerber stark an den Ergebnissen der Arbeitgeberwettbewerbe orientieren. Übrigens haben wir dadurch auch hohe Summen für das Personalmarketing eingespart. Unsere Bewerber werden im Interview gefragt, warum sie sich gerade bei Phoenix Contact gemeldet haben. Die Antworten bestätigten, dass gerade die vielen Auszeichnungen dazu geführt haben (Lemmer, 2011).

Ein weiterer positiver Effekt eines erfolgreichen Employer Brandings ist die Wirkung, die der Human-Resources-Bereich im eigenen Unternehmen erzielt. Nachdem Phoenix Contact durch erfolgreiche HR-Arbeit mehrfach als sehr guter Arbeitgeber prämiert worden ist, ist das Image der HR-Einheit stark gestiegen. HR-Investitionen, Strategien, Konzepte und ihre Umsetzung werden dadurch grundsätzlich positiver aufgenommen und können leichter realisiert werden. Außerdem können HR-Themen viel stärker in die Gesamtstrategie des Unternehmens eingebracht werden als vorher.

In Deutschland will das Unternehmen zu den drei besten Arbeitgebern gehören und weltweit zu den zehn Besten des jeweiligen Landes. Phoenix Contact hat in 47 Ländern eigene Unternehmen, in denen durch Great Place to Work® alle zwei Jahre das Vertrauen und die Zufriedenheit der Mitarbeiter mit dem Unternehmen gemessen werden.

Zusätzlich wird in Deutschland regelmäßig in dem Jahr, in dem Great Place to Work® nicht zum Einsatz kommt, eine Mitarbeiterbefragung durch TOP JOB vorgenommen. Wir nennen die Mitarbeiterbefragung unsere HR-Bilanz. Die Ergebnisse werden in allen Ländern analysiert und der jeweilige General Manager muss in den Bereichen, in denen Verbesserungsbedarf gemeldet wurde, geeignete HR-Aktivitäten einleiten.

Jedes Jahr wird in jedem Unternehmen eine Bilanz erstellt. Sie gibt eine verbindliche Auskunft über die wirtschaftliche Situation des Unternehmens. Sie ist Bestandteil des Jahresabschlusses und stellt zusammen mit der Gewinn- und Verlustrechnung den Erfolg eines Unternehmens in einer Vergangenheitsbetrachtung dar. Damit ist die wirtschaftliche Situation hoch transparent. Welche Daten und Fakten aber liegen über das „Vermögen Mitarbeiter" vor? Kennt man die Bilanz über Effizienz, Identifikation und Zufriedenheit der Mitarbeiter? Nur wenige Unternehmen führen neben der betriebswirtschaftlichen Bilanz auch eine Human-Resources-Bilanz. Sie sollte messen, wie zufrieden der Mitarbeiter mit seinem Unternehmen ist.

Die HR-Bilanz **1**

Um Ihnen zu verdeutlichen, wie wichtig es ist, die „Parameter" der HR-Bilanz zu kennen, möchte ich Sie nochmals auf Folgendes hinweisen: Wenn ein Mitarbeiter zufrieden ist, ist er bereit, mehr Leistung zu erbringen, und das Unternehmen wird erfolgreicher. Dies ist wissenschaftlich erwiesen (Bruch & Vogel, 2009). Mitarbeiter, die zufriedener sind und sich mehr mit dem Unternehmen identifizieren, bescheren ihm höhere Umsätze, größere Kundenzufriedenheit, höheren Return on Invest und mehr Innovationen.

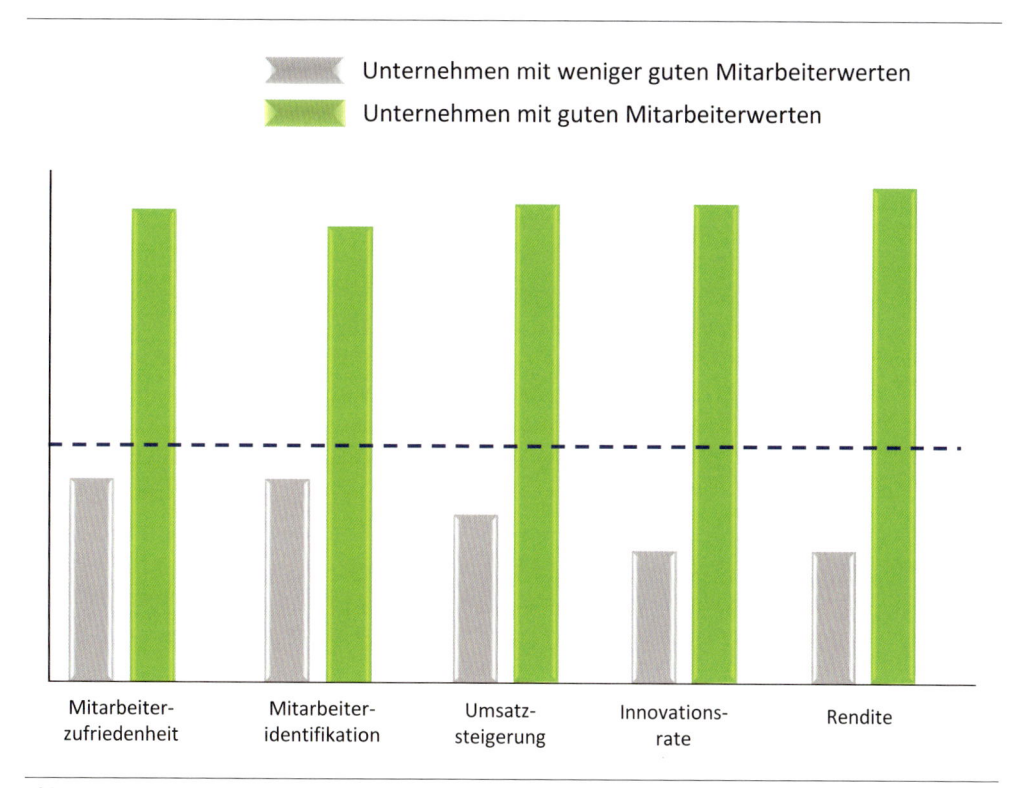

Abb. 24: **Mitarbeiter mit höherer Identifikation und höherer Zufriedenheit bescheren einem Unternehmen höhere Umsatzsteigerungen, Renditen und Innovationsraten (Bruch & Vogel, 2009)**

1.4 Die HR-Bilanz

Wenn das Resultat begeisterter Mitarbeiter ein größerer wirtschaftlicher Erfolg ist, dann ist es wichtig, hier anzusetzen. Um den Unternehmenserfolg zu erhöhen, ist es daher ein wichtiger Faktor, die Zufriedenheit von Mitarbeitern zu ermitteln. Die klassische Unternehmensbilanz besteht in erster Linie aus Zahlen. Eine HR-Bilanz hingegen setzt sich nur zum Teil aus Zahlen zusammen, während der andere Teil die Ergebnisse der Mitarbeiterbefragung abbildet.

Zahlen, die in einer HR-Bilanz gezeigt werden, können z. B. sein:

1. Fluktuation
2. Krankenstand
3. Anzahl der Bewerbungen
4. Besetzungsquote der am Arbeitsmarkt offerierten Stellen
5. Anzahl der Zugriffe auf Beurteilungsplattformen von Arbeitnehmern (z. B. Kununu.com)

Die zweite Quelle der HR-Bilanz ist die Mitarbeiterbefragung. Sie enthält mehr qualitative Daten, aus denen man Optimierungen ableiten kann. Bei Phoenix Contact haben wir 1995 damit begonnen, die Mitarbeiterbefragung zunächst mittels eigens entwickelter Fragebögen durchzuführen. Nach sechs Jahren sind wir davon abgegangen, weil sich die heimliche Unterstellung breitgemacht hatte, dass wir durch eine gezielte Gestaltung der Fragen und Auswertung ein gesteuertes Ergebnis erzeugt haben. Tatsächlich wurde eine solche Gestaltung vom HR-Management nicht vorgenommen, aber allein der Verdacht ließ uns auf neutrale, externe Dienstleister zugreifen. 2002 haben wir uns entschieden, TOP JOB und Great Place to Work® einzusetzen. Der Vorteil ist, dass von diesen Institutionen nicht nur neutrale Befragungen und Auswertungen durchgeführt werden, sondern auch positive Ergebnisse für das Employer Branding und Personalmarketing entstehen, die man nutzen kann. Weil beide Anbieter Benchmarks verwenden, kann man sich mit anderen Unternehmen vergleichen und konkret herausfinden, wie gut man als Arbeitgeber ist.

TOP JOB untergliedert alle Fragen in die Dimensionen: 1. Führung und Vision, 2. Motivation und Dynamik, 3. Kultur und Kommunikation, 4. Mitarbeiterentwicklung und -perspektive, 5. Familienorientierung und Demografie sowie 6. internes Unternehmertum. Mit der Leitung der Auswertung betraut TOP JOB die renommierte Universität St. Gallen, die einen hohen wissenschaftlichen Anspruch hat, solche Auswertungen jedoch nur im deutschsprachigen Raum durchführt. Im Fokus stehen privat geführte Unternehmen. Die Auswertungen sind erstklassig, da konkrete HR-Optimierungen abgeleitet werden, die man im Unternehmen direkt umsetzen kann.

Bei Great Place to Work® werden die Mitarbeiterfragen in fünf Kategorien aufgeteilt: 1. Glaubwürdigkeit, 2. Respekt, 3. Fairness, 4. Stolz und 5. Zusammenarbeit.

Die HR-Bilanz

Es steht nicht die wissenschaftliche Analyse im Vordergrund. Dafür wird dieses Instrument weltweit eingesetzt, was ein großer Vorteil für international agierende Unternehmen ist.

Beide Anbieter liefern ein nützliches Instrumentarium zur Erstellung einer HR-Bilanz, die dem Unternehmen und dem HR-Management sowohl die bestehenden Stärken, die man weiter ausbauen soll, als auch die Schwächen, an denen es zu arbeiten gilt, aufzeigt. Das Entscheidende bei einer Mitarbeiterbefragung ist das finale Umsetzen der Optimierungsmaßnahmen. Jede Befragung der Mitarbeiter weckt bei ihnen die Erwartung, dass Vorschläge realisiert werden. Daher ist der echte Wille des Managements, Optimierungen vorzunehmen, wichtig. Nichts ist schlimmer als Erwartungen zu schüren, dann aber nicht zu reagieren.

Stärken und Verbesserungen

GREAT PLACE TO WORK

Stärken
- Vertrauen ins Management
- Stolz auf das Unternehmen
- Führung:
  - Klare Erwartungen
  - Mitarbeiter werden qualifiziert
  - Mitarbeiter werden entsprechend ihrer Fähigkeiten eingesetzt
- Teamgeist
- Arbeitsumgebung
- Flexible Arbeitszeiten

Verbesserungsbedarf
- Führung:
  - Anerkennung geben
  - Einbeziehen in Entscheidungen
  - Aufgaben zuweisen
- Gerechte Beförderung
- Faire Bezahlung
- Zusammenarbeit

Abb. 25: **Die HR-Aktivitäten von Phoenix Contact aus dem Jahr 2012, die national und auch international als gut bzw. als verbesserungswürdig betrachtet werden**

2011 wurde eine Befragung mit 9.000 Phoenix Mitarbeitern an allen nationalen wie internationalen Standorten durchgeführt. Daraus wurden diverse Optimierungspotenziale abgeleitet, woraufhin über 650 HR-Maßnahmen weltweit an- und umgesetzt wurden. Die Best Practice Modelle werden im Intranet von Phoenix Contact allen Mitarbeitern weltweit vorgestellt, sodass eine hohe Transparenz vorhanden ist und jede Einheit von anderen lernen kann (vgl. die folgende Abbildung 26).

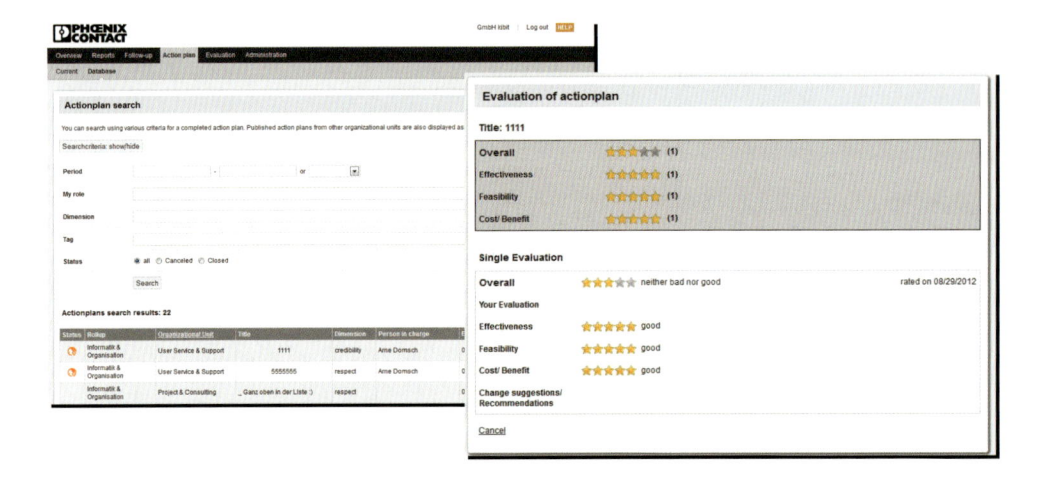

Abb. 26: **Intranet Page der Best Practice Modelle**

Alle leitenden Angestellten sind für die Umsetzung der Aktivitäten in ihren Einheiten verantwortlich. Jeder legt am Ende eines Jahres gegenüber der Geschäftsführung Rechenschaft ab. Er beschreibt die HR-Aktivitäten, die er in seinem Bereich realisiert hat. Anhand der durchgeführten Maßnahmen wird sein variabler Bonus definiert.

In der folgenden Abbildung werden drei Beispiele von Hauptaktivitäten dargestellt, die aus einer weltweiten Phoenix-internen Befragung resultieren.

Die HR-Bilanz 1

Die drei wichtigsten Aktivitäten in den Ländern

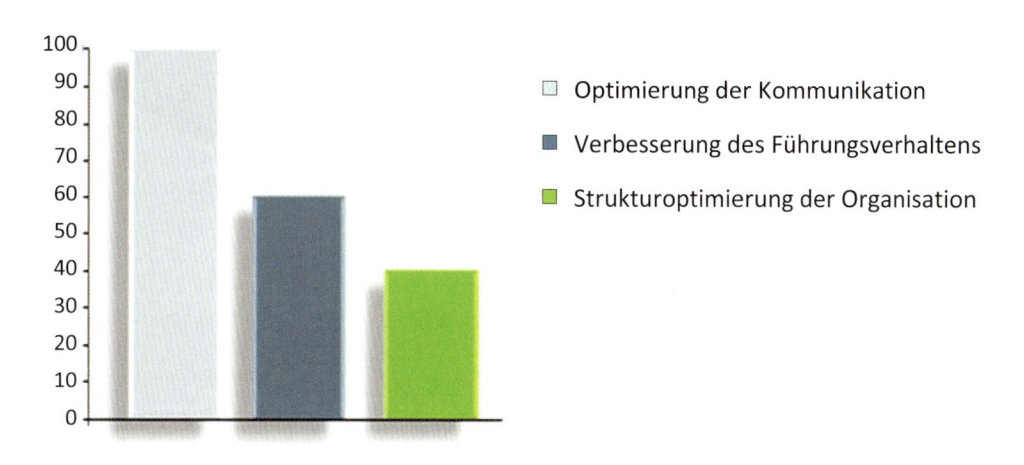

- ☐ Optimierung der Kommunikation
- ■ Verbesserung des Führungsverhaltens
- ■ Strukturoptimierung der Organisation

Abb. 27: **Drei wesentliche weltweite Maßnahmen zur Verbesserung von HR**

Aus jeder Befragung resultieren Analysen aller weltweiten Bereiche, die an die Unternehmensleitung berichtet werden (Olesch, 2010). Die Bereichsleiter kennen die konkreten Ergebnisse anderer Bereiche nicht. Damit soll vor allem vermieden werden, dass HR-Optimierungen zum bloßen Schaulaufen werden. Sie sollen stattdessen aus einer wirklichen inneren Überzeugung heraus vorgenommen werden. Jeder Bereichsleiter erhält jedoch den Durchschnittswert des gesamten Unternehmens und kann so erkennen, ob sich sein Bereich über oder unter dem Durchschnitt bewegt. Liegt er weit unter dem Durchschnitt, gibt es größeren Handlungsbedarf, als wenn er nur knapp darunter liegt. Jährlich wird zwischen der Geschäftsführung und dem oberen Management der Status der HR-Maßnahmen in ihren jeweiligen Bereichen diskutiert und bewertet.

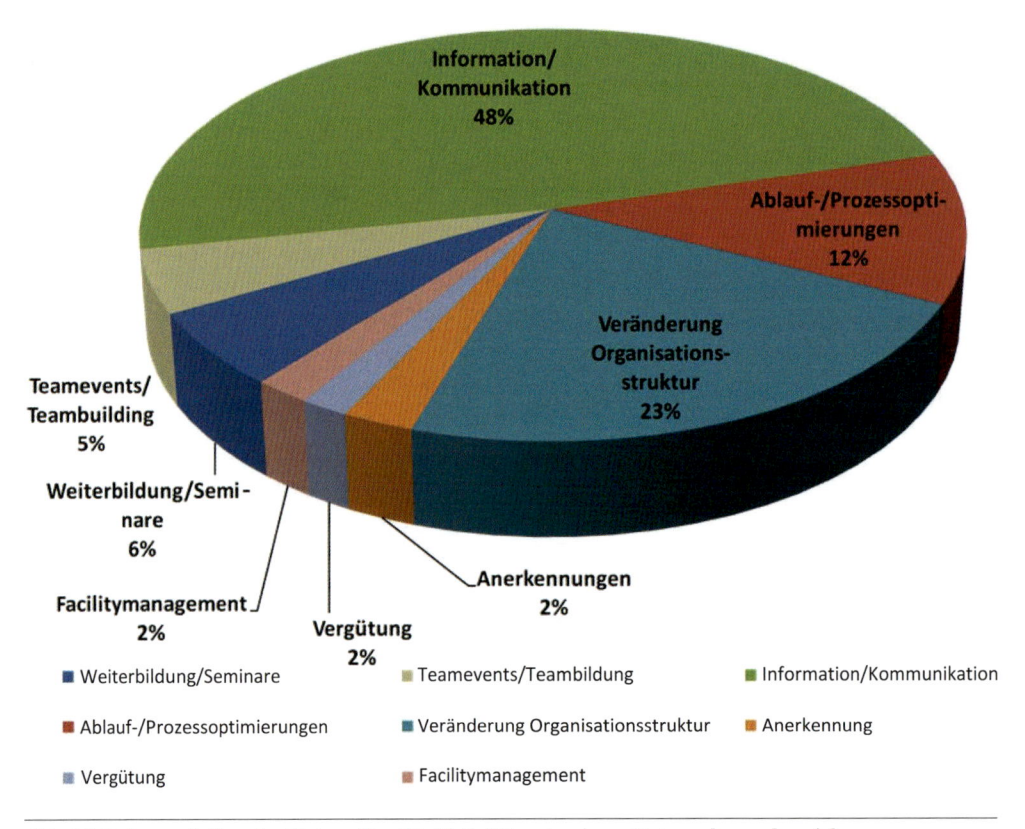

Abb. 28: **Dokumentation des Status aller HR-Aktivitäten in einem Unternehmensbereich**

Zwischen der Geschäftsführung und dem Bereichsleiter wird definiert, wie viele Prozentpunkte an Verbesserung bis zur nächsten Befragung angestrebt werden sollen. Der Grad des Erreichens dieser Vorgabe wird mit der finanziellen Bonusregelung des Bereichsleiters gekoppelt. Somit hat das Ergebnis seiner HR-Aktivitäten den gleichen Stellenwert wie die Zielerreichung von Umsatz und Rendite, die klassischerweise bei den meisten Unternehmen Einfluss auf die variable Vergütung des Managers haben. Es wird anschließend mit ihm vereinbart, welches Ergebnis er bei der nächsten Mitarbeiterbefragung erzielen soll. Das wird dann auch mit seinem zukünftigen Bonus gekoppelt. Dadurch erhalten HR-Themen im Hinblick auf die variable Vergütung von Führungskräften eine gleiche Gewichtung wie Umsatz und Rendite.

Zielvereinbarung

Name, Vorname Division Industrial Components	Geschäftsführer			Vereinbarungsdatum		
Ziele	Ergebnisvereinbarung	Gewichtung	x	Ergebnis/Zielerreichungsgrad in %	=	Ergebnis in % der var. Vergütung
I. Unternehmensziele (bis 45 % der variablen Vergütung)		45 Punkte				
II. Individualziele (bis 55% der variablen Vergütung)		Verteilung von 55 Punkten				
1. Umsatz Außenumsatz Welt		10				
2. Ergebnis DB3 Twinsite		15				
3. Produktivität		10				
4. SAC		5				
5. Unternehmenskultur	2013: siehe GPTW-Liste	15				

Abb. 29: **Zielvereinbarungsbogen einer Führungskraft mit der Betonung der Unternehmens- und Führungskultur**

Der Autor muss eingestehen, dass bei Einführung dieses Systems nicht nur Begeisterung auf Seiten der Führungsmannschaft zu spüren war. Einige leisteten Widerstand dagegen, dass ihr Führungsverhalten durch die Mitarbeiter beurteilt wird. In einem solchen Fall braucht der HR-Manager Überzeugungskraft und Ausdauer. Das überzeugende HR-Argument war, dass Umsatz und Rendite in die variable Bonuszahlung einbezogen werden. Wenn aber die Unternehmenskultur einen ebenso hohen Stellenwert hat wie Umsatz und Rendite, da sie nachweislich einen wirtschaftlichen Erfolg erzeugt, muss sie als gleichwertig betrachtet werden.

Unternehmenskultur muss mit Umsatzwachstum und Rendite gleichwertig betrachtet werden, da sie den Unternehmenserfolg beeinflusst.

Durch die HR-Bilanz erfährt das Management, was die Mitarbeiter als besonderen Vorteil ihres Arbeitgebers bewerten. Gerade diese HR-Aktivitäten sollten besonders gefördert werden, da sie das Unternehmen als Arbeitgeber besonders attraktiv machen und das Employer Branding stärken. So wurde das betriebliche Gesundheitsmanagement besonders gelobt. Vor allem die älteren Mitarbeiter, deren Zahl aufgrund der demografischen Entwicklung stetig steigen wird, schätzen ein solches Gesundheitsmanagement. Aktivitäten zur Work-Life-Balance wie flexible Arbeitszeiten, Home Office etc. werden dem Unternehmen hoch angerechnet und steigern seine Attraktivität als Arbeitgeber. Die regelmäßige Befragung der Mitarbeiter und die Bereitschaft, aus den Ergebnissen der Befragung praktische Konsequenzen zu ziehen, sind Bestandteil einer exzellenten Unternehmenskultur. Diese empfinden die Mitarbeiter als Ausdruck einer hohen Wertschätzung, die ihnen vonseiten des Unternehmens entgegengebracht wird.

„Gibt es in Ihrem Unternehmen etwas Außergewöhnliches oder Spezielles, durch das es sich als Arbeitsplatz besonders positiv hervorhebt?"

1. Die gute Unternehmenskultur
2. Die flexiblen Arbeitszeiten Work-Life-Balance
3. Das Gesundheitsmanagement

Abb. 30: **Die wichtigsten Bedürfnisse der Mitarbeiter bei Phoenix Contact**

1.5 Messbare Wertschöpfung von Employer Branding

Die beschriebene Strategie der HR-Bilanz hat über mehrere Jahre dazu geführt, dass Phoenix Contact wiederholt zu einem der besten Arbeitgeber gekürt worden ist, was zu einem optimalen Employer Branding geführt hat. Drei große strategische Ergebnisse resultieren aus diesen Aktivitäten des Employer Brandings (Olesch, 2012):

1. Entwickeln von leistungsfähigeren Mitarbeitern
2. Gewinnen von qualifizierten Mitarbeitern
3. Binden von qualifizierten Mitarbeitern

Da es — wie oben bereits erläutert — bei der Einführung der HR-Bilanz durchaus auch Widerstände gab, ist es für das HR-Management wichtig, Überzeugungskraft und „Missionarsgeist" an den Tag zu legen und eine starke Vision zu haben (s. o.). Eine starke Vision gibt Kraft, Widerstände zu überwinden, Rückschläge hinzunehmen und immer wieder von Neuem seiner Überzeugung zu folgen. Auf dem Weg hin zu einem exzellenten Employer Branding, den wir bereits 1997 zum ersten Mal beschritten haben, habe ich einige Niederlagen hinnehmen müssen, aber „es ist keine Schande zu fallen, es ist aber eine Schande, nicht wieder aufzustehen"! Außerdem habe ich gelernt, wie wichtig der Zeitpunkt ist, zu dem man mit einer neuen Idee beginnt. Nur die Idee ist erfolgversprechend, deren Zeit gekommen ist.

Seitdem die Erfolge des HR-Management sichtbar und messbar geworden sind, werden alle HR-Aktivitäten vom Management und den Mitarbeitern stärker mitgetragen. Dadurch hat der Prozess der ständigen Optimierung von HR eine Beschleunigung erfahren und sowohl die HR-Strategie als auch die HR-Aktivitäten können für das Unternehmen erfolgreicher umgesetzt werden.

Welche HR-Themen führten dazu, dass Phoenix Contact mehrfach zum besten Arbeitgeber gekürt wurde? Als besonders wichtig bewerten die Mitarbeiter die Unternehmenskultur der Partizipation, des Vertrauens und der Partnerschaft (vgl. die folgende Abbildung 31).

Stimmen aus der Belegschaft

Ich bin stolz, hier arbeiten zu dürfen.

Ich bin froh, hier unter so guten Arbeitsverhältnissen arbeiten zu können. Es bedeutet mir und meiner Familie sehr viel, einen Arbeitsplatz zu haben.   Danke!

Bin seit ca. 10 Jahren hier im Unternehmen und freue mich jeden Tag aufs Neue. Haben gemeinsam Krisen wie Rekorde gemeistert.

Wir haben in der Krise fest zusammen gehalten, Sorgen wurden geteilt und Zuversicht vermittelt. Gemeinsam haben wir es geschafft! Danke.

… generell macht mir die Arbeit hier viel Spaß und ich komme gern zur Arbeit. Das war in vorherigen Unternehmen nicht immer so, daher weiß ich es sehr zu schätzen.

Großes Lob an die Geschäftsführung, mit welcher Professionalität die Wirtschaftskrise überwunden wurde – ganz große Klasse!

Abb. 31: **Einige anonyme Äußerungen von Mitarbeitern in der TOP-JOB-Befragung 2011**

Neben den oben genannten Aktivitäten sind exzellente Personalentwicklung, Zielvereinbarungssysteme, Aktivitäten zur Work-Life-Balance wie flexible Arbeitszeitmodelle, Homeoffice, Kinder- und Familienbetreuung, Gesundheitsmanagement

Human Resources als Basis des Unternehmenserfolges

etc. sehr wichtig. Die erfolgreichen Maßnahmen sind weiter unten im Detail dargestellt. Über viele dieser Aktivitäten verfügen andere Unternehmen auch. Die Kunst des Erfolges liegt in der bedürfnisorientierten und passgenauen Zusammenstellung dieser Maßnahmen. Wichtig ist, mit welcher Glaubwürdigkeit und Nachhaltigkeit die HR-Themen, die von den HR-Verantwortlichen in guten und vor allem in schlechten Zeiten betrieben werden müssen, verfolgt werden.

All diese Maßnahmen dienen keinem reinen Selbstzweck, sondern auch dem wirtschaftlichen Erfolg des Unternehmens. Phoenix Contact wächst stärker als seine Branche, ist seit vielen Jahren Marktführer und baut diese Position weiter aus. Zudem hat das HR-Management von Phoenix Contact die Wirtschaftlichkeit eines exzellenten Employer Brandings messbar gemacht.

HR wird aufgrund der Kosten, die es verursacht, gerne „angeprangert", da seine Wertschöpfung nur schwer in Zahlen darstellbar ist. Daher sollte man alle Möglichkeiten wahrnehmen, durch die man mit akzeptablem Aufwand Messgrößen zur Wertschöpfung ermitteln kann. Das gilt besonders für das Employer Branding, das einen deutlichen Aufwand bedeutet. Aber gerade hier kann Phoenix Contact gute Zahlen präsentieren, die die Effizienz von HR belegen.

In Abbildung 32 werden die oben schon einmal dargestellten Ziele um die Werte der erreichten Wertschöpfung ergänzt:

Messbare Ziele von Employer Branding

1. Leistungsfähigere MitarbeiterInnen entwickeln
2. Gewinnen von qualifizierten MitarbeiterInnen
3. Binden von qualifizierten MitarbeiterInnen

---

1. **Marktführerschaft** in 2012 weiter ausgebaut
2. Indem Phoenix Contact zu den besten Arbeitgebern gehört, konnten wir 2012 **95 %** des Personalbedarfs erfüllen, deutsche Unternehmen dagegen nur 74 % (Arbeitgeber Metall + Elektro 2012)
3. Fluktuation **0,8 %** deutschlandweit 8,2 % (Institut der deutschen Wirtschaft 2012)
4. Krankenstand **3,8 %** deutschlandweit 4,6 % (Arbeitgeber Metall + Elektro 2013)

Abb. 32: **Ziele von Employer Branding und deren messbare Ergebnisse**

1 Messbare Wertschöpfung von Employer Branding

Employer Branding — die Messgrößen von Phoenix Contact im Detail

Als erstes Beispiel betrachten wir die Wertschöpfung, die durch die bessere **Personalbeschaffung** von Phoenix Contact im Jahr 2012 generiert wurde. Da Phoenix Contact zu den besten Arbeitgebern gehört, konnten wir 2012 95 % des Personalbedarfs erfüllen, während deutsche Unternehmen im Durchschnitt laut Arbeitgeber Metall + Elektro im Jahr 2012 nur 74 % besetzen konnten.

Wie hoch die Kosten sind, die eine Vakanz aufgrund der entgangenen Bruttowertschöpfung verursacht, zeigt die folgende Abbildung:

Kosten einer Vakanz
Fach- und Führungskräfte

Jährliche Pro-Kopf Bruttowertschöpfung ...
(MINT Frühjahrsreport 2012, IWKöln)

... im Ø aller Erwerbstätigen:	62.500 €
... im Ø aller Akademiker:	93.500 €
... im Ø aller MINT Akademiker:	109.500 €

Mittelwert aus allen Erwerbstätigen und Akademikern: 78.000 €

39.000 € werden angerechnet, da die Besetzung erst nach einem halben Jahr realistisch ist.

Abb. 33: **Kosten einer Vakanz durch verlorene Bruttowertschöpfung laut MINT Frühjahresreport 2012, Institut der deutschen Wirtschaft**

Für Phoenix ergibt sich folgende Rechnung:

Anzahl aller zu besetzenden Positionen bei Phoenix Contact im Jahr 2012:	231
Anzahl der tatsächlich besetzen Positionen bei Phoenix Contact im Jahr 2012:	219
Anzahl der durchschnittlich besetzten Positionen bei deutschen Unternehmen 74 %, das entspricht:	171
Differenz der besetzten Stellen bei Phoenix und dem deutschen Durchschnitt:	48

Human Resources als Basis des Unternehmenserfolges

Phoenix konnte also 48 Stellen mehr besetzen als der Durchschnitt der deutschen Wirtschaft.

Da es sich bei den Einstellungen um Akademiker (Jahreswertschöpfung 93.500 €) und Fachkräfte mit Ausbildung (Jahreswertschöpfung 62.500 €) handelt, wird der gebildete Mittelwert aus beiden Jahreswertschöpfungen gerechnet. Dieser Mittelwert beträgt 78.000 €. Als entgangene Bruttowertschöpfung wird davon ein halbes Jahr gerechnet, da ein neu eingestellter Mitarbeiter erst nach dieser Zeit Wertschöpfung generieren kann.

Daraus ergibt sich folgende Rechnung:

48 Mitarbeiter x 39.000 € = 1.872.000 €

Phoenix Contact konnte somit durch die bessere Besetzungsquote im Jahr 2012 eine zusätzliche Wertschöpfung in Höhe von 1.872.000 € erreichen.

Ein weiteres messbares Ziel für die HR-Wertschöpfung ist die **Fluktuationsrate**. Bei Phoenix Contact liegt die Fluktuationsrate aufgrund der guten Unternehmenskultur lediglich bei 0,8 %, deutschlandweit beträgt sie hingegen im Durchschnitt 8,2 % (Institut der deutschen Wirtschaft, 2012).

Treue Arbeitnehmer

So viel Prozent der Erwerbstätigen im Alter von…	…15 bis 24 Jahren	… 25 bis 49 Jahren	…50 bis 64 Jahren	Insgesamt
haben seit 2008 den Betrieb gewechselt	14,2	9,5	2,9	8,2

In Anlehnung: Institut der deutschen Wirtschaft Köln, 2009

Abb. 34: **Fluktuationsrate in der Industrie laut Institut der deutschen Wirtschaft 2012**

Folgende Faktoren werden für die Kosten der Nachbesetzung eines Ingenieurs bzw. einer erfahrenen Fachkraft in Betracht gezogen:

1. Austrittskosten inklusive Effizienzverlust
2. Kosten durch vakante Stelle (3 Monate)

Messbare Wertschöpfung von Employer Branding

3. Beschaffungskosten
4. Einarbeitungskosten inklusive Effizienzverlust

(Quelle: Frühjahrsreport 2012, Institut der Wirtschaft)

Zur Berechnung der ausgefallenen Wertschöpfung durch Fluktuation wird die folgende Formel verwendet. In ihr werden wieder die 39.000 € für ausgefallene Wertschöpfung (Zeitraum eines halben Jahres), denen die Zahlen des Instituts der deutschen Wirtschaft 2012 zugrunde liegen, verwendet:

Anzahl der Mitarbeiter im eigenen Unternehmen	x	Fluktuationsrate Phoenix Contact	=	Anzahl der Fluktuationsmitarbeiter	x	39.000 €	=	verlorene Wertschöpfung
5671	x	0,8 %	=	45	x	39.000 €	=	1.755.000 €

Dieser Berechnung wird die durchschnittliche Fluktuationsrate der deutschen Wirtschaft gegenübergestellt. Im Fall von Phoenix Contact wird deren Fluktuation in Höhe von 0,8 % mit der der deutschen Industrie in Höhe von 8,2 % des Jahres 2012 verglichen.

Anzahl der Mitarbeiter im eigenen Unternehmen	x	Fluktuationsrate der deutschen Industrie	=	Anzahl der Fluktuationsmitarbeiter	x	39.000 €	=	verlorene Wertschöpfung
5671	x	8,7 %	=	465	x	39.000 €	=	18.135.000 €

Nun wird die Differenz der durch die Fluktuation verursachten verlorenen Wertschöpfung der deutschen Industrie und von Phoenix Contact gebildet:

18.135.000 € — 1.755.000 € = 16.380.000 €

Durch die geringere Fluktuation hat Phoenix Contact 16.380.000 € an Wertschöpfung gewonnen.

Der dritte messbare Faktor für eine bessere Wertschöpfung ist der **Krankenstand**. Bei Phoenix Contact gibt es aufgrund der guten Führungskultur einen Krankenstand von 3,8 % — deutschlandweit lag die Quote im Jahr 2012 bei 4,6 % (Durchschnittlicher Krankenstand 2012, Arbeitgeber Metall + Elektro). In unserem Unternehmen betragen die Entgeltfortzahlungskosten bei 1 % Krankenstand 1.900.000 €.

Human Resources als Basis des Unternehmenserfolges

Die Differenz des Phoenix-Contact-Krankenstandes von 3,8 % und dem deutschen Durchschnitt in Höhe von 4,6 % beträgt 0,8 %.

Das ergibt — bedingt durch die bessere Unternehmens- und HR-Kultur von Phoenix Contact — 1.520.000 € weniger Entgeltfortzahlungskosten.

Summiert man die durch eine bessere Personalbeschaffung, eine niedrigere Fluktuationsrate und einen geringeren Krankenstand von Phoenix Contact gewonnene Wertschöpfung, ergibt sich folgende Rechnung:

	1.872.000 €	höhere Wertschöpfung bei Phoenix Contact durch bessere Besetzungsquote
+	16.380.000 €	gewonnene Wertschöpfung durch geringere Fluktuation
+	1.520.000 €	weniger Entgeltfortzahlungskosten
=	**19.772.000 €**	**Summe der höheren Wertschöpfung wegen einer besseren Unternehmenskultur**

Diese Zahl spricht für sich und betont die Wirtschaftlichkeit von HR und seinen Aktivitäten zur Steigerung der Mitarbeiterzufriedenheit.

Jedes Unternehmen kann die in diesem Abschnitt gezeigten Formeln verwenden, um seine eigene HR-Wertschöpfung zu ermitteln. So kann die zusätzliche Wertschöpfung mit Zahlen belegt werden, womit sich das Management besser davon überzeugen lässt, mit HR-Maßnahmen in das Employer Branding des Unternehmens zu investieren.

Die Ausgangspunkte für ein erfolgreiches Employer Branding müssen jedoch immer eine starke Vision, die Ermittlung der HR-Bilanz und die daraus abgeleiteten HR-Maßnahmen sein. Dabei müssen kontinuierlich die ethischen Aspekte, die zu einer exzellenten Unternehmenskultur führen, gelebt werden.

Der Schlüssel dieses Erfolges sind die Mitarbeiter und die Unternehmenskultur.
Denn wenn Mitarbeiter sich gut behandelt fühlen,
sind sie leistungsbereiter,
wodurch das Unternehmen wirtschaftlich erfolgreicher wird.

Das Personalmanagement spielt hier die entscheidende Rolle. Die beschriebene Strategie wurde über mehrere Jahre verfolgt. Das hat bewirkt, dass Phoenix Contact wiederholt zu einem der besten Arbeitgeber gekürt worden ist, was zu einem optimalen Employer Branding geführt hat.

Ein entscheidender Schlüssel für diesen Erfolg ist die HR-Bilanz. Zu Beginn ihrer Einführung gab es wie erwähnt einigen Widerstand im Management des Unternehmens. Die regelmäßige Mitarbeiterbefragung wurde von einigen Managern als starke Belastung gesehen. Daher ist es für das HR-Management wichtig, Ausdauer und Überzeugungskraft ja sogar Missionsgeist an den Tag zu legen und eine starke Vision zu haben. Die Vision des HR-Managements von Phoenix Contact lautet:

„Wir sind einer der besten Arbeitgeber — Die Mitarbeiter haben Freude am Erfolg, den sie selber gestalten."
Eine starke Vision gibt Kraft, herausfordernde Wege zu beschreiten, Widerstände zu überwinden und Rückschläge hinzunehmen.

Am Ende jedes Kapitels möchte ich Ihnen zu den jeweiligen Inhalten konkrete Handlungsempfehlungen geben. Die Hinweise werden Ihnen dabei helfen, die relevanten Aspekte erfolgreich in die Praxis umzusetzen.

Praktische Handlungsempfehlungen
1. Definieren Sie eine Vision für ihr Personalmanagement.
2. Fokussieren Sie auf die Megatrends Demografie, Globalisierung und Wertewandel.
3. Setzen Sie Meilensteine: Was will Ihr Unternehmen bis wann erledigt haben?
4. Setzen Sie einen HR-Schwerpunkt auf Employer Branding.
5. Führen Sie regelmäßige Mitarbeiterbefragungen durch.
6. Setzen Sie die wichtigsten Bedürfnisse der Mitarbeiter, die ihr Unternehmen erfüllen kann, um.

2 Der globalisierende Markt als Chance

Viele Deutsche nehmen eine skeptische, wenn nicht sogar ablehnende Haltung gegenüber der Globalisierung ein. Sie befürchten, Know-how und Arbeitsplätze ins billigere Ausland zu verlieren. Es die Aufgabe des HR-Managements, solche Ängste zu reduzieren und die Motivation zu steigern, um sich dem globalisierten Markt mit Mut zu stellen. Im Unternehmen des Autors führt die Geschäftsführung mit den Mitarbeitern Workshops durch, um intrinsisches Engagement auch im Hinblick auf die Globalisierung zu stimulieren. In diesen Workshops sollen die Mitarbeiter ihre Unsicherheiten äußern, damit sich die Chance ergibt, diese in eine positive Motivation zugunsten internationaler Kooperationen zu wandeln.

Abb. 35: **In einem Workshop wurde erarbeitet, welche Unsicherheiten gegenüber der Globalisierung bestehen**

Der globalisierende Markt als Chance

Auf der Metaplanwand in Abbildung 35 ist ersichtlich, dass die Angst vor Arbeitsplatzverlust, vor Veränderung und vor anderen Kulturen eine deutliche Rolle spielt.

Es ist eine primäre Aufgabe des HR-Managements, Argumente und Maßnahmen zu entwickeln, die die Ängste in eine positive Einstellung wandeln. Dazu gehört, die Chancen und Vorteile der Globalisierung aufzuzeigen:

Chancen der Globalisierung

Weltweit vernetzte Systeme und Abhängigkeiten verringern die Gefahr militärischer Auseinandersetzungen.
Dynamische industrielle Entwicklung führen zu einer Erhöhung des Lebensstandards weltweit.
Weltweit zusammenwirkende Forschung und Entwicklung führen zu großen Entwicklungssprüngen z. B. in folgenden Bereichen:
- Medizinische Forschung (Krebs, Aids u. a.)
- Gentechnologie
- Kommunikationstechnologien
- Energiegewinnung und -einsatz
- Erhöhung des Bildungsniveaus weltweit
- Neue Märkte für Deutschland zu gewinnen, um Arbeitsplätze zu sichern und auszubauen

---

Deutschland hat seit Jahrzehnten keinen Krieg mehr erlebt. Das ist gut so, aber nicht selbstverständlich, wenn man unsere Historie betrachtet. Das haben wir auch der Globalisierung zu verdanken. Denn wenn die Schranken an den Grenzen der Länder sich öffnen, öffnen sich auch die Herzen der Menschen. Denn wenn Menschen weltweit miteinander kommunizieren und arbeiten, reduzieren sich Vorurteile und es entwickeln sich positive Einstellungen und Freundschaften.

Durch die weltweite Vernetzung hat sich die Forschung beschleunigt. Die medizinische Entwicklung rettet heute viel mehr Menschenleben als vor der Globalisierung. Weiterhin lassen moderne Kommunikationsmittel wie das Internet unser Wissen exponentiell wachsen. Jederzeit verfügt man durch den PC über eine weltweite Bibliothek. Davon profitiert unser Bildungs- und Lebensniveau. Deutschland ist eher ein gesättigter Markt. Durch die Globalisierung gewinnen wir neue Kunden und Märkte, die wiederum unsere Wirtschaft wachsen lassen und unsere Arbeitsplätze sichern und ausbauen. Das sind Vorteile, die wir ohne Globalisierung nicht erfahren hätten.

2.1 Qualifikation – ein Wettbewerbsvorteil deutscher Unternehmen

Deutschland gehört zu den Exportweltmeistern. Vergleicht man Deutschland mit seinen weltweiten Wettbewerbern, ist das eine besondere Leistung. Zu den Wettbewerbern gehören Japan mit 127 Millionen, die USA mit 300 Millionen, Indien mit 1,1 Milliarden und China mit 1,3 Milliarden Einwohnern. Dagegen ist Deutschland mit nur 81 Millionen Einwohnern eher ein Zwerg. Zudem haben wir keine Rohstoffe wie Öl, Diamanten und Gold. Jedoch besitzen wir ein anderes Gold: Es ist unser Bildungsniveau und unsere Qualifikation. Dieses „Gold" führt dazu, dass in Deutschland nur die technologisch hochwertigsten Autos der Welt wie BMW, Mercedes, Audi und Porsche gebaut werden. Wir konstruieren die erfolgreichsten Maschinen weltweit und entwickeln die komplexeste Software (SAP).

In China und Vietnam z. B. verdienen Arbeiter nur einen Bruchteil dessen, was deutsche Arbeiter verdienen. Eine Geiz-ist-geil-Mentalität können wir uns in unserer teuren Industrie nicht leisten. Unsere Kosten sind zu hoch, um auf dem Weltmarkt mit Billigprodukten erfolgreich sein zu können. Deutschlands wirtschaftliche Kernkompetenz liegt in anspruchsvoller, innovativer Technologie. Hier liegen unsere Stärken gegenüber den preiswerten Produkten aus den Schwellenländern. Und diese Vorteile sollten wir nutzen und weiter ausbauen.

Häufig wird von einer kommenden Übermacht chinesischer Akademiker fabuliert. Akademiker, die in der Lage sind, den deutschen Ingenieuren die Stirn zu bieten. Ich bin davon überzeugt, dass Deutschland die Chance hat, für die nächsten Jahre, sogar Jahrzehnte, das Rennen weiterhin zu gestalten. Zwar werden jährlich viele Studenten in chinesischen Universitäten ausgebildet, doch unterscheidet sich deren Lehr- und Bildungssystem beträchtlich vom deutschen. Während hier analytisches und kreatives Vermögen sowie die Gabe der Abstraktion vermittelt werden, ist das chinesische Bildungssystem eher auf Auswendiglernen ausgelegt.

Das hat u. a. mit der Lehre von Konfuzius zu tun. Ein Aspekt davon lautet: Folge dem Meister. Dadurch wird jedoch wenig Innovationsfähigkeit entwickelt. Wenn man in die Fußstapfen eines Vorgängers tritt, wird man kaum neue Wege gehen und ein neues Ziel erreichen. Das ist für China ein Manko, aber gleichzeitig unsere Chance, dem zahlenmäßig höheren Akademikeranteil von China erfolgreich entgegenzutreten.

Der globalisierende Markt als Chance

Kritische Stimmen sagen, dass sich das Wertesystem in China verändern wird, da viele junge Chinesen im westlichen Ausland studieren und daher unser analytisch kreatives Denken lernen. Das ist sicherlich richtig. Bis aber ein Volk mit 1,3 Milliarden Menschen ein Denkschema und eine Lernsystematik ändert, werden Jahre, wenn nicht sogar Jahrzehnte, vergehen. Gleichzeit wachsen auch die Lebensansprüche und Gehälter der jungen erfolgreichen Chinesen, was wiederum die Kosten der chinesischen Wirtschaft steigen lassen wird. Das wird in maximal ein bis zwei Jahrzehnten zu einer Kostengleichheit mit Deutschland führen. Dadurch werden unsere Chancen in Zukunft weiterhin bestehen, bei ähnlichen Preisen und komplexen, kreativen und qualitativ hochwertigen Produkten im Exportmarkt zur Spitze zu gehören.

Ähnliche Argumente für unsere Chancen in der Zukunft gelten auch für Indien, wo ebenfalls jährlich viele Akademiker aus den Hochschulen strömen. Sie sind hoch qualifiziert und motiviert, eine gute berufliche Karriere zu realisieren. In dieser Hinsicht sind sie den deutschen Hochschulabsolventen gleichwertig. Die indischen Lehrsysteme sind jedoch auch auf ausgeprägtes Auswendiglernen ausgerichtet. Das führt im Beruf zu einem eher tayloristischen Arbeitsverhalten. Führen mit Zielvereinbarungen ist dort weniger anwendbar als in der westlichen Welt.

2009 besuchte ich mit einer Delegation des deutschen Bildungsministeriums Indien. Auf dieser Reise hatten wir die Ehre, den indischen Ministerpräsidenten Abdul Kalam in einer Universität persönlich kennenzulernen. Er lehrte dabei vor rund 800 indischen Ingenieuren. Dabei sprach er Sätze vor und alle Studenten sprachen seine Sätze fast mit einer Stimme nach. Es ist schon beeindruckend, wie diese Studenten an den Lippen ihres Lehrers hingen. Manch deutscher Professor würde sich das wünschen. Aber ein solches Lernsystem erschwert es, analytisches Denken zu entwickeln.

Führen mit Zielen setzt mehr Initiative und Kreativität frei, als es reine Vorgaben und Handlungsanweisungen tun. Indischen Mitarbeitern muss häufig klar und im Detail gesagt werden, was zu tun ist. Dann erfüllen sie ihre Aufgabe engagiert und gut. Mit dem deutschen Ingenieur vereinbart der Vorgesetzte das Ziel und die Rahmenbedingungen und lässt ihn den Weg selber beschreiten. Die Effizienz ist dabei deutlich höher.

2.2 Effizienz – eine Stärke deutscher Arbeitskultur

Auch in der Effizienz unterscheiden sich die deutschen Mitarbeiter von vielen Arbeitnehmern im Ausland. Auf meinen diversen Auslandsreisen in unsere Niederlassungen kann ich die Unterschiede häufig wahrnehmen. Sicherlich belächeln uns z. B. die Arbeitnehmer in den USA wegen unserer sechs Wochen Urlaub, da ihnen ja nur 14 Tage pro Jahr zur Verfügung stehen. Doch wenn man in den amerikanischen Arbeitstag Einblick gewinnt, erkennt man schnell, dass die Effektivität bei weitem nicht so hoch wie in Deutschland ist. Nine to five ist eine häufig gelebte Arbeitseinstellung. Es wird nicht, wie in Deutschland eher üblich, länger gearbeitet, wenn es die Situation erfordert (Frank, 2003).

Auch Teambesprechungen sind nicht an einem ehrgeizigen Zeitplan ausgerichtet, wie es bei uns der Fall ist. Sicherlich hat es in den USA eine menschlichere und persönlichere Note, wenn in Abteilungsbesprechungen viele private oder nicht arbeitsorientierte Themen besprochen werden, aber einiges dauert deutlich länger und dabei leidet auch die Effizienz. Und dass unsere Effizienz wettbewerbsfähig ist, zeigt sich darin, dass wir neben China den zweiten Platz im Export weltweit einnehmen.

Unsere Effizienz muss ausgeprägter als in anderen Ländern sein, da unsere Personalkosten zu den höchsten der Welt gehören. Daher müssen wir unsere Prozesse durch KVP (kontinuierlicher Verbesserungsprozess) ständig optimieren. Wenn in einem chinesischen Werk ein Produktionsprozess zu langsam oder stockend läuft, werden schnell zusätzliche Mitarbeiter eingestellt, um die Arbeit zu erledigen. In Deutschland ist das aufgrund der hohen Kosten nicht möglich. Hier müssen sich die qualifizierten Kräfte Gedanken machen, wie sie ohne zusätzliche Kosten den Produktionsprozess optimal gestalten können. Wir werden quasi zu Kreativität gezwungen. Dies ist einer der wenigen Zwänge, der sehr fruchtbar ist und den wir uns erhalten sollten (Olesch, 2006 a).

Deutschland sollte weiter die Exportweltmeisterschaft behalten. Das hängt von unseren Mitarbeitern ab. Sie entwickeln neue Produkte und Dienstleistungen, sie produzieren diese und sie verkaufen sie. Ohne unsere Mitarbeiter sind unsere Unternehmen wenig wert. Hier setzt die große Chance für das HR-Management an, da es dafür verantwortlich ist, die Leistungsfähigkeit unserer wertvollen Mitarbeiter zu fördern und zu fordern. HR-Management kann daher zum größten Wertschöpfungsfaktor eines Unternehmens werden. Human Resources hat die Chance, eine Leadership-Rolle in deutschen Unternehmen zu übernehmen. Nutzen wir sie!

Der globalisierende Markt als Chance

> **Was sind die entscheidenden Vermögenswerte eines Unternehmens?**
> - Guthaben wie Kundenbeziehungen, Lieferantennetz, Marken-Image und Qualität
> - Wissen in Form von Patenten und Lizenzen
> - Liquidität und Kapital
> - Management-Prozesse wie Strategien, Führung und Kommunikation
> - Fähigkeiten wie Know-how und Schlüsselkompetenzen der Mitarbeiter
> - Werte und Normen wie Unternehmenskultur sowie der Umgang miteinander

Diese Aspekte sind heute die eigentlichen Erfolgsfaktoren eines Unternehmens (Micic, 2006). Die Wertschöpfung beruht dabei auf dem Bildungsvermögen und der Effizienz von Mitarbeitern. Diese beiden Kriterien sind zu den wichtigsten Treibern des Vermögens eines Unternehmens geworden. Bildung und Effizienz unserer Mitarbeiter hat Deutschland zum Weltmarktführer hochkomplexer Technologien gemacht. Dies ist ein großes, aber unfassbares Vermögen, das uns Mut geben sollte, den Weg der kontinuierlichen und weiterführenden Entwicklung unserer Mitarbeiter zu beschreiten.

Leider haben wir uns in Deutschland die etwas nihilistische Verhaltensweise des Jammerns angewöhnt. Man schaut viel lieber auf „bad news" als auf „good news". Daraus folgt eine gewisse Agonie und Mutlosigkeit. Aber es sind positive Resultate, die Menschen motivieren. Und Motivation brauchen wir in Deutschland, um etwas zu wagen und nach vorne zu gehen. Viele Deutsche sind unzufrieden. Die Medien zeigen leider stärker Nachteile als Vorteile auf. Das formt unsere Einstellung.

Fakten sind: Wir haben im europäischen Vergleich die geringste Arbeitslosigkeit. Was könnten die Griechen und Spanier erst lamentieren. Wir haben das größte Wirtschaftswachstum und haben Wirtschaftskrisen besser gemeistert als die meisten europäischen Länder. Wir haben die höchsten Ersparnisse auf unseren Privatkonten. Das möchten die meisten Völker auch haben. Das Gesundheitssystem ist eines der besten. Viele Amerikaner wünschen sich so etwas. Das sollte man sich als deutscher Bürger häufiger vor Augen halten und daraus Motivation und Kraft gewinnen, um auch die Zukunft erfolgreich zu gestalten.

In den häufig zitierten Lohn- und Produktionskosten für Billigprodukte des globalisierten Marktes sind wir nicht immer wettbewerbsfähig. Unsere Stärke liegt aber in anspruchsvollen Technologien und einer hohen Effizienz, die ebenfalls eine starke Flexibilität beinhaltet. Wenn man häufiger in Ländern wie China, Indien und den USA ist, lernt man deren Arbeitseffizienz kennen und gelangt zu der Überzeugung, dass Deutschland große Chancen hat, auch in Zukunft die technologische Marktführerschaft durch hohe Produktionseffizienz innezuhaben. Kernkompetenzen

Deutschlands müssen in den Unternehmen für die Zukunft unbedingt gesichert und ausgebaut werden. Dabei tragen die Unternehmensleitungen eine hohe Verantwortung. Ihre HR-Manager spielen dabei eine ganz besondere Rolle. Für sie liegt eine große Chance darin, den Erfolg ihrer Unternehmen durch zukunftsgerichtete, strategische Personalarbeit und -qualifizierung auszubauen (Olesch, 2002).

2.3 Mitarbeiter auf andere Kulturen vorbereiten

Ein Unternehmen und vor allem das HR-Management müssen die Mitarbeiter auf den internationalen Markt vorbereiten. Der Geschäftspartner ist vielleicht Brasilianer, Russe oder Koreaner. Jedes Volk hat seine eigenen kulturellen Werte. Diese muss man kennen, um erfolgreich zusammenarbeiten zu können, sei es in echten oder virtuellen Teams. Daher gehören internationale Trainings zu den Schwerpunkten der Personalentwicklung im Unternehmen des Autors. Diese Weiterbildung soll bewusst machen, dass man auf Verhaltensweisen anderer Kulturen nicht mit Wertungen reagiert. Nach dem Motto: „Was die machen und ich nicht verstehe, ist nicht richtig!" Es sollte lauten:

„Das Verhalten anderer Völker ist anders und ich respektiere es."

Interkulturelle Trainings wie auch Sprachtrainings helfen, Missverständnisse zu reduzieren und Kooperationen zu verbessern (Pukas, 2005). In China hat die Zahl Vier beispielsweise die Bedeutung einer Unglückzahl. Daher sollte man chinesische Partner nie in einem Hotelzimmer mit der Zahl Vier unterbringen, weil dadurch die Zusammenarbeit in emotionale Mitleidenschaft gezogen werden könnte. Bei Phoenix Contact werden nicht nur mit deutschen Mitarbeitern interkulturelle Trainings durchgeführt, sondern auch mit den ausländischen Kollegen. Diese lernen, wie Deutsche denken und handeln.

Bei dem Besuch des chinesischen Vorstandes eines Stahlkonzerns teilte dieser mir in gebrochenem Englisch mit, dass seine Delegation, bevor sie nach Deutschland reiste, an einem interkulturellen Training teilgenommen hat. Dabei berichtete der chinesische Trainer, dass Deutsche abends gern mit Kerzenlicht speisen. Daraufhin bat ich das Restaurant, in dem wir abends zu Gast waren, das elektrische Licht komplett durch Kerzenlicht zu ersetzen. Als der chinesische Vorstand abends das Restaurant betrat, strahlten seine Augen. Er war überwältigt und sagte, dass er seinem Trainer eine finanzielle Belohnung für sein Coaching geben wolle. Das humorvolle Beispiel zeigt, dass manche interkulturellen Inhalte auch aus einzelnen subjektiven Meinungen bestehen können.

Der globalisierende Markt als Chance

Damit die Mitarbeiter optimal in interkulturellen Gruppen zusammenarbeiten können, hat Phoenix Contact internationale Teamtrainings durchgeführt. Aus weltweiten Niederlassungen werden High-Performer eingeladen, die zusammen mit der Geschäftsleitung Themen zur Globalisierung des Unternehmens bearbeiten und Maßnahmen wie Inhalte interkultureller Trainings vereinbaren. Danach werden diese interkulturellen Konzepte durch die Teilnehmer in ihren Ländern eingeführt. Ein Thema im Rahmen eines Phoenix-Teamtrainings lautete: „Wie kann man die weltweiten Mitarbeiter zu einem erfolgreichen interkulturellen Team entwickeln?" Die Teilnehmer wurden zu Ambassadors — Botschafter von Phoenix Contact — ernannt, die die abgestimmten Maßnahmen in ihren Ländern umsetzen und sicherstellen, dass dies mit Nachhaltigkeit geschieht. Nicht nur die Themen schaffen Interkulturalität, sondern das Zusammensein, das Verfolgen gemeinsamer Ziele und das damit verbundene sich menschlich Näherkommen. Gerade Letzteres ist eine unschätzbare Voraussetzung für internationalen Erfolg.

Praktische Handlungsempfehlungen
1. Kommunizieren Sie an die Mitarbeiter die Vorteile der Globalisierung für ihr Unternehmen.
2. Bereiten Sie Ihre Mitarbeiter durch interkulturelle Trainings auf das richtige Verhalten im weltweiten Markt vor.

3 Herausforderung Demografie

Die größte wirtschaftliche Herausforderung neben dem globalisierten Markt ist die demografische Entwicklung Deutschlands. In den nächsten Jahren wird es in der deutschen Wirtschaft nicht mehr genügend Fachkräfte geben, da zu wenig Menschen in Deutschland geboren werden (vgl. die folgende Abbildung 36).

Herausforderung Demografie
Erwerbstätige in 1.000

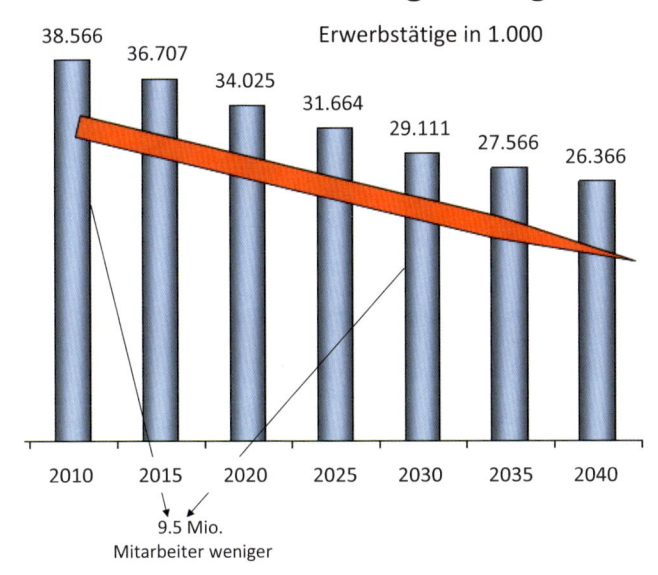

- 2010: 38.566
- 2015: 36.707
- 2020: 34.025
- 2025: 31.664
- 2030: 29.111
- 2035: 27.566
- 2040: 26.366

9.5 Mio. Mitarbeiter weniger

Abb. 36: **Rückgang der Zahl Berufstätiger in Deutschland**

Von 2010 bis 2020 gehen 4,5 Millionen Menschen aus der Arbeit in die Rente. Deutschland hat zu wenig junge Menschen, die nachwachsen. Wir brauchen jedoch dringend hoch qualifizierte Fachkräfte, um unsere Kernkompetenz in komplexen Technologien auf dem Weltmarkt zu sichern und auszubauen. Das Ziel von HR-Managern sollte sein, die personellen Voraussetzungen zu schaffen, dass Deutschland seine Position an der Weltspitze hält und die Zukunft des eigenen Unternehmens gesichert wird. Daher müssen ambitionierte Unternehmen heute Maßnahmen einleiten, um morgen bei einer geringer werdenden Bevölkerungszahl ausreichend Fachkräfte zu haben. Morgen hat bereits 2010 begonnen. Die demografische Entwicklung wird bald einen deutlicheren Mangel an Fachkräften zur Folge haben, der sich in den weiteren Jahren noch verschlimmern wird (Olesch, 2013 a).

Gegen die Qualifizierten-Dürre lässt sich etwas unternehmen. Arabische Länder, auf die eine tatsächliche Dürre zukommt, bauen Wasserreservoirs, die bei Trockenheit ihre Oasen versorgen. Welche Reservoirs kann die deutsche Wirtschaft anlegen? Heute mehr aus- und weiterbilden, um einem Fachkräftemangel entgegenzuwirken. Daher sind entsprechende Initiativen und Personalstrategien notwendig. Es ist eine große Chance für HR-Verantwortliche, eine wichtige Leadership-Rolle zu spielen. Dabei wird die demografische Entwicklung in Deutschland als ein primärer Initiator vieler personalpolitischer Aktivitäten betrachtet.

3.1 In Aus- und Weiterbildung investieren

Der größte Feind des Bildungswesens sind seine Kosten. Oft wird bei Kostenreduzierung primär im Personal- und Bildungsbereich gespart (vgl. Abbildung 37). Hier gilt es für die HR-Manager, Überzeugungsarbeit zu leisten und Durchsetzungsfähigkeit zu beweisen, um genügend Budget für die Bildungsaufgaben zur Verfügung gestellt zu bekommen.

Budgetkürzungen in Unternehmen

Welche Budgets Manager zuerst kürzen würden, wenn die Gewinne sinken?

Personal und Aus- und Weiterbildung	60%
Marketing	45%
Operationen	28%
IT und Systeme	24%
Transport und Logistik	21%
Forschung und Entwicklung	16%
Top Management	16%
Kundenservice	7%

Zahlen gelten nur für Deutschland

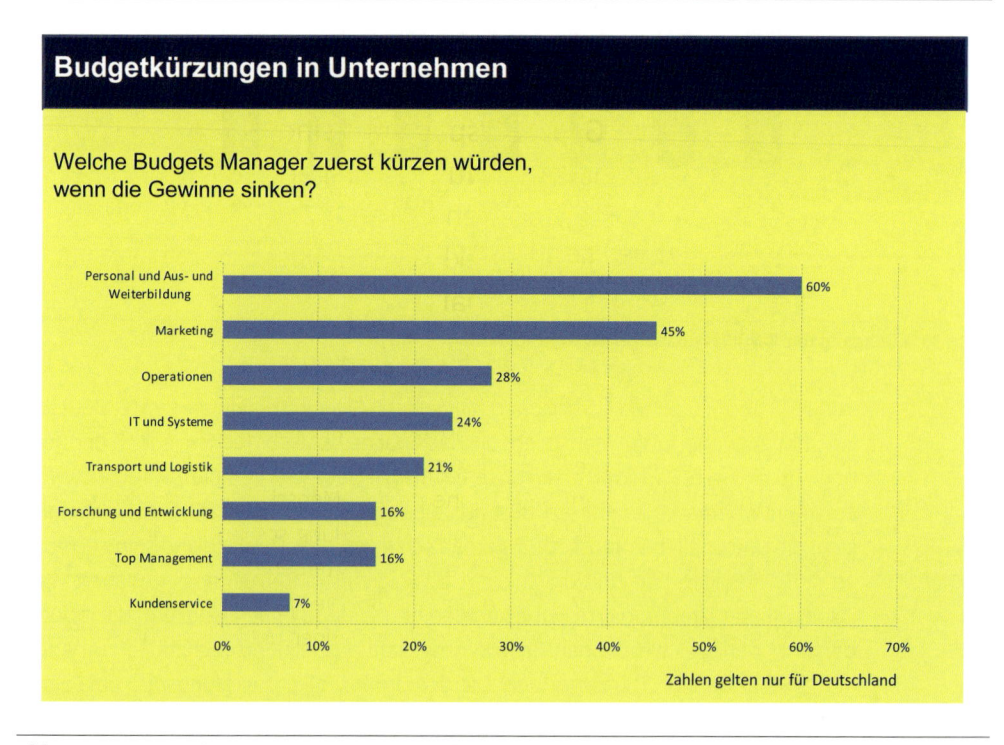

Abb. 37: **Sparmaßnahmen von Managern bei Krisen**

In Aus- und Weiterbildung investieren 3

Ohne ausgeprägte Aus- und Weiterbildung wird die deutsche Technologieführerschaft in der Welt verloren gehen. Hier besteht ein Nachholbedarf. Das zeigt sich darin, dass in den letzten Jahren die Bildungsinvestitionen der deutschen Wirtschaft hinter denen vieler anderer Industrienationen zurückgefallen sind. Daher setzt Phoenix Contact ein deutlich höheres Bildungsbudget ein, als es in der Industrie üblich ist. Die Entwicklung der Mitarbeiter ist ein zentrales Thema bei den schriftlich fixierten Kulturwerten von Phoenix Contact (Olesch, 2005 a).

Corporate Principles

Culture

Partnerschaftlich vertrauensvoll

Unser Tun
wird von wechselseitig verpflichtendem Geist,
von Freundlichkeit und Aufrichtigkeit getragen.
Unsere Beziehungen
zu Kunden und Geschäftspartnern sind
auf beiderseitig nachhaltigen Nutzen ausgerichtet.
Unsere Unternehmenskultur
fördert Vertrauen und die Entwicklung der Mitarbeiter
zum Erreichen vereinbarter Ziele.

Abb. 38: **Verankerung der Entwicklung der Mitarbeiter in den Unternehmenswerten**

Da Weiterbildung teuer ist, betreibt Phoenix Contact Insourcing von Bildungsmaßnahmen, um Kosten zu reduzieren. Kleinere Unternehmen, die über keine Ausbildungsmöglichkeiten verfügen, können junge Menschen bei Phoenix Contact ausbilden lassen. Weiterbildung, Personalentwicklung sowie Coaching von Mitarbeitern bietet Phoenix Contact auch anderen Unternehmen an. Dadurch erwirtschaftet das HR-Management einen Umsatz, der die eigenen Kosten reduziert. So werden Personaldienstleistungen finanziell günstiger und daher für das eigene Unternehmen attraktiver (Olesch, 2003 a).

3.2 Frauen in technische Berufe

Heute sind primär Männer in technischen Berufen tätig. Immer noch sind zu wenige Frauen an technischen Berufen interessiert. Daher müssen mehr Frauen dazu motiviert werden, technische Berufe zu erlernen. Dort sollten Personalmanager ansetzen, um dafür ein erfolgreiches Personalmarketing zu entwickeln. Das ist nicht leicht, da nach wie vor in vielen Frauen-, Mädchen-, Eltern- und Männerköpfen ein konservatives Rollenverständnis herrscht: „Für Mädchen ist Technik nichts. Frauen haben kein Händchen dafür!" habe ich von verschiedenen Eltern gehört, was natürlich einen starken Einfluss auf die Berufswahl ihrer Töchter hat.

Fakt ist, dass Frauen für technische Berufe motiviert werden können und darin erfolgreich sind. Innovative Personalmarketingprogramme helfen, traditionelles Bewusstsein zu verändern. In solche Programme müssen nicht nur die jungen Frauen vor ihrer Berufswahl eingebunden werden, sondern auch ihre Eltern. Unternehmen müssen zusammen mit Schulen, Hochschulen und Eltern häufige und regelmäßige Veranstaltungen initiieren, die das Interesse von jungen Frauen an technischen Berufen nachhaltig wecken.

Abb. 39: Zeitungsartikel über eine junge Frau, die ein hervorragendes Ingenieurstudium absolviert hat

Bei Phoenix Contact finden regelmäßig Frauenpowertage und Girls Days statt, in denen Mädchen und deren Eltern Technik von berufserfahrenen jungen Ingenieurinnen oder Facharbeiterinnen vermittelt bekommen. Man beteiligt sich auch an vielen Veranstaltungen von Hochschulen, Schulen und Messen zum gleichen Thema. Hier leisten kontinuierliche Bildungsprogramme mit erheblichem, aber notwendigem finanziellen Aufwand ihren Dienst.

Für Frauen mit Power
Rund 220 Besucherinnen beim dritten Frauenpower-Tag

Von Jahr zu Jahr werden es mehr: Zum dritten Frauenpower-Tag bei Phoenix Contact kamen in diesem Jahr schon rund 220 Mädchen und Frauen, um sich über Chancen und Möglichkeiten zu informieren, die sich Frauen heute in technischen Berufen bieten.

Die Leiterin der Presse- und Öffentlichkeitsarbeit, Angela Josephs-Olesch und Klaus Hengsbach, Fachleiter Didaktik im Phoenix Contact College, hatten zusammen mit vielen Helferinnen den Tag organisiert.

Angeboten wurde den Besucherinnen an diesem 19. Mai wieder Theorie und Praxis. So konnten die Mädchen an mehreren Ständen der Ausstellung „Technik zum Anfassen" in kleinen handwerklichen Übungen testen, ob sie Geschick und Spaß an der Technik haben.

Wichtig waren aber auch die Informationen, denn die sollen den jungen Frauen und Mädchen die Entscheidung für einen technischen Beruf erleichtern. So in den „Special Corners", in denen die Besucherinnen mit Fachfrauen zu den zentralen Themen der beruflichen Möglichkeiten in einem hochtechnischen Unternehmen sprechen konnten, von der Produktion über das Marketing zum Vertrieb, von Forschung und Entwicklung einschließlich Qualitätsmanagement über Kommunikation und Redaktion bis zu den grundsätzlichen Fragen von Arbeitsmarkt, Ausbildung und Studium.

Den hohen Stellenwert, den die Veranstaltung inzwischen nicht nur regional einnimmt, konnte man daran ablesen, dass die Vorsitzende des Ausschusses für Wirtschaft und Technologie des Deutschen Bundestages, Edelgard Bulmahn, eine Rede hielt. Die frühere Bundes-Bildungsministerin belegte im Auditorium auch anhand von Zahlen, dass Frauen sowohl in technischen Berufen als auch in der Führungsebene der Unternehmen noch immer deutlich unterrepräsentiert sind.

Prominenteste Rednerin auf dem Frauenpower-Tag: Edelgard Bulmahn

Theorie, aber auch Praxis, gab es im Besucherzentrum für die Besucherinnen

So sieht die neue Firmenbroschüre von

Abb. 40: **Zeitungsartikel über den Frauenpowertag mit der ehemaligen Bundesministerin für Bildung Frau Bulmahn**

3.3 Generation Gold – 50 plus

Um dem demografischen Wandel entgegenzuwirken, ist es notwendig, ältere Mitarbeiter einzustellen und zu qualifizieren. Ende der 1990er Jahre und Anfang 2000 haben viele Großkonzerne Mitarbeitern, die älter als 50 Jahre waren, den goldenen Handschlag gegeben und sie freigestellt. Häufig wurde zu Felde geführt, dass sie

Herausforderung Demografie

nicht mehr so leistungsfähig wie jüngere Mitarbeiter seien. Außerdem wurde auf die altersbedingten längeren Krankheitszeiten verwiesen. Heute gibt es genügend über 50-jährige Arbeitslose, die unverschuldet, wie z. B. durch die Insolvenz ihres Unternehmens, ihren Arbeitsplatz verloren haben. Diese sind hoch motiviert, wieder eine Berufschance in einem Unternehmen zu bekommen.

Unternehmen, die ältere Mitarbeiter „abgebaut" haben, betonten häufig nur die Nachteile dieser Altersgruppe und haben sie den Vorteilen jüngerer Mitarbeiter gegenübergestellt. Der Vergleich hinkt jedoch. Wenn man eine Gegenüberstellung von Jung und Alt vornimmt, muss man die jeweiligen Vor- **und** Nachteile miteinander vergleichen. Dabei kommen ältere Mitarbeiter besser weg als ihr Ruf, wie die folgende Auflistung zeigt.

Ältere Mitarbeiter	
Vorteile	**Nachteile**
Erfahrungswissen	Geringere Lernfähigkeit
Arbeitsdisziplin	Geringere Risikobereitschaft
Einstellung zur Qualität	Mangelnde körperliche Belastbarkeit
Loyalität	Höherer Krankenstand
Gelassenheit	Geringere Innovationsfähigkeit
Belastungsfähigkeit	
Führungskompetenz	
Jüngere Mitarbeiter	
Vorteile	**Nachteile**
Dynamik	Unerfahrenheit
Mut	Risikofehleinschätzung
Körperliche Leistungsfähigkeit	Mangelnde Unternehmensbindung
Innovationskraft	Geringeres Qualitätsbewusstsein
Gesundheit	Geringere Gelassenheit

Phoenix Contact führt Weiterbildungsmaßnahmen durch, in denen über 50-jährige Arbeitslose für neue Berufe wie Mechatroniker qualifiziert werden. Sie erhalten durch die klassische Prüfung bei der IHK den Facharbeiterbrief. Häufig werden die Qualifizierungsmaßnahmen von den Agenturen für Arbeit gefördert, was zu einer finanziellen Entlastung des Unternehmens führt (Olesch, 2004 a).

Abb. 41: Berichterstattung über eine Weiterbildung von 50-Jährigen

Abb. 42: Phoenix Contact stellt Mitarbeiter im Alter von 63 Jahren ein

Aber auch langjährige Mitarbeiter über 50 nehmen aktiv Weiterbildungsmöglichkeiten im Unternehmen wahr. Auch sie müssen auf dem aktuellsten technischen Stand gehalten werden, um die fortschreitende Entwicklung der deutschen Wirtschaft zu beherrschen. 50- bis 60-Jährige können die Unterdeckung von Fachkräften reduzieren. Sie können aber auch engagiert werden, um jüngere High Potentials zu Führungskräften zu entwickeln.

So wurde ein 54-jähriger ehemaliger Werksleiter eingestellt, um einen 32-jährigen potenziellen Nachfolger in seiner beruflichen Entwicklung zu unterstützen und ihn zu coachen. Man stelle sich — wie in vielen Unternehmen praktiziert — vor, ein 38-Jähriger soll sein Know-how an einen 32-Jährigen vermitteln. Das kann häufig nicht funktionieren. Durch das ähnliche Alter entsteht eine starke Konkurrenzsituation, in der eher das gegenseitige sich Bekämpfen als das Fördern im Vordergrund stehen kann. Denn der 32-Jährige will den 38-Jährigen nicht erst nach seiner Pensionierung „beerben", sondern früher. Eine ältere Führungskraft dagegen gibt bereitwilliger ihr Wissen an eine jüngere weiter, weil diese Konkurrenzsituation nicht besteht.

3.4 Migranten – ein häufig unentdecktes Potenzial

Wie bereits in ersten Kapitel „Human Resources als Basis des Unternehmenserfolges" beschrieben, stellen Hauptschüler eine Personengruppe dar, die durchaus den Bedarf an Personal der Unternehmen mit decken könnte. Insbesondere Jugendliche mit Migrationshintergrund besuchen primär Hauptschulen. Häufig reicht ein solcher Abschluss jedoch nicht aus, um einen anspruchsvollen Beruf zu erlernen. Defizite in Schlüsselqualifikationen sind oftmals vorhanden. Man kann darüber lamentieren, dass unser Bildungssystem Mängel aufweist. Das Jammern wird jedoch keine Lösung herbeiführen.

Phoenix Contact hat mit ortsansässigen Hauptschulen seit einigen Jahren ein Programm entwickelt, um deren Schüler ausbildungsfähig zu machen. Ein Jahr vor ihrem Hauptschulabschluss werden sie mit ihren Lehrern parallel zum Schulunterricht in den betrieblichen Alltag integriert. So lernen sie alles kennen, was später für ihre betriebliche Ausbildung notwendig ist. Die meisten dieser Schüler entwickeln sich derart positiv, dass sie nach ihrem Hauptschulabschluss in ein festes Ausbildungsverhältnis übernommen werden. Für diese Initiative erhielt Phoenix Contact den zweiten Platz im Wettbewerb „Ausbildungsass in Deutschland 2005" des Bundesministeriums für Bildung und Forschung.

Ein Ass in der Ausbildung

Phoenix Contact ausgezeichnet

■ **Berlin/Blomberg.** Das Blomberger Unternehmen Phoenix Contact ist gestern in Berlin mit dem „Ausbildungs-Ass" 2005 ausgezeichnet worden. Die Blomberger erhielten den 2. Preis in der Kategorie „Ausbildungsinitiativen".

Die Jury, in der sich neben Vertretern der Wirtschafts- und Handwerksjunioren Deutschland auch Abgesandte des Bundesministeriums für Bildung und Forschung befinden, würdigte damit das außerordentliche und modellhafte Engagement des Unternehmens für die Zukunftschancen von Hauptschülern, heißt es in einer Pressemitteilung der Wirtschaftsjunioren Deutschland. „Die vielfältigen Aktivitäten der Bewerber offenbaren die Stärke der betrieblichen Ausbildung", wird die Schirmherrin, Bildungsministerin Edelgard Bulmahn, in der Mitteilung zitiert. Das vorbildliche Bemühen, die Schülerinnen und Schüler auf ein lebenslanges Lernen vorzubereiten und ihnen so nachhaltige Kompetenzen zu erschließen, brachte das Blomberger Elektronik-Unternehmen auf das Siegertreppchen.

Thorsten Westhoff, Bundesvorsitzender der Wirtschaftsjunioren Deutschland, betonte außerdem den hohen Einsatz der Preisträger. „Die Unternehmen tun, was sie können – für die Jugendlichen, sich selbst und für die Gesellschaft", so Westhoff. Das Ausbildungs-Ass wurde an neun Preisträger vergeben, der Preis ist mit insgesamt 15 000 Euro dotiert.

Preisträger: *Professor Dr. Gunther Olesch (Geschäftsleitung Phoenix Contact, Mitte) nahm den Preis entgegen. Rechts: Ulrich Kasparick, Parlamentarischer Staatssekretär im Bundesbildungsministerium, links: Bernd Jansen, Vorstandsvorsitzender „INTER Versicherungen".*
FOTO: MINEHAN

Abb. 43: **Das Engagement für Hauptschüler lohnt sich, was auch durch die Ehrung zum Ausdruck kommt**

Zudem gilt es, Migranten zu einem technischen Studium zu motivieren. Deutschland ist ein Hochtechnologiestandort und benötigt entsprechende Ingenieure. Studenten, die aus Migrantenfamilien stammen, sind in Deutschland deutlich unterrepräsentiert. Hier sind auch die Unternehmen gefordert: Sie müssen sich auf die sozialen Gemeinschaften der Migranten zubewegen und dort die möglichen Bildungsperspektiven aufzeigen. Bei den Eltern muss das Bewusstsein geschaffen werden, dass ihre Kinder studieren können. Dabei können viele positive Erfahrungen gewonnen werden.

3.5 Duales Studium

Zur Gruppe der fehlenden Fachkräfte werden auch Akademiker gehören. Daher bieten moderne Unternehmen lern- und leistungswilligen Jugendlichen eine Ausbildung mit parallelem Studium an. In vier Jahren können sie den Facharbeiterbrief sowie den Bachelorabschluss erlangen. Hochschulen richten sich heute gerne nach den Ausbildungsprogrammen der Unternehmen, sodass eine Synchronisation von Ausbildung und Studium möglich ist. Der Vorteil für Unternehmen ist, dass sie den jungen Menschen über vier Jahre mit seinen Stärken und Schwächen kennenlernen und ihn in seiner Entwicklung optimal unterstützen können. Eine teure Fehlbesetzung ist nach solchen Erfahrungen fast nicht möglich. Der Jugendliche andererseits kann sich sowohl fachlich als auch menschlich besser integrieren. Daraus resultiert erfahrungsgemäß eine starke Unternehmensbindung, sodass ein Teil des Bedarfs an zukünftigen Akademikern durch diese Initiative gedeckt werden kann.

Phoenix Contact bietet Mitarbeitern mit einem Bachelorabschluss an, in zwei Jahren berufsbegleitend den Master oder MBA zu erlangen. Gute, erfahrene Facharbeiter können nach dem Europäischen Qualifizierungsrahmen (EQR) ein berufsbegleitendes Studium absolvieren. Auf diese Weise sorgen wir selbst für den benötigten Nachwuchs an hoch qualifizierten Arbeitskräften, die zudem eine hohe Loyalität und Bindung zum Unternehmen haben.

Darüber hinaus lohnt es sich, Lehrstühle und Laboratorien zu finanzieren. Weiterhin empfiehlt es sich, Hochschulen Lehrbeauftragte zur Verfügung zu stellen. Dadurch entstehen frühzeitige Kontakte, ja auch Bindungen zwischen angehenden Akademikern und den Unternehmen. Diese Erfahrung kann ich selbst immer wieder machen, wenn ich bei meinen Vorlesungen als Honorarprofessor exzellente Akademiker für Phoenix Contact von der Hochschule gewinnen kann.

3.6 Strategien zur Fachkräftesicherung

Aufgrund des Mangels an Fachkräften werden sich künftig Unternehmen verstärkt gegenseitig gute Mitarbeiter abwerben. Hoch qualifizierte Kräfte erhalten eine große Auswahl an Arbeitsplatzangeboten. Dadurch wird die Fluktuation in deutschen Unternehmen zwangsläufig steigen. Also wird neben den bereits geschilderten strategischen Personalentwicklungsmaßnahmen die Bindung von Qualifizierten eine weitere Herausforderung für die Unternehmen sein (Ibers, 2005).

Um qualifizierte Mitarbeiter zu halten, sind adäquate Karrierechancen im Unternehmen wichtig. Eine solche Karrierechance bietet zum einen die klassische Führungslaufbahn. Da aber schlanke Organisationen gefragt sind, wird es in Zukunft nicht genügend Führungsfunktionen geben, die Leistungsträger an das Unternehmen binden. Daher müssen Fachleiter- oder Projektleiterlaufbahnen entwickelt werden. Mitarbeiter, die solche Funktionen bekleiden, benötigen ein überdurchschnittliches und differenziertes Fachwissen, um komplexe Aufgaben erfüllen zu können. Fachleiter müssen über hohe Kompetenzen verfügen und sie tragen umfassende unternehmerische Verantwortung. Dadurch können sie ein adäquates Einkommen erhalten, das dem einer Führungskraft entspricht. Der primäre Unterschied zur Führungskraft liegt in der fehlenden Mitarbeiterverantwortung (Scheunemann & Seidel, 2007).

3.7 Gesundheitsmanagement – die Leistungsfähigkeit präventiv erhalten

Da die deutsche Bevölkerung immer älter wird, verlagern sich bei den Menschen auch die Lebensprioritäten. Während bei Jüngeren die Gesundheit weniger im Vordergrund steht, spielt sie bei Älteren eine wichtigere Rolle und sie möchten ihr Leben entsprechend ausgewogen gestalten. Daher wird es für Unternehmen eine Notwendigkeit, eine solche Entwicklung der Bedürfnisse ihrer Mitarbeiter zu berücksichtigen, um qualifizierte Mitarbeiter zu binden und ihre Leistungsfähigkeit zu erhalten (Olesch, 2005 b).

Gesundheitsförderung für Mitarbeiter wird aus diesem Grund zukünftig einen hohen Stellenwert in der Personalpolitik von Unternehmen einnehmen. Denn schließlich steigt zwangsläufig mit dem Älterwerden auch die Krankheitsquote. Jüngere Menschen erkranken zwar auch, dafür aber nur für wenige Tage. Ältere Mitarbeiter andererseits erkranken zwar weniger häufig, dann jedoch oft für längere

Zeit. Bandscheibenvorfälle z. B. ereignen sich eher bei ihnen als bei den jungen Arbeitnehmern und die Heilung dauert länger. Ein hoher Krankenstand beeinflusst das Personalkostengefüge der Unternehmen. Daher sollte der Begriff Personalentwicklung nicht mehr nur die geistige Qualifizierung beinhalten, sondern auch die physische. Mens sana in corpore sano.

> „Personalentwicklung für den Körper" wird ein entscheidender Faktor eines erfolgreichen HR-Managements.

Daher wird dem Thema in diesem Buch ein eigenes Kapitel gewidmet, das Kapitel „Gesundheitsmanagement und Work-Life-Balance".

3.8 Immaterielle Anreizsysteme

Immaterielle Anreizsysteme müssen mehr Beachtung als Führungsinstrumente gewinnen, da sie auf die meisten Menschen eine stärkere Motivationskraft als Geld ausüben (Wagner, 2002). Sie sind zentrale Faktoren für die Mitarbeiterbindung und den Leistungswillen — und sie erhöhen nicht die viel zitierten Personalkosten in Deutschland, sondern optimieren das Preis-Leistungs-Verhältnis.

Folgende Aspekte zur Mitarbeiterbindung sollten heute besonders beachtet werden (Olesch, 2010 d):

- Führungskultur
- Bildungs- und Entwicklungsmöglichkeiten
- Arbeitsplatzgestaltung
- Arbeitszeitmodelle mit hohem Freiheitsgrad
- Image des Unternehmens
- Work-Life-Balance
- Sicherheit des Arbeitsplatzes

Diese Punkte sind stark motivierende Faktoren, die einem Unternehmen dazu verhelfen, erfolgreich auf dem globalisierten Markt zu agieren und leistungsfähige Mitarbeiter zu entwickeln. Auch dem wichtigen Thema Führungskultur wird ein ausführlicheres Kapitel gewidmet, nämlich das Kapitel „Führungsleitlinien".

3.9 Bildung als Fundament der Unternehmensstrategie

Der Bildungsauftrag ist eine selbst auferlegte Verpflichtung, nach der Phoenix Contact handelt. Wie sieht das nun in der Praxis aus? „Phoenix Professional Education" ist der Markenname, der alle Facetten der Bildungsarbeit beinhaltet. Phoenix Contact bildet überdurchschnittlich viel aus. 6 % der Belegschaft sind Auszubildende. 50 % der jetzigen Belegschaft sind FacharbeiterInnen, die in den letzten sechzig Jahren im Unternehmen herangebildet worden sind. Unternehmens- und Personalplanung sind bei uns eng verzahnt. Wir bilden gezielt nach Bedarf aus und übernehmen die Auszubildenden, wenn Leistung und Verhalten o. k. sind.

Um den Ausbildungsplatzmangel zu bekämpfen, hat sich Phoenix Contact bereit erklärt, 20 % mehr Menschen auszubilden, als es der eigene Bedarf erfordert. Diese Jugendlichen erhalten eine Berufsausbildung, die es anschließend sehr wahrscheinlich macht, dass sie als Facharbeiter in einem Unternehmen eingestellt werden. Hier erfüllt Phoenix Contact eine soziale Verantwortung. Im Kapitel „Unternehmenskultur" erfahren Sie mehr zu diesem Thema.

Wichtig ist, dass junge Menschen auch über den Tellerrand des eigenen Unternehmens blicken. Aus diesem Grund entwickelte Phoenix Contact Bildungskooperationen mit Unternehmen wie Volkswagen und Mercedes Benz, die gleichzeitig Kunden des Hauses sind. Die Auszubildenden bearbeiten gemeinsame Projekte und pflegen einen engen Bildungs- und Gedankenaustausch mit den jeweiligen Azubis und Ausbildern anderer Unternehmen. Dadurch lernen sie bereits in einem frühen Stadium die Bedürfnisse von Kunden kennen und können sich für ihre zukünftige Arbeit optimaler auf sie einstellen.

Ein international wachsendes Unternehmen muss frühzeitig junge Menschen den globalisierten Markt erleben lassen. Daher werden ambitionierte Auszubildende in Niederlassungen des Auslands entsandt, um Arbeit, Kultur, Land und Leute kennenzulernen. Englische und andere Sprachkenntnisse sind dabei selbstverständlich und werden auch während der Ausbildung vermittelt.

Lebenslanges Lernen ist ein klassischer Begriff. Für Phoenix Contact bedeutet dies, eine umfassende Personalentwicklung zu betreiben. Insbesondere, wenn man Innovationskraft als eine wesentliche Unternehmensstrategie definiert hat, ist es unumgänglich, das Know-how der Mitarbeiter stets auf hohem Niveau zu halten. Die Anzahl von 11.000 Weiterbildungsteilnehmern pro Jahr entspricht daher der Mitarbeiterzahl des Unternehmens.

Herausforderung Demografie

Um Mitarbeitern Berufsperspektiven im Unternehmen zu ermöglichen, werden Fach- und Führungskräfte primär aus den eigenen Reihen gewonnen. Dafür bestehen umfangreiche Personalentwicklungsmaßnahmen, in denen neben der fachlichen die soziale Kompetenz einen besonderen Stellenwert einnimmt (Pukas, 2006). Diese Soft Skills, wie z. B. Unternehmens- und Führungskultur, wurden ebenfalls in der Phoenix-Contact-Strategie verankert:

„Unser Tun wird von wechselseitig verpflichtendem Geist, von Freundlichkeit und Aufrichtigkeit getragen. Unsere Beziehungen sind auf beiderseitig nachhaltigen Nutzen ausgerichtet."

Zu unserer Unternehmenskultur gehört, dass sie nicht — wie traditionell üblich — von externen Unternehmensberatern, sondern von der Phoenix-Contact-Geschäftsführung selbst entwickelt und anschließend den verschiedenen Mitarbeitergruppen in Workshops vermittelt wurde (Olesch, 2004 a). Nur durch eine solche Vorgehensweise kann eine Unternehmenskultur wirklich gelebt werden:

„Denn eine Treppe kann nur von oben gefegt werden! Unternehmensstil ist nur dann vorbildlich, wenn er als Vorbild vom Topmanagement gelebt wird."

Bildung lebt nicht nur innerhalb der Unternehmensgrenzen. Synergien mit anderen Bildungsinstitutionen können die eigene Effizienz steigern. So hat Phoenix Professional Education Bildungskooperationen mit den Kultusministerien verschiedener Bundesländer wie Hessen, Niedersachsen, Rheinland-Pfalz, Bremen und Berlin (siehe Abbildung 44) abgeschlossen.

Abb. 44: **Bildungskooperationsvertrag mit der Stadt Berlin**

Bildung als Fundament der Unternehmensstrategie 3

Ziel ist es, innovative Bildungsarbeit mit Schulen und Hochschulen zu betreiben. Darüber hinaus hat das Unternehmen den alle zwei Jahre international stattfindenden Bildungswettbewerb „xplore" ausgerufen. Weltweit können Schüler und Studenten industrielle Automatisierungstechnik von Phoenix Contact einsetzen, um zukunftsweisende Technologien wie regenerative Energien, Wissensmanagement und auf dem Internet basierende Projekte zu entwickeln. Schirmherren sind dabei Bundesministerien. Dadurch bindet man junge Menschen bereits in einem frühen Stadium ihrer Ausbildung an das Unternehmen.

Bildungsarbeit ist kostspielig, was kleinere Unternehmen dazu verleitet, in dieser Hinsicht wenig zu unternehmen. Ihnen fehlen häufig qualifizierte Aus- und Weiterbilder sowie Lehrwerkstätten. Daher hat sich Phoenix College auf die Fahne geschrieben, für diese Unternehmen aus- und weiterzubilden sowie als Coach oder Berater für Personal- und Organisationsentwicklungsprozesse tätig zu sein. Dies trägt zu einem beiderseitig nachhaltigen Nutzen bei. Erstens sichern die kleinen Unternehmen ihre Know-how-Träger von morgen und somit ihre wirtschaftliche Zukunft. Zweitens erwirtschaftet Phoenix College durch diese Dienstleistung Geld. Dieses Geld dienen dazu, die eigenen Bildungskosten zu reduzieren.

Praktische Handlungsempfehlungen

1. Intensivieren Sie die Aus- und Weiterbildung, um auch in Zukunft — gegen den demografischen Trend — über Fachleute zu verfügen.
2. Qualifizieren Sie mehr Frauen für technische Berufe.
3. Stellen Sie ältere Mitarbeiter, die der Generation 50 plus angehören, ein und halten Sie Ihre älteren Mitarbeiter durch geeignete Trainingsaktivitäten auf dem Laufenden.
4. Stellen Sie mehr Mitarbeiter mit Migrationshintergrund ein und fördern Sie ihre berufliche Entwicklung bis hin zum Facharbeiter.
5. Setzen Sie das Instrument des dualen Studiums ein, um Akademiker zu entwickeln und an ihr Unternehmen zu binden.
6. Nutzen Sie ein betriebliches Gesundheitsmanagement, um dem steigenden Krankenstand älterer Mitarbeiter entgegenzuwirken.
7. Gründen Sie Bildungskooperationen mit Partnern, die Ihnen bei all den beschriebenen Maßnahmen behilflich sein können.

4 Was ein exzellentes HR-Management auszeichnet

Im Folgenden werden wichtige Personalmaßnahmen beschrieben, die bei Phoenix Contact genutzt werden. Auch für kleinere Unternehmen ist es möglich, ähnliche Programme zu etablieren. Da sie aber nicht immer über die erforderlichen Ressourcen verfügen, um die beschriebenen Maßnahmen alleine realisieren zu können, müssen sie gegebenenfalls alternative Wege beschreiten: Für sie gilt es, sich in Netzwerken mit anderen kleineren Unternehmen zu organisieren, und in Kooperationen mit großen Unternehmen sowie mit IHKs und Arbeitgeberverbänden vergleichbare Aktivitäten durchzuführen.

4.1 Neue Mitarbeiter gewinnen

Die Zahl der Studienwilligen in technischen Berufen hat eine kritische Grenze erreicht. Während 1993 fast 5.000 Ingenieurabsolventen von den technischen Hochschulen und Universitäten pro Semester in das Berufsleben drängten, wird die Zahl in den nächsten Jahren auf unter 2.000 fallen. Universitäten wie Fachhochschulen könnten in bestimmten Ingenieursfakultäten besser ausgelastet sein. Großunternehmen und Konzerne reagieren auf diese Situation mit kostspieligen Personalmarketingmaßnahmen und Headhunting-Boni.

Um die rarer werdenden Fachkräfte zu gewinnen, ist ein umfangreiches Personalmarketing bzw. Employer Branding notwendig (Olesch, 2013 b). Das stellt eine der wichtigsten Aufgaben des modernen HR-Managements dar. Es ist darauf ausgerichtet, die Attraktivität eines Unternehmens und seiner Arbeitsplätze zu erhöhen. Personalmarketing bedeutet demzufolge, Attraktivitätspotenziale zu schaffen, zu optimieren und auch zu kommunizieren. Im Mittelpunkt aller Marketingüberlegungen steht das Image des Unternehmens. Hierunter versteht man die Summe der subjektiv wahrgenommenen Eindrücke, die ein Arbeitnehmer von einem Unternehmen hat. Dabei ist nicht so sehr entscheidend, wie bestimmte Sachverhalte rein objektiv beschaffen sind, sondern wie sich die subjektive Wahrnehmung des Interessierten entwickelt. Deshalb nimmt Phoenix Contact an HR-Wettbewerben teil, um sich messen zu lassen und bei guten Ergebnissen als Arbeitgeber für potenzielle Bewerber attraktiv zu sein (Olesch, 2005 d).

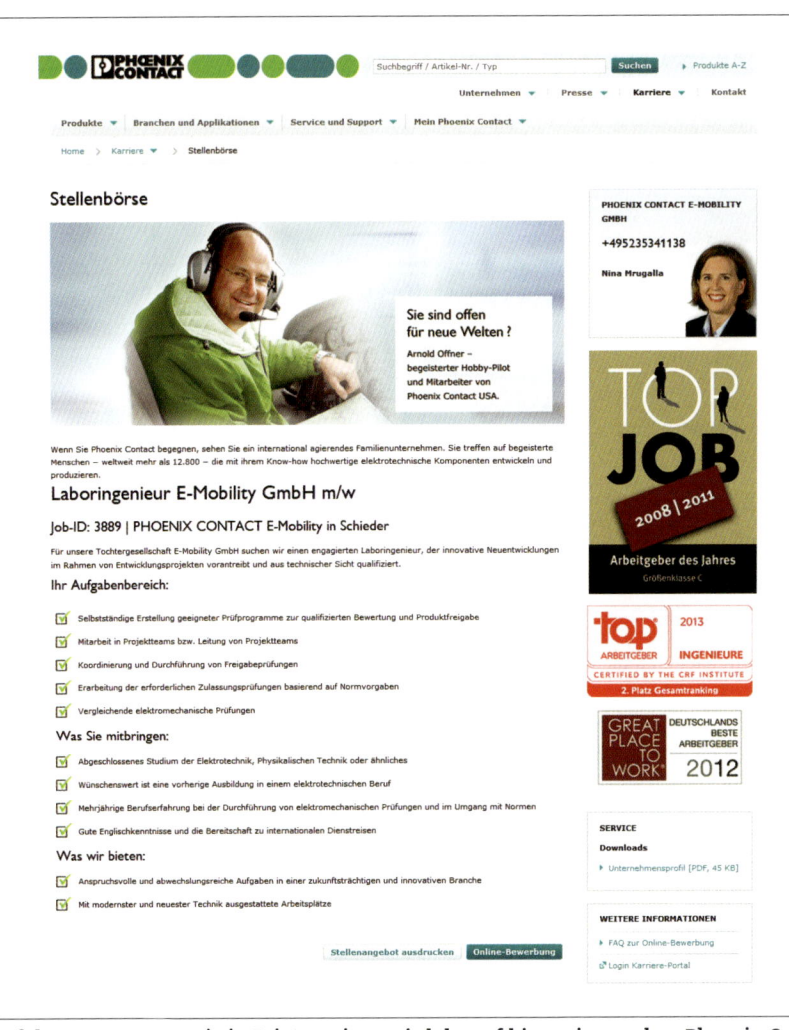

Was ein exzellentes HR-Management auszeichnet

Abb. 45: Auf der Homepage sowie in Printanzeigen wird darauf hingewiesen, dass Phoenix Contact zum besten Arbeitgeber gekürt worden ist

Gerade das Internet hat als modernes Personalmarketinginstrument an großem Einfluss gewonnen. Personalmarketing soll sich darauf ausrichten, dem Unternehmen durch Personal-Image-Werbung ein geeignetes, unverwechselbares und typisches Image als Arbeitgeber zu verschaffen. Die Personalpolitik muss sich dem Zeitgeist des Arbeitsmarktes öffnen. Internet und Social Media sind dabei wie alle elektronischen Medien ein Muss. Ständige Analysen in Social Media und die daraus abgeleiteten Kenntnisse hinsichtlich der Aktivitäten von Arbeitsplatzbewerbern sind selbstverständlich Teil der Personalpolitik. Um effektiv zu sein, muss das E-Recruiting eines Unternehmens den aktuellen Bedürfnissen von Bewerbern entsprechen. Welche Informationsinteressen herrschen bei Bewerbern vor und sollten

4 Neue Mitarbeiter gewinnen

daher auf der Homepage zu Human Resources enthalten sein? 2012 wurden Hochschulabsolventen befragt, was einen potenziellen Arbeitgeber besonders attraktiv erscheinen lässt. Folgende Themen wurden genannt:

Was einen Arbeitgeber besonders attraktiv erscheinen lässt

	Nennungen in %
Entwicklungsmöglichkeiten im Unternehmen	52
Work-Life-Balance	44
Gehalt und Nebenleistungen	33
Internationalität der Arbeit	30
Arbeitsstil	28
Aufgabenbereich für Einsteiger	25
Einstiegsmöglichkeiten und -positionen	20
Produkte und Dienstleistungen	19
Wirtschaftliche Situation des Unternehmens	18
Erwünschtes Persönlichkeitsprofil	13
Organisationsstruktur	8

Quelle: Tendence

Phoenix Contact ermittelt durch regelmäßige Befragungen die Bedürfnisse der Mitarbeiter im Unternehmen. In der folgenden Abbildung sind die fünf wichtigsten benannt.

Was erwarten gute Arbeitnehmer?

1. Sichere Arbeitsplätze
2. Ethische Führungskultur mit Partizipation und Vertrauen
3. Entwicklungsmöglichkeiten
4. Work Life Balance
   - Freiraum durch Arbeitszeitmodelle
   - Gesundheitsförderung – Personalentwicklung für den Körper
5. Gerechte Vergütung

Abb. 46: **Was Mitarbeiter von ihrem Arbeitgeber erwarten**

Was ein exzellentes HR-Management auszeichnet

Die Leistungen des Unternehmens sollten optimal im E-Recruiting präsentiert werden. Aber auch hier gilt die wichtige Regel: „Nie mehr Schein als Sein!" Eine Diskrepanz wird von den Kandidaten spätestens in der Probezeit erkannt und als Folge davon steigt die Fluktuationsrate.

4.2 Die Human-Resources-Homepage

Das Internet ist heute eine der wichtigsten Informationsquellen für potenzielle Bewerber. Ein Unternehmen hat in Verbindung mit diesem Medium eine besondere Informationspflicht, um als attraktiver Arbeitgeber nach außen und innen zu erscheinen (Brenner, 2009). Man erreicht über das Internet eine größtmögliche, auch internationale Zielgruppe. Auf der Firmen-Homepage sollte eine Personalseite vorhanden sein, die die HR-Angebote des Unternehmens präsentiert (vgl. die folgenden Abbildungen 47 und 48).

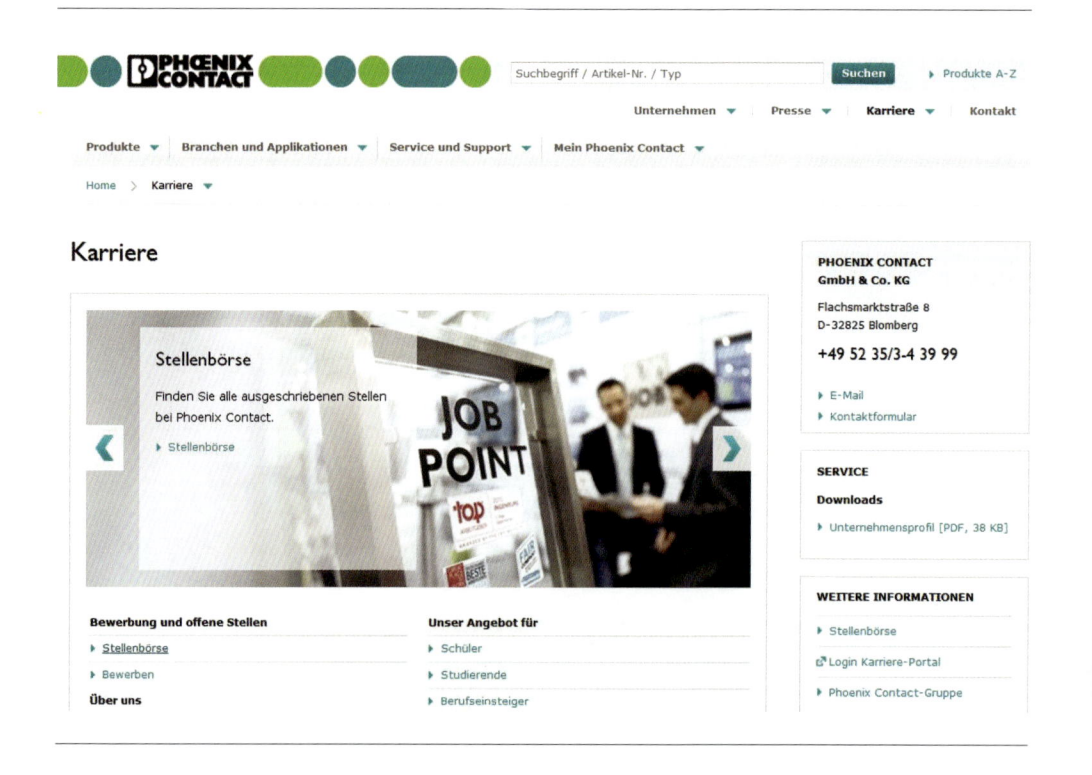

Die Human-Resources-Homepage 4

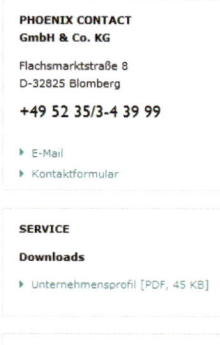

Abb. 47 und 48: **Beispiele von HR-Seiten**

Was ein exzellentes HR-Management auszeichnet

Links sollen durch Videos aus dem Unternehmensalltag gekennzeichnet werden und zu verschiedenen Themen führen:

- Anzahl der angebotenen Arbeitsplätze und deren Inhalte
- Einarbeitungsprogramme und Entwicklungsmöglichkeiten wie Führungs- und Fachleiterlaufbahnen
- Mitarbeiterqualifizierung und Weiterbildung
- Hochschulengagement
- Zielorientierte Mitarbeitervergütung und Benefits für Mitarbeiter
- Flexible Arbeitszeiten
- Unternehmensleitlinien und -kultur
- Freizeitwert der Region — Links zu regionalen Angeboten

Auf der Human-Resources-Seite sollten alle zu besetzenden Positionen kurz beschrieben sein (Abbildungen 49 und 50).

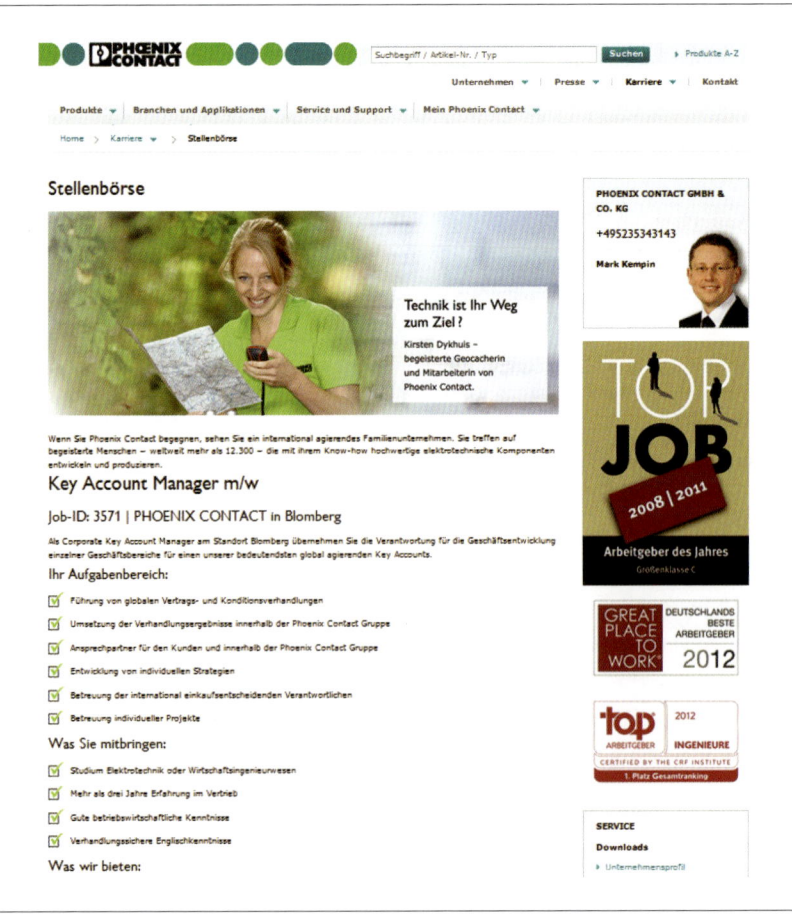

4 Die Human-Resources-Homepage

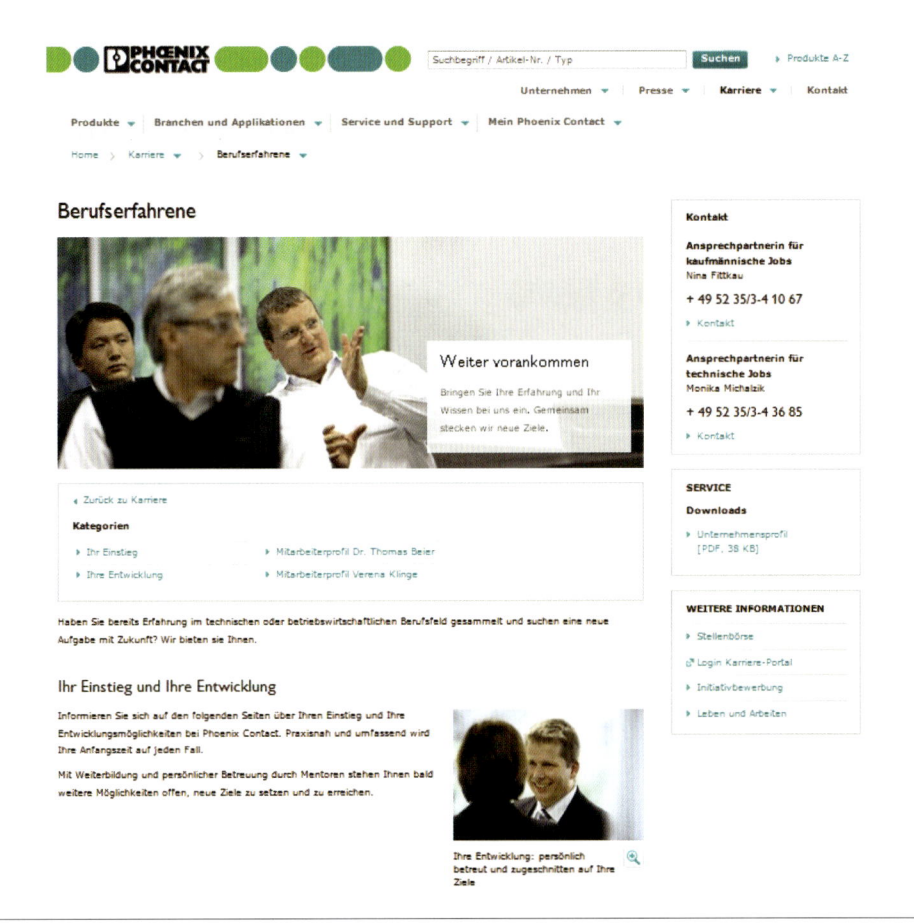

Abb. 49 und 50: **Beispiele für angebotene Positionen**

Darüber hinaus sollte den Interessenten die Möglichkeit geboten werden, eine Bewerbung online über die Homepage des Unternehmens schreiben zu können.

4.2.1 Einarbeitungsprogramme

Jungakademiker erwarten in der Regel für den Berufseinstieg ein Trainee-Programm. Daher ist es wichtig, ein solches Programm auf der HR-Page darzustellen. Zu den wichtigsten Motivatoren, um High Potentials zu gewinnen, gehören die Entwicklungsmöglichkeiten. Für erfahrene Fach- oder Führungskräfte ist es wichtig, dass eine erfolgversprechende Personalentwicklung im Unternehmen praktiziert wird. Bedingt durch projekt- und gruppenorientierte Organisationen stehen heute weniger Managementpositionen zur Verfügung als in alten funktionalen

Was ein exzellentes HR-Management auszeichnet

Organisationen (Dunker, 2003). Aus diesem Grund wurde die Aufstiegsentwicklung zum Fachleiter und Projektleiter kreiert. Bei Fachleitern handelt es sich um hoch motivierte Leistungsträger, die ohne Personalverantwortung über vergleichbare Kompetenzen, Gehälter und einen ähnlichen Status wie Führungskräfte verfügen (vgl. Abbildung 51).

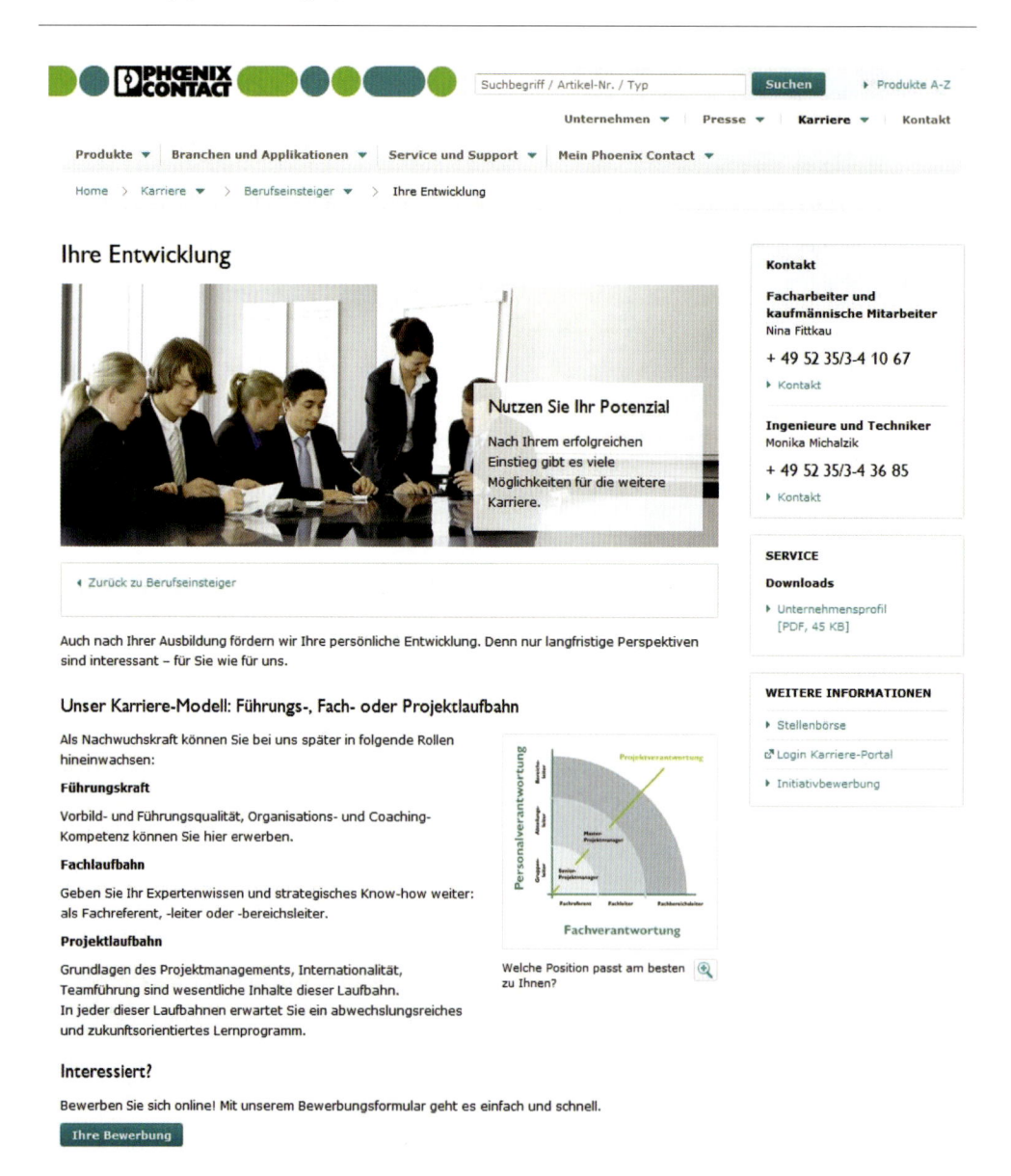

Abb. 51: **Karrierechancen im Unternehmen**

4 Die Human-Resources-Homepage

4.2.2 Mitarbeiterqualifizierung und Weiterbildung

Wie in der Einleitung erwähnt, ist ein Unternehmen dann für Bewerber attraktiv, wenn es über umfangreiche Möglichkeiten zur Weiterbildung und Personalentwicklung verfügt. Daher ist es empfehlenswert, das auf der HR-Page darzustellen (vgl. Abbildung 52).

Abb. 52: **Beispiel eines Ausschnitts des Weiterbildungsangebots**

Was ein exzellentes HR-Management auszeichnet

Nicht nur bei Akademikern besteht ein Engpass, sondern auch bei Facharbeitern. Daher ist es genauso relevant, in diesem Bereich Angebote zu unterbreiten. Bei Phoenix Contact besteht die Möglichkeit, parallel zu einer Facharbeiterausbildung auch ein Studium der Ingenieurwissenschaften zu absolvieren. Generell empfiehlt es sich, die unternehmenseigene Ausbildungsabteilung zu nutzen, um Facharbeiter in Richtung Ingenieurs-Know-how zu qualifizieren. Wenn diese Möglichkeit bei einem Kleinunternehmen nicht gegeben ist, sollte man das Know-how von Hochschulen nutzen, die entsprechende Lehrprogramme zur Verfügung stellen.

In den letzten Jahren haben sich viele moderne Berufe, was die erforderliche Qualifikation betrifft, dem Niveau eines Studiums angenähert. Die Ausbildung kann dafür sorgen, die dennoch bestehende Differenz noch geringer ausfallen zu lassen. Dadurch werden leistungsfähige Facharbeiter stärker an das Unternehmen gebunden.

In der dualen Ingenieurausbildung absolvieren Schulabsolventen, primär Abiturienten, eine Facharbeiterausbildung und werden parallel dazu als Ingenieur an der Hochschule qualifiziert. Der Auszubildende erlernt den Beruf des Kommunikationselektronikers, Fachrichtung Informationstechnik, und studiert parallel Elektro-Automatisierungstechnik an der Hochschule. Die Ausbildung zum Mechatroniker wird durch das Studium Mechatronik ergänzt, der Studiengang Produktionstechnik wird mit dem Ausbildungsberuf Industriemechaniker, Fachrichtung Maschinen- und Systemtechnik, gekoppelt. Die Praxis in der Wirtschaft hat in den letzten Jahren bewiesen, dass dieses Programm für Interessierte hoch attraktiv ist. Daher empfiehlt es sich, ein solches Programm im Personalmarketing darzustellen.

4 Die Human-Resources-Homepage

Abb. 53: **Qualifizierung zum Ingenieur und Facharbeiter**

4.2.3 Möglichkeiten von Hochschulengagement

Viele Studierende nehmen gerne Hochschulmessen wahr, um Unternehmen näher kennenzulernen. Daher ist es wichtig, auf der HR-Page Veranstaltungen und Hochschulen zu benennen, bei denen das eigene Unternehmen vertreten ist.

Um Träger von akademischem Know-how im „war of talents" frühzeitig zu gewinnen, werden bei Phoenix Contact angehende Akademiker bereits im frühen Stadium ihres Studiums beschäftigt. Diese Studenten erhalten parallel zum Studium einen Teilzeitvertrag mit flexibler Arbeitszeit. Sie werden als Entwicklungs-, Produktions- oder Marketingassistenten eingesetzt. Dabei lernen sie das Unternehmen kennen. In ihrer prüfungsfreien Zeit oder in den Semesterferien arbeiten sie in ihrer zukünftigen Aufgabe und erhalten ein Gehalt, womit sie ihr Studienbudget aufbessern können. Dadurch wird eine rechtzeitige Bindung an das Unternehmen aufgebaut. Dieses strategische Tool zur „Fachkräftebeschaffung" wird im E-Recruiting umgesetzt. Sie werden auch, wenn sie wieder an der Hochschule sind, regelmäßig über weitere Einsatz- und Entwicklungsmöglichkeiten bei Phoenix Contact via Internet unterrichtet. Daneben werden sie regelmäßig zu Unternehmensveranstaltungen und Messen eingeladen. Somit schläft der Kontakt nicht ein.

Praktika sowie unsere Unterstützung bei Bachelor- und Masterarbeiten werden gleichermaßen über das Internet angeboten. Forschungsaufträge werden an Hochschulen vergeben. Wissenschaftliche Assistenten forschen über Jahre an Hochschulen und werden komplett vom Unternehmen bezahlt. Diese Projekte dienen auch dem Personalmarketing und werden daher im Internetauftritt dargestellt.

Leitende Mitarbeiter des Unternehmens werden ermutigt, als Dozenten Vorträge an Hochschulen zu halten und Lehraufträge anzunehmen, um damit auch einen guten Kontakt zu werdenden Akademikern zu gewinnen. Der Autor dieses Buches ist selbst als Honorarprofessor an einer Hochschule tätig.

Auch Werksbesuche dienen dem Kennenlernen des Unternehmens als potenziellem Arbeitgeber. Zu den Besuchergruppen zählen Hochschulprofessoren, Studenten und Schüler — die Gruppen setzen sich sowohl aus wichtigen Informationsmultiplikatoren als auch aus potenziellen Bewerbern zusammen.

4.2.4 Zielorientierte Mitarbeitervergütung

Um Fachkräften zu gewinnen, ist eine attraktive, variable und leistungsgerechte Vergütung, die sich an Zielvereinbarungen ausrichtet, relevant. Im Personalmarketing sollte auf die variable Vergütung hingewiesen werden (Becker & Kramasch, 2006)

Jede Einkaufsabteilung eines Unternehmens hat günstige Rabatte für Lieferanten ausgehandelt, sei es für Firmenwagen, PCs, Elektroartikel, Versicherungen etc. Es lohnt sich, diese Rabatte und Einkaufsmöglichkeiten an Mitarbeiter weiterzugeben. Das kostet das Unternehmen nicht viel, bringt aber dem Mitarbeiter einen besonderen Nutzen. Auch der Lieferant kann dadurch mehr Umsatz machen und gegebenenfalls günstigere Rabatte geben. Eine Win-win-Situation für drei Gruppen. Auch dieses Angebot sollte im Rahmen des Personalmarketings präsentiert werden.

4.2.5 Flexible Arbeitszeiten

Ein Anreiz für potenzielle Bewerber sind die Freiheitsgrade, die eine flexible Arbeitszeit mit sich bringt. Die meisten Unternehmen bieten das an. Auch das sollte auf der HR-Hompage präsentiert werden.

4.2.6 Unternehmensleitlinien und -kultur

Eine gute Unternehmens- und Führungskultur ist für potenzielle Mitarbeiter ein wesentlicher Motivator, damit sie sich erfolgreich für das Unternehmen akquirieren lassen (Olesch, 2008 a). Hier bestehen größere Defizite bei deutschen Firmen. Die Führungskultur sollte auf der HR-Page dargestellt werden, um die Lust zu wecken, im Unternehmen mitzuarbeiten (siehe Abbildungen 54 und 55). Phoenix Contact setzt dabei kleine Filme mit Interviews von Mitarbeitern aus jeder Unternehmensebene bis hin zur Geschäftsführung ein. Einen Live-Eindruck zu gewinnen, ist besser, als nur das geschriebene Wort zu lesen.

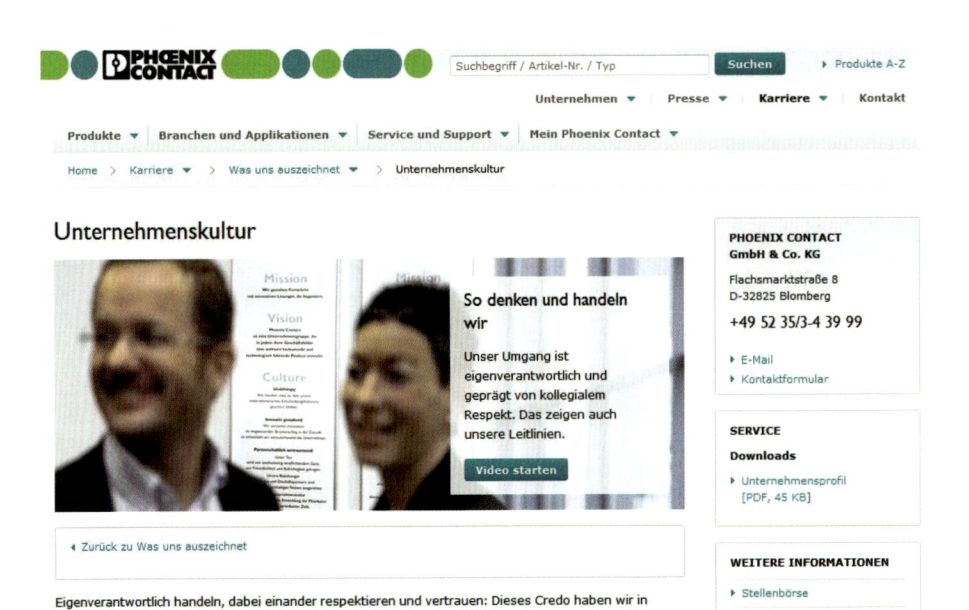

Was ein exzellentes HR-Management auszeichnet

Unternehmenskultur

So denken und handeln wir

Unser Umgang ist eigenverantwortlich und geprägt von kollegialem Respekt. Das zeigen auch unsere Leitlinien.

PHOENIX CONTACT
GmbH & Co. KG

Flachsmarktstraße 8
D-32825 Blomberg

+49 52 35/3-4 39 99

- E-Mail
- Kontaktformular

SERVICE

Downloads
- Unternehmensprofil [PDF, 45 KB]

WEITERE INFORMATIONEN
- Stellenbörse
- Login Karriere-Portal

◂ Zurück zu Was uns auszeichnet

Eigenverantwortlich handeln, dabei einander respektieren und vertrauen: Dieses Credo haben wir in klaren Leitsätzen zusammengefasst, die wir tagtäglich leben.

Corporate Principles – unsere Unternehmensgrundsätze

Ob Geschäftsleitung oder Mitarbeiter – folgende Sätze haben für alle Gültigkeit und sind im täglichen Miteinander Verpflichtung und Ansporn zugleich.

Mission

Wir gestalten Fortschritt mit innovativen Lösungen, die begeistern.

Vision

Phoenix Contact ist eine Unternehmensgruppe, die in jedem ihrer Geschäftsfelder eine weltweit bedeutende und technologisch führende Position erreicht.

Überall im Unternehmen einzusehen: unsere Corporate Principles

Culture

- Unabhängig
  Wir handeln stets so, dass unsere unternehmerischen Entscheidungsfreiräume gesichert bleiben.
- Innovativ gestaltend
  Wir verstehen Innovation als wegweisenden Brückenschlag in die Zukunft; so entwickeln wir vorausschauend das Unternehmen.
- Partnerschaftlich vertrauensvoll
  Unser Tun wird von wechselseitig verpflichtendem Geist, von Freundlichkeit und Aufrichtigkeit getragen. Unsere Beziehungen zu Kunden und Geschäftspartnern sind auf beiderseitig nachhaltigen Nutzen ausgerichtet.

Unsere Unternehmenskultur fördert Vertrauen und die Entwicklung der Mitarbeiter zum Erreichen vereinbarter Ziele.

Die Human-Resources-Homepage

Führungskultur

So führen wir

In unserem Führungsstil leben wir die Werte aus unserem Führungsleitbild.

Die Führungskultur nimmt eine exponierte Rolle in unserem Unternehmen ein. Führen heißt bei Phoenix Contact, dass Zusammenarbeit aktiv gestaltet wird, um gemeinsame Ziele zu erreichen. Werte, die uns besonders wichtig sind und im täglichen Umgang gelebt werden, haben wir in einem gemeinsamen Führungsleitbild verschriftlicht. Als Mitarbeiter von Phoenix Contact können Sie sich darauf verlassen, dass die aus den Corporate Principles abgeleiteten Grundsätze wie Vertrauen, Respekt und Wertschätzung, Kommunikation und Dialog, Förderung und Entwicklung in der täglichen Führung groß geschrieben werden.

Drei Führungslaufbahnen - Ihre Fähigkeiten stehen bei uns im Mittelpunkt

Abgestimmt auf die individuellen Fähigkeiten werden werden Sie bei uns zur Führungskraft, zum Projektverantwortlichen oder zum Fachspezialisten ernannt. Als Führungskraft führen Sie fachlich und personell Ihre MitarbeiterInnen und gestalten eine aktive Zusammenarbeit, mit der gemeinsame Ziele erreicht werden können.

In der Fachlaufbahn sind Sie mit der eigenständigen fachlichen Bearbeitung eines Themenfeldes betraut, welches für das Unternehmen von zentraler Bedeutung ist. Die Projektverantwortung beinhaltet die fachliche Führung eines interdisziplinär zusammengesetzten Projektteams im nationalen als auch internationalen Kontext.

360°-Feedback

Führungskräfteentwicklung bei Phoenix Contact

Uns ist besonders wichtig, die Führungskräfte auf Ihre Rolle vorzubereiten und ihnen jederzeit die Möglichkeit zur Reflektion zu geben. Begleitend zu unseren Führungskräfteentwicklungsprogrammen für angehende und erfahrene Führungskräfte bieten wir regelmäßige Trainings und Coachings an. Darüber hinaus erhalten unsere Führungskräfte turnusmäßige Rückmeldungen zum arbeitsbezogenen Verhalten. Dies erfolgt im Rahmen eines 360° Feedbacks aus verschiedenen Perspektiven. Vorgesetzte, Kollegen, Mitarbeiter bzw. Projektmitglieder und Geschäftspartner geben vertraulich und anonymisiert eine Rückmeldung, welche die Führungskraft mit seinem Fremdbild vergleichen kann. Infolgedessen werden Stärken und Verbesserungspotenzial sichtbar, die die Grundlage für die weitere Entwicklung bilden können.

Abb. 54 und 55: **Darstellung der Unternehmens- und Führungskultur**

Was ein exzellentes HR-Management auszeichnet

Abb. 56: **Podcast Geschäftsführung**

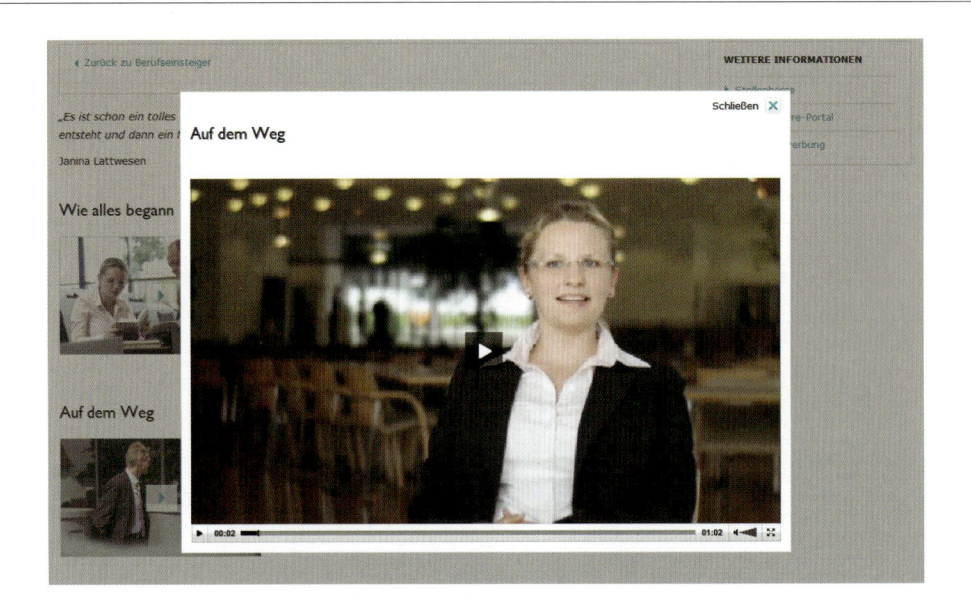

Abb. 57: **Podcast einer Mitarbeiterin**

4 Die Human-Resources-Homepage

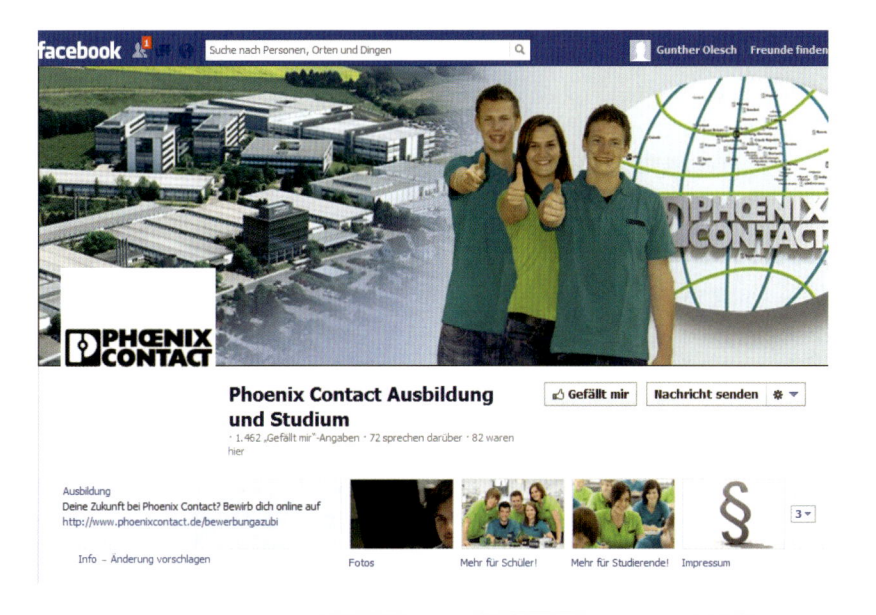

Abb. 58 und 59: **Phoenix Contact auf Facebook**

4.2.7 Freizeitwert der Region

Ein Bewerber hat nicht nur Interesse an der Beschreibung eines Unternehmens und seiner vakanten Positionen. Er möchte auch gerne ganzheitliche Informationen über regionale Gegebenheiten wie Umfeld, Wohn- und Freizeitmöglichkeiten erhalten. Hier empfiehlt es sich, Links zum Firmenstandort und seiner städtischen sowie regionalen Umgebung anzubieten (siehe Abbildungen 60 und 61).

Ostwestfalen-Lippe – lebendig und attraktiv

Unsere Region bietet viel: OWL ist das Zuhause von rund zwei Millionen Einwohnern und ist gleichzeitig einer der stärksten deutschen Wirtschaftsstandorte. 140.000 Unternehmen beschäftigen etwa eine Million Menschen. Die Region erwirtschaftet ein Bruttoinlandsprodukt von ca. 60 Milliarden Euro pro Jahr.

Ostwestfalen-Lippe bildet eine beliebte Tourismusregion mit zahlreichen Ausflugszielen. Die vielfältigen Sportangebote, abwechslungsreichen Kulturtreffs sowie die guten Verkehrsanbindungen sind weitere Vorteile des Lebens in unserer Region.

↗ Spitzenclusterwettbewerb
↗ Wirtschaft, Kultur und Tourismus in OWL

OWL – eine selbstbewusste Region

Eine Rundreise durch unsere Region

Die sagenumwobenen Externsteine, die Rattenfängerstadt Hameln oder die 17 Quellen von Bad Pyrmont: Gehen Sie auf eine spannende Entdeckungsreise durch die Städte unserer Region.

↗ Bad Pyrmont
↗ Bielefeld
↗ Blomberg
↗ **Detmold**
↗ Hameln
↗ Lemgo
↗ Lüdenscheid
↗ Paderborn

Von Anfang an Willkommen!

Wir unterstützen Sie bereits vor Ihrem ersten Arbeitstag bei uns. Haben Sie noch keine Unterkunft gefunden? Oder sind Sie nur kurz bei uns zu Gast? Kein Problem – wir helfen gerne weiter.

Gerne ermöglichen wir Ihnen die kurzfristige Unterbringung in einem unsere modernen, komfortablen und vollausgestatteten Gästehäusern. Durch die unmittelbare Nähe zum Werksgelände können Sie sich nach getaner Arbeit voll und ganz Ihren Freizeitaktivitäten widmen. Selbstverständlich unterstützen wir Sie parallel bei der Suche nach einer dauerhaften Unterkunft.
Auch für unsere anderen Standorte unterstützen wir Sie gerne bei der Wohnungssuche.

Unterstützung bei der Wohnungssuche

4 Die Human-Resources-Homepage

Abb. 60 und 61: **Darstellung des Unternehmensumfelds**

4.3 Weitere Tools des Personalmarketings

Neben den genannten Programmen und Aktivitäten können im Rahmen des Personalmarketings interaktive Kommunikationssysteme eingesetzt werden wie:

- Matching — Hier kann ein potenzieller Bewerber Unternehmensplanspiele, die auf die jeweilige personalwerbende Firma ausgerichtet sind, nutzen.
- Facebook und Xing
- Electronic Assessment — Durch dieses computer-interaktive Assessment-Center können Vorauswahlen durch das Unternehmen stattfinden.
- Job-Consulting — Dabei wird eine Berufsberatung für angebotene vakante Stellen gegeben. „Wie bewerbe ich mich richtig?" Diese Frage kann auf der Homepage näher beschrieben und erklärt werden, damit sie als indirekte Marketingmaßnahme auf dem Bewerbermarkt genutzt werden kann. Sie erleichtert die Bewerbung für den Kandidaten.
- Internetkontakt mit Mitarbeitern — Es werden Internetkommunikationen mit Mitarbeitern des Unternehmens ermöglicht, die relativ kurz im Hause sind und auf die Bedürfnisse und Fragen von potenziellen Bewerbern adäquat antworten können.

Das Internet ist das wichtigste Instrument des modernen Personalmarketings. Daneben sollten auch klassische Marketing-Tools genutzt werden:

Unternehmensportrait auf DVD: Für den Personalbereich empfiehlt es sich, akquisitionsrelevante Informationen in Form einer DVD aushändigen zu können. Ein solches Unternehmensportrait vermittelt Informationen über das Unternehmen und seine Produkte. Die DVD kann auf Anfrage an potenzielle Bewerber vergeben oder bei Besuchen im Unternehmen gezeigt werden. Auch auf Messen sind diese Medien ein häufig gefragter Informationsträger.

E-Kundenmagazine: Diese Publikation kann auch für das Personalmarketing eingesetzt werden, um mit Erfolgsstories motivierende Informationen an potenzielle Bewerber zu geben.

Zeitungsanzeigen: Die klassische Zeitungsanzeige sollte hinsichtlich ihres Corporate Designs zu allen Instrumenten passen, sich jedoch von der Masse der Personalanzeigen abheben. Sie dient heute primär dazu, ältere Führungskräfte der Generation X zu akquirieren.

Printmedien für Personalwerbung: Eine Broschüre sollte Auskunft über das Unternehmen, die Produkte, den Bedarf an qualifizierten Mitarbeitern, das Trainee-Programm und die Personalentwicklung geben. Broschüren spielen heute im Zeichen von Social Media keine große Rolle mehr.

Werkszeitung: Durch dieses Medium erhalten die Bewerber einen Einblick in das Unternehmen und in die Themen der Mitarbeiter. Die Unternehmenskultur und der gegenseitige Umgang im Hause stehen hier im Vordergrund.

Homepage für neue Mitarbeiter: „Welcome to the team" gibt Informationen über die Historie des Unternehmens, tariflich wichtige Rahmenbedingungen, Sozialeinrichtungen bis hin zu Sportgelegenheiten.

Fachbeiträge über Personalthemen: Als Instrumente für das Personalmarketing können auch Beiträge in E-Zeitungen und Fachzeitschriften dienen. Sie haben den Effekt, dass sich Leser für das Unternehmen zu interessieren beginnen und so zu potenziellen Mitarbeitern werden.

4.4 Kontakte zu Bewerbern

Aus Sicht des Autors ist der primäre Faktor für ein erfolgreiches Marketing der persönliche Kontakt zu potenziellen Mitarbeitern. Mitarbeiter des Unternehmens werden gefördert, die diese Kontakte pflegen und über spezielle persönliche Voraussetzungen verfügen. Sie sind die „Visitenkarte" des Unternehmens und sollten die spezifische Corporate Identity sowie die Unternehmenskultur vertreten. Eloquenz, Freundlichkeit und Begeisterungsfähigkeit sind dabei wesentliche Voraussetzungen. Diese Kompetenz wird durch spezielle Maßnahmen der Personalentwicklung gesichert.

Die aufgeführten Aktivitäten und Maßnahmen erheben nicht den Anspruch, allumfassend zu sein. Sie sollen ein gutes Personalmarketing unterstützen, um quantitativ und qualitativ zahlreiche Bewerber in einem schwierigen Personalmarkt zu gewinnen.

Praktische Handlungsempfehlungen

1. Gehen Sie auf die Bedürfnisse von Bewerbern ein, um sie zu gewinnen.
2. Halten Sie Ihre HR-Homepage immer auf dem neuesten Stand.
3. Präsentieren Sie wichtige Inhalte wie: Was Ihr Unternehmen auszeichnet, Karrieremöglichkeiten, Einarbeitungs- und Weiterbildungsprogramme, Vorteile der Region.
4. Bleiben Sie bei Ihren Darstellungen realistisch.
5. Nutzen Sie Kontakte zu Schulen und Hochschulen, um rechtzeitig Verbindungen zu Bewerbern zu knüpfen.

5 Bindung von High Potentials an das Unternehmen

Ein primäres Interesse von Phoenix Contact ist es, leistungsfähige Mitarbeiter zu entwickeln und an das Unternehmen zu binden. Gerade Letzteres ist heute besonders wichtig. Welche Möglichkeiten gibt es nun, hoch motivierte und leistungsfähige Mitarbeiter an das Unternehmen zu binden? Häufig werden dafür finanzielle Anreizsysteme und Incentives eingesetzt. Die finanzielle Entwicklung wird jedoch gerade von High Potentials als sekundär gewertet. Primär sind es die persönlichen Entwicklungsmöglichkeiten und die interessanten Aufgaben, die eine Bindung an das Unternehmen sichern (Bruch, 2011).

Klassische Fehler bei High Potentials:

1. High Potentials werden nicht ausreichend systematisch im Unternehmen identifiziert.
2. Die High Potentials werden nicht optimal ihren Fähigkeiten entsprechend eingesetzt. Teilweise werden sie unterfordert. Sie erhielten ihr Gehalt zu 100 %; ihr Potenzial wurde jedoch nur zu 60 % vom Unternehmen genutzt.
3. Durch teilweise Unterforderung werden Motivation und Bindung beeinträchtigt.

Um ihren High Potentials eine Entwicklungskarriere anzubieten, tendieren traditionelle Unternehmen dazu, sie nach einer gewissen Einarbeitungszeit als Führungskräfte einzusetzen. Mit der Funktion einer Führungskraft sind Image, Vollmacht und finanzieller Aufstieg verbunden. Ein High Potential hat sich in der Regel zu Beginn seiner Karriere primär als Fachexperte bewährt. Daraus resultiert nicht automatisch, dass er auch eine gute Führungskraft wird. Anstatt ihn über differenzierte Entwicklungsschritte gezielt für künftige Führungsaufgaben zu qualifizieren oder abzuklären, ob er überhaupt Talent zum Führen besitzt, wird der High Potential oftmals direkt vom Experten zur Führungskraft „gemacht". Da von der Führungskraft Sozial- und Führungskompetenzen verlangt werden, über die der High Potential nicht selbstverständlich verfügt, kann aus ihm eine frustrierte und erfolglose Führungskraft werden und das sogenannte „Peter Prinzip" „Befördert bis zur Unfähigkeit" greift.

Existieren im Unternehmen nicht genügend Karrieremöglichkeiten jenseits der Führungsaufgabe, erhöht sich die Fluktuation der High Potentials, die als Fachexperten wichtig für das Unternehmen sind. Aufstiegsmöglichkeiten als Fachexperten werden durch Projektarbeit ausgeweitet, da sie flachere Organisationen mit weniger Führungskräften benötigt. Es gilt, besondere Expertenlaufbahnen für High Potentials zu generieren. Fachexperten oder Projektmanager sollten über das gleiche Image, die gleichen Vollmachten, Kompetenzen und monetären Rahmenbedingungen wie Führungskräfte verfügen. Der Fachexperte ist dauerhaft für ein Thema verantwortlich während der Projektmanager temporär Themen national und weltweit bearbeitet.

Der Begriff des Fachexperten und Projektmanagers wird im Unternehmen des Autors wie folgt definiert:

1. Ein Fachleiter und Projektmanager ist ein hochkarätiger Experte mit herausragendem Fachwissen.
2. Er setzt sein Wissen auf strategisch wichtigen Feldern des Unternehmens ein.
3. Er verfügt auf seinem Gebiet über Richtlinienkompetenz.
4. Dabei ist er verantwortlich für den Wissenstransfer innerhalb und außerhalb des Unternehmens.
5. In der Regel hat der Fachexperte oder Projektmanager keine Personalverantwortung.

Stellt man die beiden Laufbahnen gegenüber, ergibt sich folgendes Bild:

Fachexperte/Projektmanager	Führungskraft
gleiches Image	gleiches Image
gleiches Gehalt	gleiches Gehalt
Fach-/Projektverantwortung	Führungsverantwortung
Konzentration auf Fachwissen	Konzentration auf generalistisches Wissen

Drei Karrierepfade

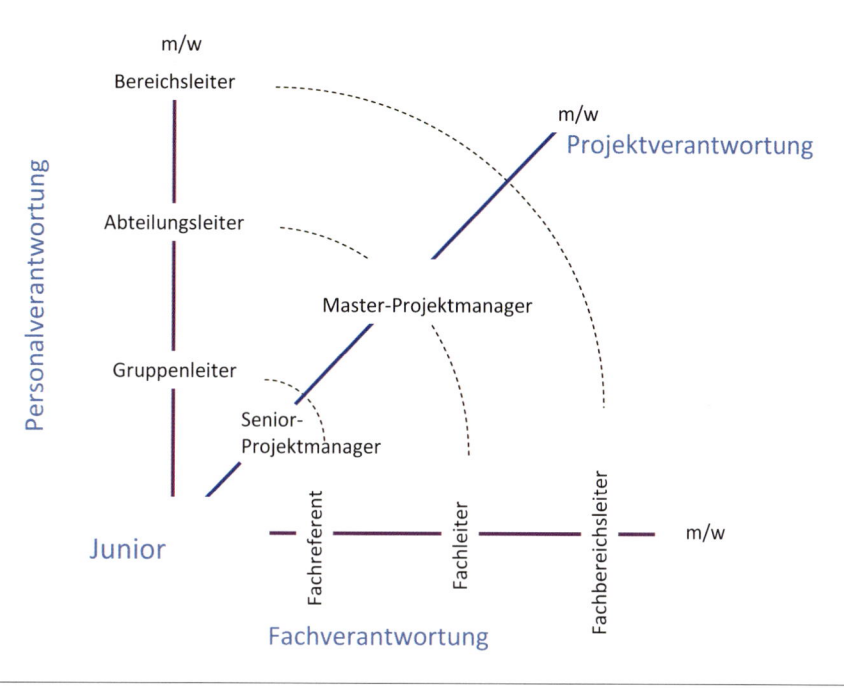

Abb. 62: Die drei Karrierechancen

Die alternative Karrieremöglichkeit ist die Führungslaufbahn. Dies sind High Potentials, die durch ihre Kompetenz sowie ihre berufliche Entwicklung das Know-how haben, zunächst stellvertretende Führungskraft zu sein. Sie arbeiten und trainieren on the Job. Sobald eine passende Führungsposition vakant wird, kann sie von ihnen übernommen werden.

Stellen für stellvertretende Führungskräfte sollten systematisch geschaffen werden, um sicherzustellen, dass die Führungsaufgabe kontinuierlich wahrgenommen wird. Dies ist in der Regel bei Bereichs- und Abteilungsleitungen notwendig. Der Leiter einer Einheit arbeitet mit seinem Stellvertreter als Führungsteam zusammen. Je nach Zielen, Aufgaben, Organisation und Ablaufgestaltung der Einheit können sie eine Aufgabenteilung in der Führung vereinbaren. Der Leiter vertritt vorrangig die Einheit nach außen, während sein Stellvertreter für die „innere Führung" der Einheit zuständig ist. Der Stellvertreter hat damit kontinuierlich eine Führungsaufgabe inne.

Der Stellvertreter vertritt den Leiter einer Einheit in dessen Abwesenheit. Der Stellvertreter trägt dessen Verantwortung und erhält die dazu erforderlichen Kompetenzen und Vollmachten. Ausnahme: Handlungsvollmacht und Prokura. Stellvertreter und Leiter stellen durch Absprachen und Vereinbarungen sicher, dass die Kontinuität der Führung gewahrt bleibt.

In der deutschen Unternehmenskultur sind Führungslaufbahnen hinreichend bekannt, während Fach- bzw. Projektlaufbahnen noch deutlich weniger etabliert sind. Daher möchte ich Ihnen im Folgenden ein Entwicklungskonzept von Phoenix Contact mit dem Schwerpunkt Fach- und Projektlaufbahn beschreiben.

Welche Gründe sprechen für die Einführung einer Fachlaufbahn in Unternehmen? Der Nutzen für ein Unternehmen, Laufbahnen zum Fachleiter oder zur stellvertretenden Führungskraft zu entwickeln, ist vielfältig:

1. Mitarbeiterbindung statt Fluktuation oder innerer Kündigung
2. größere Attraktivität des Unternehmens für kompetente Experten
3. Entwicklung und optimale Nutzung von Expertenwissen
4. klare Perspektiven für engagierte Mitarbeiter
5. höhere Leistung durch Identifikation
6. Vermeiden von Fehlbesetzungen

Der Weg zum Fachleiter oder zur stellvertretenden Führungskraft führt über drei Stufen, wobei es sich auf die Vergütung auswirkt, auf welcher Stufe sich der Mitarbeiter befindet. Phoenix Contact ist im Bereich Metall- und Elektrotarif angesiedelt.

5.1 Drei Hierachieebenen von Fach- und Projektleitern

In diesem Abschnitt werden beispielhaft drei Fachleiterlaufbahnen beschrieben. Verschaffen Sie sich zunächst einen Überblick über die jeweiligen Gehälter:

1. Fachbereichsleiter	AT-Gehalt
2. Fachleiter	Tarifstufe 14 oder AT-Gehalt
3. Fachreferent	Tarifstufe 13 + Gruppenzulage oder Tarifstufe 14

5 Drei Hierachieebenen von Fach- und Projektleitern

Die Verantwortungsbereiche und Kompetenzen werden folgendermaßen definiert (Olesch, 2003 a):

1. Verantwortungsbereich	Fachbereichsleiter	Fachleiter	Fachreferent
Zuständigkeit	ist mit der eigenständigen fachlichen Bearbeitung eines Spektrums von Themen betraut, die für das Gesamtunternehmen von zentraler strategischer Bedeutung sind.	ist mit der eigenständigen fachlichen Bearbeitung von Themenfeldern betraut, die von bereichs- oder abteilungsübergreifender strategischer Bedeutung sind.	ist mit der eigenständigen fachlichen Bearbeitung eines Themenfeldes betraut, das für die Arbeit eines Bereiches oder einer Abteilung von zentraler Bedeutung ist.
Ergebnisverantwortung	ist dafür verantwortlich, dass die Lösungen, Produkte oder Dienstleistungen aus seinem Themenspektrum im gesamten Unternehmen auf dem weit überdurchschnittlichen Niveau liegen, das für die Positionierung von Phoenix Contact am Markt erforderlich ist.	ist dafür verantwortlich, dass die Lösungen, Produkte oder Dienstleistungen aus seinen Themenfeldern bereichs- und abteilungsübergreifend auf dem weit überdurchschnittlichen Niveau liegen, das Phoenix Contact braucht.	ist dafür verantwortlich, dass im gesamten Bereich bzw. in der gesamten Abteilung die Lösungen, Produkte und Dienstleistungen seines Themenfeldes auf weit überdurchschnittlichem Niveau liegen.
	schafft neues Know-how in seinem Themenspektrum, entwickelt dieses kontinuierlich weiter und sorgt für seinen umfassenden Transfer in alle Bereiche.	entwickelt das Know-how in seinen Themenfeldern kontinuierlich weiter und sorgt dafür, dass es allen Mitarbeitern, die es für ihre Tätigkeit benötigen, zur Verfügung steht.	entwickelt das Know-how in seinem Themenfeld kontinuierlich weiter und sorgt dafür, dass es allen Mitarbeitern des Bereiches bzw. der Abteilung zur Verfügung steht.

1. Verantwortungsbereich	Fachbereichsleiter	Fachleiter	Fachreferent
	- erstellt strategisch wichtige Richtlinien und Vorgehensweisen, implementiert diese und achtet auf ihre unternehmensweite Einhaltung.	- erstellt strategisch wichtige Richtlinien und Vorgehensweisen, implementiert diese und achtet auf ihre Einhaltung — auch in anderen Bereichen.	- erstellt strategisch wichtige Richtlinien und Vorgehensweisen, implementiert diese und achtet auf ihre Einhaltung.
Kostenverantwortung	Ist dafür verantwortlich, dass seine eigene Arbeit und die Arbeit in seinen Projekten mit einem Höchstmaß an Wirtschaftlichkeit erbracht wird.		
Unterstellung	- ist i. d. R. der Geschäftsleitung unterstellt und berichtspflichtig.	- ist i. d. R. der Bereichsleitung unterstellt und berichtspflichtig.	- ist i. d. R. der Bereichs- oder Abteilungsleitung unterstellt und berichtspflichtig.

2. Kompetenz/ Vollmacht	Fachbereichsleiter	Fachleiter	Fachreferent
Planung	plant die Aktivitäten und Projekte im eigenen Zuständigkeitsbereich		
	- stimmt die Planung i. d. R. mit der Geschäftsleitung ab.	- stimmt die Planung i. d. R. mit der Bereichsleitung ab.	- stimmt die Planung i. d. R. mit der Bereichs- bzw. Abteilungsleitung ab.
Entscheidungsvollmacht	- erhält die Vollmacht, innerhalb seines Zuständigkeitsbereiches die Entscheidungen zu treffen, die für die Realisierung seines Auftrages im Rahmen der vereinbarten Ziele erforderlich sind. - Entscheidungen, deren Wirkungen über die Grenzen der eigenen Organisationseinheit hinausgehen, werden mit der nächst höheren Führungskraft bzw. mit der Geschäftsleitung abgestimmt.		

5.2 Entwicklung von High Potentials

Potenzialentwicklung im Unternehmen bedeutet die systematische Begleitung und Unterstützung von Mitarbeitern mit hohem Potenzial bei der Weiterentwicklung ihrer Kompetenzen, damit sie anspruchsvollere Aufgaben im Unternehmen

Entwicklung von High Potentials

übernehmen können. Dabei geht es um den Aufstieg in die Führungs- bzw. Fachlaufbahn und die Entwicklung on the Job (Olesch & Paulus, 2000).

Die Potenzialentwicklung sorgt dafür, dass die Mitarbeiter, wenn sie neue Positionen übernehmen, alle dafür erforderlichen Kompetenzen besitzen. Zu den erwünschten Kompetenzen gehört ein hohes Maß an Selbstverantwortung und Eigeninitiative. Diese Eigenschaften werden im Entwicklungsprozess bei den Mitarbeitern besonders gefördert.

Mit den Mitarbeitern werden Vereinbarungen getroffen, die dafür sorgen, dass sie selbst die Verantwortung für ihre eigene Entwicklung übernehmen. Sie „werden nicht entwickelt", sie entwickeln sich selbst. Eine professionelle Personalentwicklungsabteilung begleitet diesen Prozess, indem ihre Fachkräfte beraten, unterstützen sowie Instrumente und Verfahren anbieten. Die Fachkräfte sind dabei gleichermaßen Ansprechpartner für die Führungskräfte wie für die Mitarbeiter.

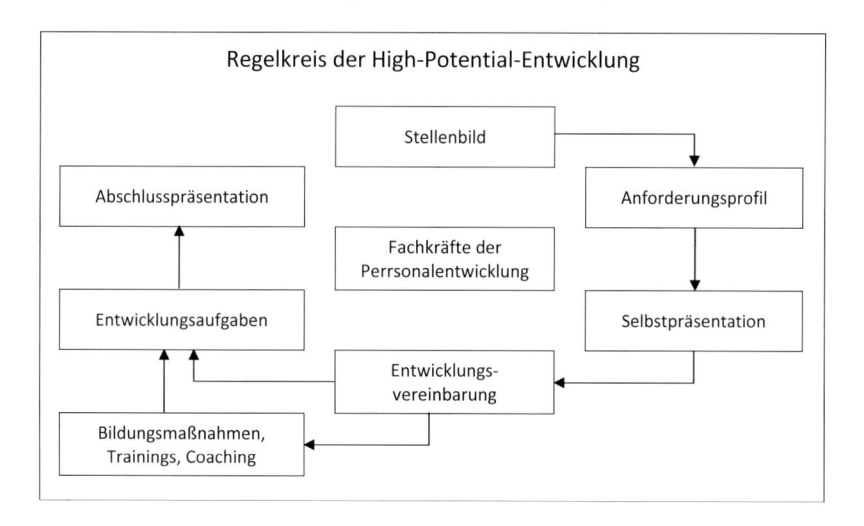

Regelkreis der High-Potential-Entwicklung

- Stellenbild
- Anforderungsprofil
- Selbstpräsentation
- Entwicklungsvereinbarung
- Fachkräfte der Perrsonalentwicklung
- Bildungsmaßnahmen, Trainings, Coaching
- Entwicklungsaufgaben
- Abschlusspräsentation

Die Potenzialentwicklung ist gezielt auf die Übernahme von Positionen ausgerichtet. Die Mitarbeiter, die eine neue Position übernehmen sollen, müssen sich intensiv mit der neuen Ziel- bzw. Aufgabenstellung und mit den Anforderungen, die diese an sie stellt, auseinandersetzen. Das Anforderungsprofil ist das Pendant zum Kompetenzprofil des Mitarbeiters. Es gibt an, in welchem Ausmaß die einzelnen Kompetenzen für die erfolgreiche Bekleidung einer Position erforderlich sind.

Beide Profile verwenden parallele Beurteilungsstufen, wodurch ein sinnvoller Abgleich von Anforderungen der Stelle mit den Kompetenzen des Mitarbeiters ermöglicht wird.

Bindung von High Potentials an das Unternehmen

	Anforderung	Kompetenz
Stufe 6	Die Stelle erfordert einen Mitarbeiter, der auf diesem Gebiet zu den Besten überhaupt zählt.	Die Kompetenz findet sich in dieser Ausprägung nur bei ganz wenigen Personen überhaupt.
Stufe 5	Die Stelle erfordert eine weit überdurchschnittliche Ausprägung der Kompetenz.	Die Ausprägung dieser Kompetenz liegt weit über dem Durchschnitt.
Stufe 4	Die Stelle erfordert eine hohe Ausprägung der Kompetenz.	Die Kompetenz tritt in der praktischen Anwendung deutlich hervor.
Stufe 3	Die Stelle erfordert diese Kompetenz von Anfang an.	Die Kompetenz ist in der praktischen Anwendung erkennbar.
Stufe 2	Die Kompetenz sollte nach kurzer Einarbeitung vorhanden sein.	Die Kompetenz ist erkennbar, die praktischen Anwendung fehlt noch.
Stufe 1	Die Kompetenz ist nicht unmittelbar erforderlich aber nützlich	Die Kompetenz lässt sich mit wenig Aufwand in absehbarer Zeit entwickeln.

Abb. 63: **Sechs parallele Beurteilungsstufen**

Bei dem folgenden Soll-Ist-Profil kennzeichnet die rote Linie die vorhandene Kompetenz des Anwärters, die blaue Linie das gewünschte Profil:

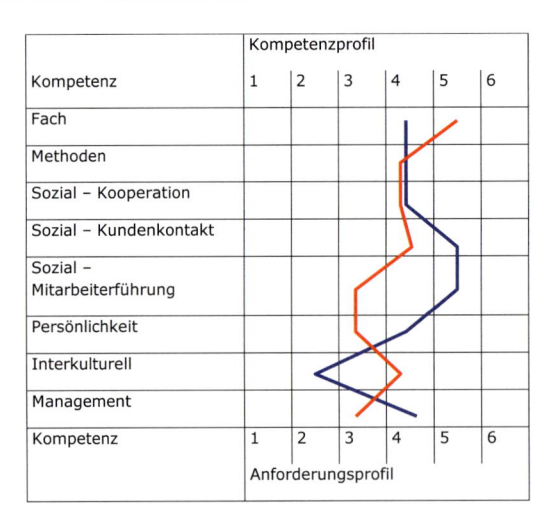

Abb. 64: **Beispiel eines Soll-Ist-Profils**

Der Prozess der Potenzialentwicklung wird eingeleitet, wenn entschieden ist, dass der betreffende Mitarbeiter die Position übernehmen soll. Dieser Entscheidung liegt eine Potenzialbeurteilung zugrunde. Wenn entschieden ist, dass ein Mitarbeiter sich für die Übernahme einer durch Stellenbild und Anforderungsprofil definierten

5 Entwicklung von High Potentials

Position qualifizieren soll, übernimmt er ab dem Moment dieser Entscheidung die Verantwortung für den Entwicklungsprozess. Er setzt sich intensiv mit der Stelle und ihren Anforderungen sowie mit den eigenen Kompetenzen auseinander. Sein Ziel ist es, die eigenen Kompetenzen so auszubauen, dass er Führungskräfte und Unternehmensleitung von der eigenen Eignung für die Position überzeugen kann.

Die Entwicklung der Kompetenzen wird durch die Bearbeitung konkreter Aufgaben angeregt. Der Nachweis der erbrachten Ergebnisse belegt die erfolgreich entwickelten Kompetenzen. Im Mittelpunkt der Entwicklungsvereinbarung stehen Entwicklungsaufgaben. Dabei handelt es sich um Arbeitsaufträge, die ein konkretes, unternehmerisch sinnvolles Ziel verfolgen.

Es werden keine künstlichen „Spiel"-Situationen geschaffen — auch, um die Leistungskultur zu stärken. Das damit verbundene Signal an die Mitarbeiter besagt: Konkrete sinnvolle Leistung am Arbeitsplatz ist der entscheidende Faktor, der über das berufliche Weiterkommen entscheidet. Dadurch werden Eigeninitiative und Selbstverantwortung gefordert.

Entwicklungsvereinbarungen werden zwischen dem Mitarbeiter und der Führungskraft, in deren Verantwortungsbereich die betreffende Position liegt, getroffen. Sie beziehen sich auf die Leistungsfelder, in denen die Kompetenzen des Mitarbeiters unter den Anforderungen der Stelle liegen.

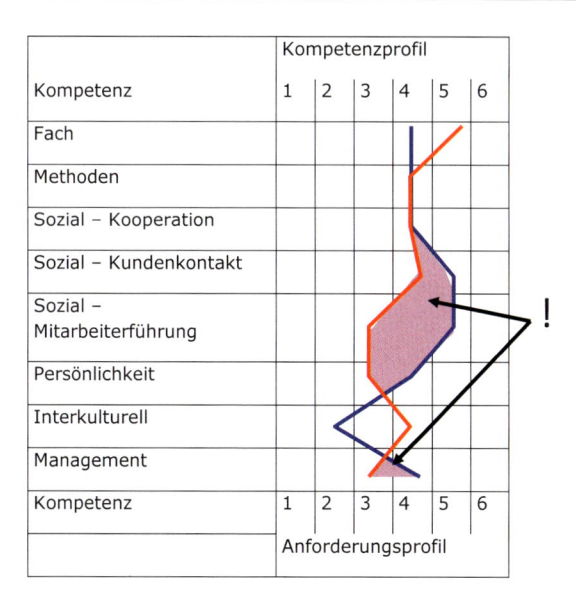

Kompetenz	Kompetenzprofil					
	1	2	3	4	5	6
Fach						
Methoden						
Sozial – Kooperation						
Sozial – Kundenkontakt						
Sozial – Mitarbeiterführung						
Persönlichkeit						
Interkulturell						
Management						
Kompetenz	1	2	3	4	5	6
	Anforderungsprofil					

Abb. 65: **Definition von Handlungsfeldern**

Die Entwicklungsvereinbarung besagt, welche Kompetenzen entwickelt werden sollen und welche Entwicklungsaufgaben in welcher Zeit mit welchem Ergebnis zu erfüllen sind, um die Kompetenzen zu belegen. Darüber hinaus können konkrete Unterstützungsmaßnahmen — in Form von Schulung, Training, Coaching — vereinbart werden, die den Mitarbeiter bei der Bewältigung der Aufgaben unterstützen.

Entwicklungsvereinbarung
1. Welche Kompetenzen werden entwickelt
2. Welche Entwicklungsaufgaben werden bearbeitet
3. Welche konkreten Ergebnisse werden verabredet
4. Wann werden die Ergebnisse überprüft
5. Welche Unterstützung wird bereitgestellt

Der Mitarbeiter bereitet die Entwicklungsvereinbarung vor, indem er eine Selbstpräsentation durchführt.

5.3 Selbstpräsentation

Bei einer Selbstpräsentation beweist ein Mitarbeiter im Rahmen seiner Potenzialentwicklung, dass er bereit und in der Lage ist, die eigene Entwicklung in die Hand zu nehmen. Er zeigt, dass er ein realistisches Bild hinsichtlich der eigenen Stärken und Schwächen hat, und demonstriert dies, indem er einen praktikablen Vorschlag für die Entwicklung der Kompetenzen vorlegt, die bei ihm schwächer ausgeprägt sind, als es das Anforderungsprofil verlangt.

Der Mitarbeiter präsentiert sich der Führungskraft, in deren Zuständigkeit die Position liegt. Als weitere Beurteiler können Mitarbeiter des HR-Managements herangezogen werden. Die Selbstpräsentation ist für den Mitarbeiter dann erfolgreich, wenn er die Führungskraft und das HR-Management von seiner Einschätzung überzeugt und es zu einer entsprechenden Entwicklungsvereinbarung kommt. Zum Beleg zieht er die konkreten Leistungen und Ergebnisse heran, die er bisher erbracht hat und die die jeweilige Kompetenz voraussetzen.

Die Beurteiler überprüfen durch Nachfragen und Hinterfragen die Einschätzungen. Sofern die Präsentation schlüssig und nachvollziehbar ist, werden die Einschätzungen übernommen. Kann der Mitarbeiter nicht überzeugen, wird im Dialog solange korrigiert, bis ein Konsens vorliegt.

Der zweite Teil der Präsentation besteht aus einem Vorschlag, wie die bestehenden Defizite der Qualifikation beseitigt werden können. Hier geht es primär darum, Entwicklungsaufgaben zu übernehmen, die die Gelegenheit bieten, Kompetenzen on the Job zu erwerben und die entsprechenden Leistungen unter Beweis zu stellen.

Unterstützungsmaßnahmen in Form von Training, Seminaren, Coaching stehen nicht im Vordergrund. Sie kommen dann zum Zuge, wenn der Erwerb der entsprechenden Kenntnisse und Fertigkeiten im Rahmen der praktischen Aufgabe durch sie erleichtert wird. Sie ergänzen den Entwicklungsvorschlag, sind aber nicht dessen Hauptbestandteil. Auch im zweiten Teil verschaffen sich die Beurteiler durch gezieltes Nachfragen einen Eindruck über die Plausibilität des Präsentierten. Falls die Vorschläge nicht vollständig überzeugen, werden sie im Dialog angepasst. Daraus entsteht die Entwicklungsvereinbarung (Jungkind, 2006).

Nach der Bearbeitung der Entwicklungsaufgaben werden die Ergebnisse überprüft. Dies geschieht in Form einer Abschlusspräsentation. Dabei hat der Mitarbeiter wiederum die gleichen Personen, mit denen er die Entwicklungsvereinbarung geschlossen hat, davon zu überzeugen, dass er seine Aufträge erfolgreich bewältigt hat, was er anhand der Ergebnisse seiner Arbeit belegt. Mit der erfolgreichen Bewältigung der Aufgaben ist der Erwerb der angestrebten Kompetenzen nachgewiesen. Auch jetzt werden die Ausführungen durch gezieltes Hinterfragen auf Plausibilität überprüft. Wenn die Beurteiler mit den Ergebnissen übereinstimmen, kann der Mitarbeiter die angestrebte Position übernehmen. Wenn die Leistungen im Rahmen der Entwicklungsaufgaben nicht die erwünschten Ergebnisse zeigen, und somit fraglich ist, ob die erforderlichen Kompetenzen erworben wurden, kann eine neue Entwicklungsvereinbarung getroffen werden.

5.4 Coaching und Mentoring

Die Tatsache, dass den Mitarbeitern im Rahmen ihrer Potenzialentwicklung eine große Eigenverantwortung überlassen wird, bedeutet nicht, dass sie mit der Aufgabe alleingelassen werden. Hier ist es sinnvoll, vonseiten der Mitarbeiter der Personalentwicklung ein Bündel von Dienstleistungen anzubieten, die Unterstützung geben und den Prozess der Entwicklung begleiten.

Für viele Mitarbeiter stellt die intensive Auseinandersetzung mit sich selbst, den eigenen Stärken und Schwächen, eine neue oder zumindest eine ungewohnte Herausforderung dar. Sie mit dieser Aufgabe sich selbst zu überlassen, ist nicht sinnvoll. Die Fachkräfte der Personalentwicklung sind dafür zuständig, passende

Angebote zu machen. Die Mitarbeiter können darauf zurückgreifen. Ob sie das tun, liegt allerdings in ihrer Verantwortung.

Ein solches Angebot ist z. B. Coaching. Im Rahmen des Coachings können sich die Mitarbeiter von einer Fachkraft des Personalwesens oder einem externen Berater auf ihrem Entwicklungsweg professionell und individuell beraten lassen. Dabei können persönliche Probleme des Mitarbeiters angesprochen und bearbeitet werden, die sich in Verbindung mit der Arbeit und in der Auseinandersetzung mit dem sozialen Umfeld ergeben. Im Coaching geht es vorrangig um die Entwicklung der sozialen und persönlichen Kompetenzen. Gerade das Coaching erzeugt bei den Mitarbeitern eine hohe Motivation und Identifikation mit dem Unternehmen.

Eine zentrale Voraussetzung für erfolgreiches Coaching ist das Vertrauen, das zwischen dem Mitarbeiter und seinem Coach besteht. Es bewirkt, dass wirklich alle Themen, die bearbeitet werden, auch ausgesprochen werden können, ohne dass der Mitarbeiter befürchten muss, jemand würde davon erfahren. Im Rahmen der Potenzialentwicklung hat der Coach oft die Rolle des persönlichen Begleiters der High Potentials, der ihnen Feedback über das eigene Verhalten im Entwicklungsprozess und Hinweise für die Gestaltung der eigenen Entwicklung gibt oder durch gezieltes Fragen den betreuten Mitarbeiter zu eigener Reflexion und Problemlösung anregt (Paulus & Olesch, 2000).

Der Mentor gibt sein fachliches Wissen an den ausgewählten Mitarbeiter bzw. Mentee weiter. Ein Ziel ist es dabei, den Mentee bei persönlichen oder beruflichen Entwicklungen zu unterstützen. Bereiche, die in Mentoringbeziehungen thematisiert werden, reichen von Ausbildung, Karriere und Freizeit bis hin zur Persönlichkeitsentwicklung.

Und schließlich: Im Rahmen ihrer Potenzialentwicklung werden den Mitarbeitern auch Trainings angeboten.

Praktische Handlungsempfehlungen
1. Identifizieren Sie Ihre High Potentials.
2. Bieten Sie Fach- und Projektleiterlaufbahnen als Alternativen zur Führungskräftelaufbahn an.
3. Definieren Sie klare Kompetenzen dieser Laufbahnen.
4. Stellen Sie adäquate Trainings zur Verfügung.
5. Flankieren Sie den Entwicklungsprozess mit Coaching und Mentoring.

6   Gesundheitsmanagement und Work-Life-Balance

„Mens sana in corpore sano". Die meisten Leser werden diesem Satz zustimmen. Denn wenn Menschen gesund und fit sind, werden sie auch als Mitarbeiter eines Unternehmens in der Lage sein, Spitzenleistungen zu erbringen. Gesundheitsbetrachtungen haben heute eine ausgeprägte mediale Präsenz. Es gibt zahllose Zeitschriften und Fernsehsendungen zum Thema Fitness, die sich eines großen Interesses erfreuen. Trotz des bestehenden Bedarfs ihrer Mitarbeiter bieten deutsche Unternehmen dazu nur wenig an. Wenn Betriebe in Zukunft erfolgreich sein wollen, müssen sie sich stärker auf ihr nicht bilanziertes, aber dennoch höchstes Kapital — den Menschen und seine Gesundheit — fokussieren (Olesch, 2004 b). Ein erfolgreiches Human-Resources-Management muss Konzepte zum Thema Gesundheitsmanagement entwickeln und ausbauen. Das Ziel ist eine Ausgewogenheit von Arbeit, Gesundheit und persönlicher Lebenserfüllung.

Gründe für die Notwendigkeit, das Gesundheitsmanagement zu entwickeln und auszubauen, liegen in der Altersstruktur der deutschen Bevölkerung. Die Deutschen werden immer älter (Ibers & Hey, 2005). Im Jahre 2025 wird die größte Altersgruppe in Deutschland 60 Jahre alt sein (siehe Abbildung 66).

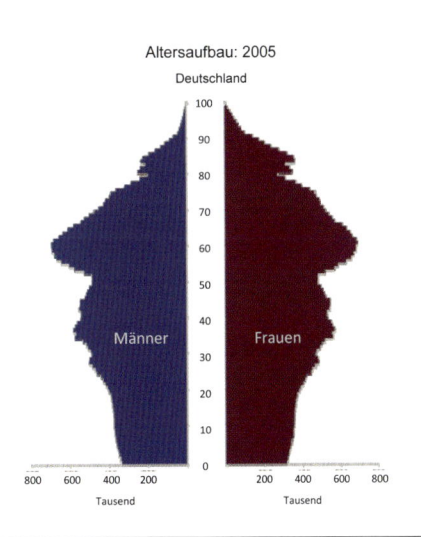

Abb. 66: **Altersstruktur der deutschen Bevölkerung**

Gesundheitsmanagement und Work-Life-Balance

Je höher das Alter eines Menschen ist, umso höher ist auch das Risiko, dass er seine physische und psychische Fitness einbüßt oder erkrankt. Das schlägt sich in geringerer Leistungsfähigkeit und höherem Krankenstand im Unternehmen nieder und kostet viel Geld. Daher sind gesundheitsfördernde Maßnahmen des Unternehmens neben dem traditionellen Betriebsärztlichen Dienst sowie der Arbeitssicherheit notwendig.

Phoenix Contact hatte bei Aufnahme des betrieblichen Gesundheitsmanagements die Vision, den durchschnittlichen Krankenstand von 3 % auch bei der älter werdenden Belegschaft zu halten. So nimmt z. B. die Erkrankungsrate von Muskeln und Skelett bei über 40-Jährigen um 1,8 % zu und bei über 50-Jährigen bereits um 4,6 %. Ein 25-Jähriger bekommt eine Grippe, die in vier Tagen kuriert ist. Ein 50-Jähriger hingegen erkrankt z. B. an einem Bandscheibenvorfall, dessen Genesung Monate dauert. Dem soll ein modernes Gesundheitsmanagement präventiv entgegenwirken.

Personalentwicklung „für den Körper"

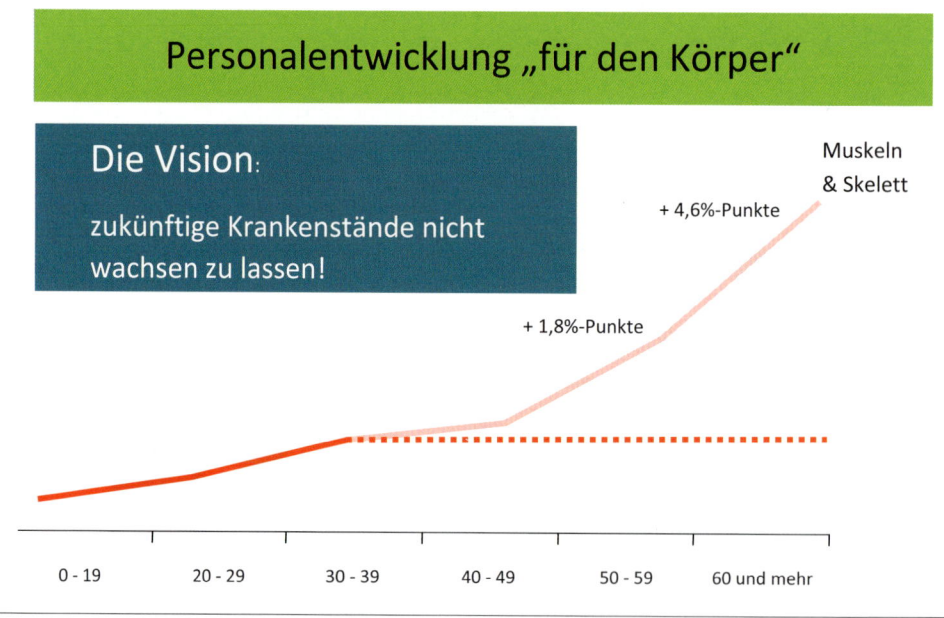

Die Vision: zukünftige Krankenstände nicht wachsen zu lassen!

Muskeln & Skelett
+ 4,6%-Punkte
+ 1,8%-Punkte

0 - 19 | 20 - 29 | 30 - 39 | 40 - 49 | 50 - 59 | 60 und mehr

Abb. 67: **Bei Phoenix Contact besteht die Vision, den Gesundheitszustand der älter werdenden Mitarbeiter auf dem Niveau der jüngeren zu halten**

Der arbeitende Mensch hat private Bedürfnisse, die höchst unterschiedlich sein können. Die meisten erwachsenen Menschen haben drei Lebensinhalte: Arbeit, Familie und Freizeit. Ihre private Situation übt einen starken Einfluss auf ihr berufliches Leistungsvermögen aus. Wenn ein Mitarbeiter das Werksgelände betritt,

Gesundheitsmanagement und Work-Life-Balance

bringt er neben seiner Arbeitskraft seine Sorgen und Nöte mit. Wenn ein Unternehmen keine Möglichkeiten bietet, den Einklang zwischen beruflichen und privaten Interessen seiner Mitarbeiter zu fördern, kann durch unzureichende Leistung ein finanzieller und motivatorischer Nachteil entstehen. Daher sollte ein modernes Unternehmen Arbeitszeitmodelle anbieten, die die Leistungsfähigkeit der Mitarbeiter steigern und sich mit ihren privaten Interessen vereinbaren lassen.

High Potentials haben dezidierte Ansprüche an einen Arbeitgeber. Sie wollen gute Entwicklungsmöglichkeiten, hohe Eigenverantwortung, abwechslungsreiche Tätigkeiten und ihre privaten Bedürfnisse erfüllen können. Um gute Mitarbeiter zu binden und zu gewinnen, ist eine ausgeprägte Work-Life-Balance-Strategie notwendig. Bei wachsender Wirtschaft kommt der Arbeitsmarkt in Bewegung. So wird Work-Life-Balance ein Imagefaktor sein, der ein Unternehmen als attraktiven Arbeitgeber gelten lässt. Daher sollte das HR-Management über entsprechende Konzepte verfügen.

Der Autor definiert Work-Life-Balance als Begriff, der für alle Maßnahmen steht, die eine Ausgewogenheit zwischen beruflichem und privatem Leben erzeugen, die psychische und physische Gesundheit stärken und letztendlich zum Leistungserhalt sowie zur Leistungssteigerung des Mitarbeiters beitragen. Dadurch profitieren das Unternehmen sowie seine Mitarbeiter — und eine Win-win-Situation wird erreicht. Im Folgenden wird ein Unternehmenskonzept des Gesundheitsmanagements geschildert, das unter 650 eingereichten Innovationsvorschlägen von der EU den ersten Platz mit einer Prämie von 70.000 € erhalten hat.

Ein Element der Corporate Culture bei Phoenix Contact lautet: „Unsere Unternehmenskultur fördert Vertrauen und die Entwicklung der Mitarbeiter zum Erreichen vereinbarter Ziele". Die Formulierung „Entwicklung der Mitarbeiter" umfasst in diesem Kontext neben klassischen fachlichen sowie verhaltensorientierten Maßnahmen wie Trainings, Coaching oder Jobenrichment auch die gesundheitliche Perspektive. Drei Aspekte stehen dabei im Vordergrund:

Gesundheitsmanagement
1. Sportliche Aktivitäten und Training
2. Stressbewältigungstraining
3. Ernährungsberatung

Um ein optimales Gesundheitsmanagement einzuführen und aufrechtzuerhalten, sind finanzielle Mittel notwendig. Daher sind intelligente Lösungen gefragt, damit die Kostensteigerung des HR-Managements möglichst gering gehalten wird. Aus diesem Grund hat das Personalmanagement von Phoenix Contact den Schulterschluss mit den Krankenkassen gesucht. Diese sind daran interessiert, Prävention zu betreiben, weil sie unter dem Strich günstiger ist, als hohe Kosten für Therapien bei Erkrankten und deren Rehabilitation zu tragen. Ein Krankenkassenmitglied, das auch im höheren Alter gesund ist, entlastet das Budget der Krankenkassen ungemein. Daher wurde das Gesundheitsmanagement von Phoenix Contact unter Federführung des HR-Managements, speziell dem Betriebsärztlichen Dienst, und der Krankenkassen gemeinsam erarbeitet. Entsprechend waren die Krankenkassen bereit, zum Start einen Teil der Kosten zu übernehmen.

6.1 Partizipation der Belegschaft

Um betriebliches Gesundheitsmanagement erfolgreich einzuführen, sollten die potenziellen Kunden — sprich Mitarbeiter — vor einer Implementierung des Gesundheitsmanagements befragt werden, in welcher Form sie sich selbst daran beteiligen würden. In einem Fragebogen wurden bei Phoenix Contact die Fitnessaktivitäten beschrieben, die angeboten werden sollten. Die überwältigende Beteiligung sowie die Antworten bewiesen, wie groß das Interesse der Mitarbeiter am Gesundheitsmanagement ist. Über ein Drittel der Belegschaft teilte mit, dass sie an den Aktivitäten teilnehmen wird. Davon bevorzugten 50 % das Bewegungstraining, 30 % das Entspannungstraining und 20 % die Ernährungsberatung (siehe Abbildung 68). Die Mitarbeiter teilten ebenfalls mit, dass sie ein- bis zweimal die Woche trainieren würden.

Mitarbeiterbefragung

Wie oft würden Sie in ein Gesundheitszentrum gehen?

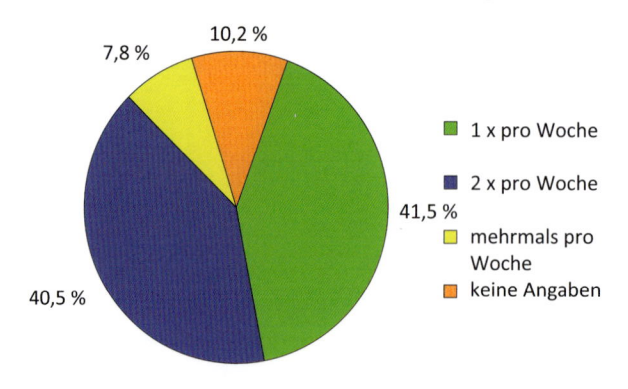

- 1 x pro Woche: 41,5 %
- 2 x pro Woche: 40,5 %
- mehrmals pro Woche: 7,8 %
- keine Angaben: 10,2 %

Abb. 68: **Befragung zur Teilnahme von Mitarbeitern am Gesundheitsmanagement**

6 Partizipation der Belegschaft

Weiterhin wurde ein professioneller Gesundheitsdienstleister für die Umsetzung der Maßnahmen zum Gesundheitsmanagement ausgewählt. Bei dem Dienstleister handelt es sich um ein Staatsbad, das seinerseits wegen der geringeren Auslastung seit der Gesundheitsreform an dem Projekt sehr interessiert ist und über professionelle Erfahrungen verfügt. Das Staatsbad schuf eine betriebsnahe Sportstätte und stellte technische Geräte sowie Trainer und Physiotherapeuten zur Verfügung.

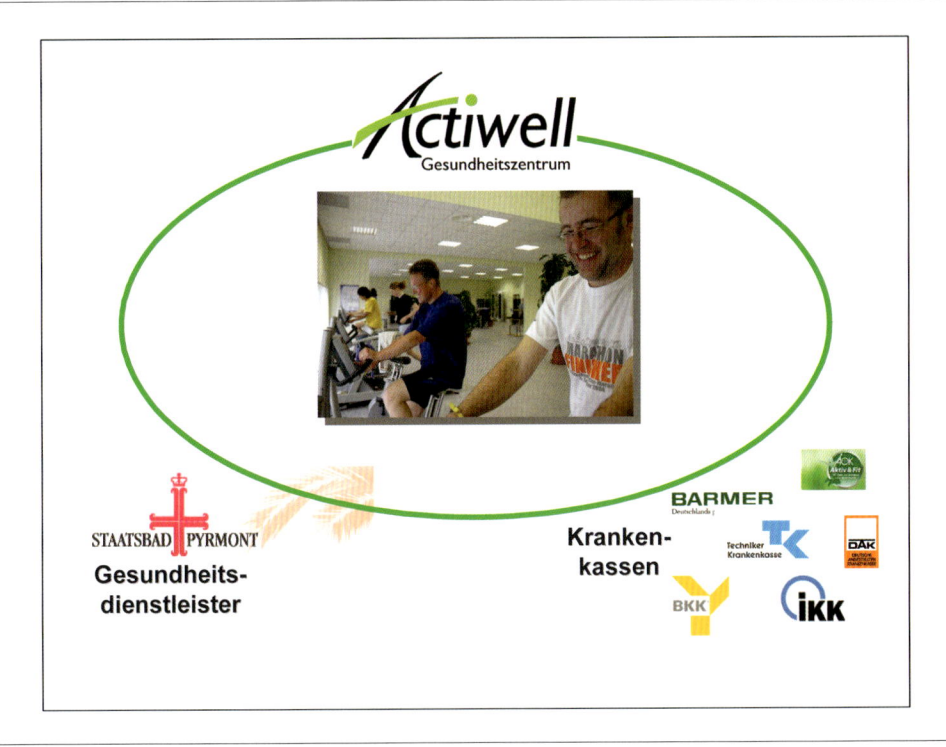

Abb. 69: **Das Zusammenwirken aller Beteiligten am Gesundheitsmanagement**

Folgende Aktivitäten werden angeboten:

1. Gesundheitscheck und Zielvereinbarungen
2. Training Herz-Kreislauf
3. Training Muskulatur und Gelenke
4. Entspannungstrainings
5. Ernährungsberatung
6. Raucherentwöhnungstraining
7. Check des Gesundheitszustandes und der Zielerreichung

Gesundheitsmanagement und Work-Life-Balance

Alle Mitarbeiter durchlaufen zunächst einen einstündigen Check, in dem ihr Gesundheitszustand im Detail untersucht wird. Wenn gesundheitliche Nachteile festgestellt werden, werden dafür Maßnahmen mit den Physiotherapeuten vereinbart. Daraufhin startet ein inhaltlich und zeitlich abgestimmtes Trainingsprogramm für Herz-Kreislauf und/oder Muskulatur sowie Gelenke. Das kann ein halbes Jahr bis zwei Jahre benötigen. Bei Übergewicht findet zusätzlich eine Ernährungsberatung statt. Bei Stressbelastung wird als Entspannungstraining progressive Muskelrelaxation oder autogenes Training angewendet. Weiterhin kann ein Raucherentwöhnungstraining in Anspruch genommen werden. Nach Ablauf der vereinbarten Trainingsdauer wird wieder ein Gesundheitscheck vorgenommen, um den Fortschritt festzustellen. Wenn die Ziele erreicht wurden, kann das Training beendet werden. In der Praxis zeigt sich erfreulicherweise, dass die Teilnehmer ihr Training fortsetzen. Es bilden sich Gruppen von Mitarbeitern, die auch jenseits des Trainings Kontakte pflegen, was den sozialen Zusammenhalt der Mitarbeiter fördert.

Auch am Arbeitsplatz werden bei Phoenix Contact physiotherapeutische Trainings durchgeführt. Gerade hier sind falsche Körperhaltungen und -bewegungen Ursache für gesundheitliche Nachteile.

Arbeitsplatzbezogenes Training

Verhaltenstraining am Arbeitsplatz

Bewegungsanalysen vor Ort

Abb. 70: **Gesundheitstrainings am Arbeitsplatz**

6.2 Resultate des Gesundheitsmanagements

Die Ergebnisse der Trainings werden jährlich bei den verschiedenen Teilnehmern gemessen. Eine Langzeitstudie wurde über 5 Jahre mit 380 Mitarbeitern, die durchgehend trainiert haben, durchgeführt. Dabei offenbarten sich ermutigende Ergebnisse (siehe die folgende Abbildung 71).

Resultate:

Untersuchung von 2005 bis 2009
über 380 MitarbeiterInnen:

Verbesserung
- 20 % Muskelkraft
- 11 % Ausdauer
- 13 % Beweglichkeit der Gelenke
- 18 % subjektives Wohlbefinden

430.000 € Kosten

620.000 € Einsparung durch niedrigeren Krankenstand

190.000 € Gewinn

Abb. 71: **Zusammenfassung der Resultate des Gesundheitsmanagements**

Die Muskelkraft der Trainierenden verbesserte sich um 20 %, die Ausdauer um 11 %, die Beweglichkeit der Gelenke um 13 % sowie das subjektive Wohlbefinden um 18 %. Das Besondere an diesem Ergebnis ist, dass bei jährlichen Kosten von 430.000 € gleichzeitig 620.000 € durch den geringeren Krankenstand eingespart wurden, woraus ein Ertrag von 190.000 € in fünf Jahren resultiert. Die Rendite beträgt 15,8 %. Somit ist das Gesundheitsmanagement nicht nur ein großer Erfolg für die Gesundheit der Mitarbeiter, sondern auch ein finanzieller Erfolg für das Unternehmen und die Krankenkassen.

Weiterhin finden bei Phoenix Contact häufig Aktionswochen statt, in denen Mitarbeiter verschiedene Gesundheitsangebote wahrnehmen können (siehe Abbildung 72).

Abb. 72: Aktionswochen bei Phoenix Contact

Rekord: 67 Kilo
Mit Fleiß und Freude hat Sebastian Hölscher im Actiwell viel Gewicht verloren

Gerade zur Frühjahrszeit springen uns die Schlagzeilen der Magazine wieder an: „Bauch weg in sieben Tagen", „Die sicher Schlank-Diät" oder wie sie alle heißen.

Sebastian Hölscher weiß, wie es geht. Er nahm ohne strenge Diät rund 67 Kilo ab - durch regelmäßige Besuche im Actiwell. Der CONTACT erzählte er seine Geschichte.

„Ich hatte gar nicht vor, viel abzunehmen. Als ich von der Eröffnung des Actiwell las, wollte ich einfach etwas für meine Gesundheit tun", erzählt der 24-jährige, der als Disponent im Vertrieb arbeitet.

Damals, vor knapp zwei Jahren, wog Hölscher rund 145 Kilo. „Allmählich begannen die gesundheitlichen Beschwerden. Ich bekam Bluthochdruck und musste sogenannte ‚Beta-blocker' nehmen. Die Knie spielten auch nicht mehr richtig mit."

Also ging er im Sommer 2004 zum ersten Mal ins Actiwell. Zunächst gab es den üblichen Einstufungstest, dann begann er mit seinem Programm. Der Schwerpunkt lag auf Konditionstraining und „Verbrennung" am Laufband sowie „Crosstrainer".
„Ich hatte richtig Spaß dabei. Also habe ich mein Pensum rasch heraufgeschraubt. Als ich merkte, wie gut mir das tut und dann auch noch die Pfunde purzelten, war ich noch mehr motiviert." In der Spitze ging er sechs Mal in der Woche jeweils für etwa drei Stunden ins Actiwell. „Dabei habe ich pro Monat rund fünf Kilo abgenommen, ohne meine Ernährung bewusst großartig zu ändern."

Auch sein Hausarzt konnte ihn nur unterstützen. Sebastian Hölscher nahm nicht nur ab und an Muskelmasse zu, „mein Bluthochdruck ist inzwischen ohne Medikamente verschwunden und Probleme mit den Knien habe ich auch keine mehr". Noch vor kurzem bestätigte ihm sein Arzt nach eingehender Untersuchung, dass Sebastian Hölscher kerngesund sei. Seit etwa einem halben Jahr hält sich sein Gewicht stabil auf einem Niveau. „Ich gehe jetzt auch nur noch ein bis zwei Mal die Woche für etwa zwei Stunden hin, das reicht völlig." Inzwischen hat er auch seine Ernährung umgestellt, „aber nicht absichtlich - mein Appetit hat sich geändert. Fast von alleine fanden die gesunden Sachen ihren Weg in meinen Kühlschrank."

Heute isst er viel häufiger Salate oder Geflügel. Früher konnte er daran kaum Gefallen finden.

Einen Haken hatte die Sache allerdings doch: „Ich habe in der Zeit meinen Kleiderschrank zwei Mal komplett neu auffüllen müssen - bis auf die Socken."

Sebastian Hölscher vor zwei Jahren

Steht ihm gut: Sebastian Hölscher mit seiner neuen „Actiwell-Figur"

Küchenchef Michael Gerken (links), Betriebsleiter

Abb. 73: Eine Erfolgsmeldung über einen Mitarbeiter

6.3 Betriebliches Eingliederungsmanagement

Durch ein frühzeitiges Erkennen von gesundheitlichen Beeinträchtigungen soll bei den Betroffenen langfristig Arbeitsunfähigkeit vermieden werden. Darüber hinaus sollte ein Unternehmen ein betriebliches Eingliederungsmanagement (BEM) anwenden. Handlungsbedarf besteht grundsätzlich dann, wenn Beschäftigte mehr als sechs Wochen ununterbrochen oder wiederholt arbeitsunfähig sind.

Gesundheitsmanagement und Work-Life-Balance

Der Prozess wird bei Phoenix Contact vom Personalmanagement angestoßen. Nach einer Vorklärung wird in Form eines Einladungsschreibens zu einem Präventionsgespräch mit dem Mitarbeiter Kontakt aufgenommen. Die Teilnahme am Präventionsgespräch ist freiwillig. Auf Wunsch des Mitarbeiters können gegebenenfalls weitere Fachkräfte, z. B. der Betriebsarzt, die Mitarbeitervertretung oder eine Führungskraft, hinzugezogen werden. Nach dem Erfassen der Ausgangssituation stimmen sich alle Beteiligten dahingehend ab, wie die Arbeitsunfähigkeit überwunden und mit welchen Hilfen und Leistungen erneuter Arbeitsunfähigkeit vorgebeugt werden kann. Das können betriebsinterne Maßnahmen sein, wie z. B. eine Arbeitsplatzanpassung, Unterstützungsmaßnahmen durch einen Rehabilitationsträger, Zuschüsse für Arbeitshilfen im Betrieb oder ergänzende medizinische Leistungen zur Rehabilitation. Sofern Letztere notwendig werden, sind externe Servicestellen wie Integrationsämter, Rentenversicherungsträger oder Berufsbildungsträger hinzuzuziehen.

Der Prozess ist bei Phoenix Contact seit 2009 systematisiert und im Rahmen einer Betriebsvereinbarung festgelegt worden.

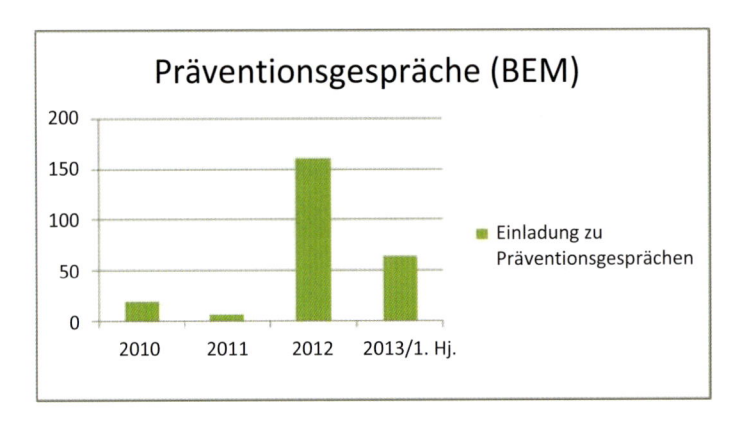

Abb. 74: **Die Grafik zeigt die Zunahme der Präventionsgespräche**

Mit einer stufenweisen Wiedereingliederung (Sozialgesetzbuch V „Krankenversicherung" § 74) können Mitarbeiter nach längerer schwerer Krankheit (länger als sechs Wochen) sukzessive in den Arbeitsprozess eingewöhnt werden. Die Arbeitsaufnahme startet mit wenigen Stunden täglich und steigert sich entsprechend dem Leistungsvermögen der Mitarbeiter bis zur vollen Erwerbstätigkeit. Während der Maßnahme erhält der Mitarbeiter weiterhin Geld von der Krankenversicherung bzw. von der Rentenversicherung.

Der Prozess im Unternehmen startet mit einer Vorstellung beim Betriebsarzt, der die Hausarztempfehlung nochmals mit den Arbeitsplatzanforderungen abgleicht. Der innerbetriebliche Wiedereingliederungsplan wird zudem mit der zuständigen Führungskraft besprochen. In wöchentlichen Feedbackrunden dokumentieren Führungskraft und Mitarbeiter den Verlauf der sukzessiven Arbeitsaufnahme und sprechen mit dem Betriebsarzt gegebenenfalls Änderungen am Wiedereingliederungsplan ab.

Während des Wiedereingliederungsprozesses werden alle Möglichkeiten zum Erhalt des Arbeitsplatzes (Hilfsmittel, Anpassung des Arbeitsplatzes, Ergonomie) und zusätzliche Trainingseinheiten im oben beschriebenen Actiwell-Gesundheitszentrum ergriffen. 95 % aller langfristig Erkrankten können entweder am selben Arbeitsplatz, an einem angepassten Arbeitsplatz oder an einem anderen Arbeitsplatz die volle Erwerbstätigkeit aufnehmen.

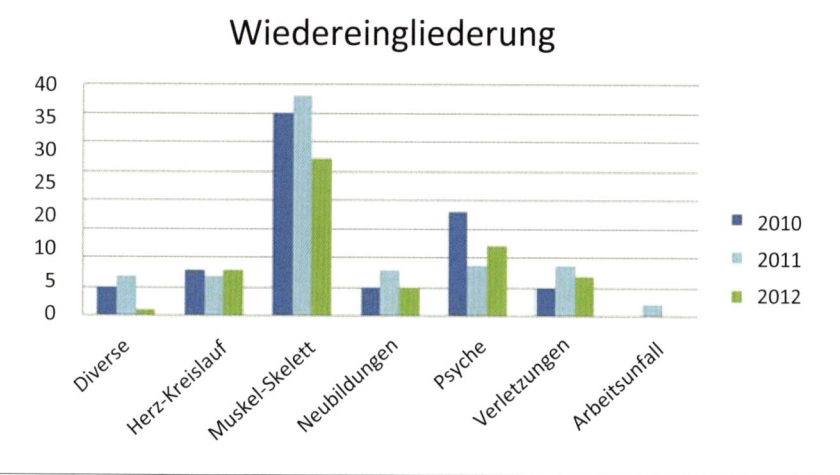

Abb. 75: Die verschiedenen Krankheitsursachen für die Wiedereingliederung

6.4 Gesundheitsmanagement in der Führungsstrategie

Es ist elementar wichtig, dass die Unternehmensleitung das Gesundheitsmanagement in der Unternehmensstrategie verankert. Das Führungsleitbild von Phoenix Contact enthält sieben Dimensionen. Eine davon ist „Respekt und Wertschätzung":

> Wir sind verantwortlich für ein positives Arbeitsklima, sinnhafte Arbeit und menschliche Anteilnahme. Wir wollen, dass unsere Mitarbeiter gesund bleiben. Deshalb wird auf ein ausgewogenes Verhältnis von Arbeit, Lernzeit und Freizeit geachtet.

Gesundheitsmanagement und Work-Life-Balance

Dieses Führungsleitbild wird von der Unternehmensleitung in speziellen Führungsseminaren persönlich trainiert. Nichts kann diese direkte und authentische Vermittlung ersetzen. Es ist die beste Methode, Gesundheitsstrategien zum Leben zu erwecken. Um den nachhaltigen Erfolg des betrieblichen Gesundheitsmanagements zu gewährleisten, ist es empfehlenswert, dass sich die Geschäftsführung selbst an dem Programm beteiligt und damit eine Vorbildfunktion erfüllt. Die Treppe muss, wie erwähnt, von oben gefegt werden, daher ist das Verhalten des Topmanagements zum Thema Gesundheit mit entscheidend.

Die folgende Abbildung zeigt, wie der Geschäftsführungskollege Roland Bent, zuständig für Entwicklung und Marketing, und ich als Läufer für die Firmenläufe, an denen sich 280 Mitarbeiter beteiligt haben, werben.

Abb. 76: **Der Autor und sein Geschäftsführungskollege Roland Bent bei einem Firmenlauf**

6 Work-Life-Balance und Arbeitszeitmodelle

Das Gesundheitsmanagement hatte nicht nur einen positiven Effekt für die Mitarbeiter. Als zusätzliche Bestätigung erhielt Phoenix Contact für seine Initiativen im Jahr 2005 den Personalwirtschaftspreis und im Jahr 2010 den ersten Preis für betriebliches Gesundheitsmanagement des Fraunhofer Instituts. Durch solche Veröffentlichungen wird auch das Employer Branding ausgebaut.

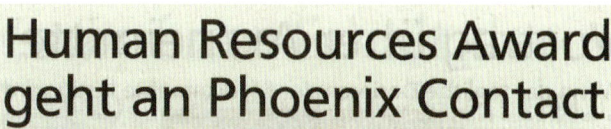

Abb. 77: **Human Resources Award für Gesundheitsmanagement**

6.5 Work-Life-Balance und Arbeitszeitmodelle

Arbeitszeitmodelle dienen der Work-Life-Balance und haben das Ziel, Arbeit und privates Leben besser zu vereinbaren. Gleichzeitig sollten Zeitmodelle derart gestaltet sein, dass ein Unternehmen hohe Flexibilität erreicht, um auf dem globalen Markt schnell und flexibel reagieren zu können. Auf der anderen Seite müssen die Arbeitszeitmodelle den Bedürfnissen der Mitarbeiter und ihrer privaten Zeitgestaltung entsprechen. Hier entsteht ein Spagat, der nicht immer glückt (Olesch, 2006 b). Daher sind pragmatische Modelle gefragt.

High Potentials wünschen sich Freiraum und Eigenverantwortung bei der Arbeit. Daher sollten Arbeitszeitmodelle mit einem großen täglichen Zeitkorridor, ohne Kernzeiten und feste Pausen, eingerichtet werden. So hat der Mitarbeiter die Freiheit, entsprechend der Auftragssituation sowie seiner Bedürfnisse seine Arbeitskraft einzusetzen.

Gesundheitsmanagement und Work-Life-Balance

Im Unternehmen des Autors gibt es einmal einen Gleitzeitkorridor 1, in dem die meisten Angestellten tätig sind. Er beginnt um 6 Uhr, endet um 20 Uhr und bietet einen Freiraum von 14 Stunden. Im Gleitzeitkorridor 2 beginnt die Arbeitszeit um 12 Uhr und endet um 22 Uhr. Hier sind primär Mitarbeiter tätig, die mit Partnern in anderen Zeitzonen als der mitteleuropäischen zusammenarbeiten — vorausgesetzt, die Kundensituation lässt es zu. Alle Mitarbeiter haben in der Regel einen Arbeitskontorahmen von +/− 70 Stunden und können diesen auf +/− 140 Stunden ausweiten. Dabei arbeiten High Potentials primär mit einer 40-Stunden-Woche als Alternative zur 35-Stunden-Woche.

Wenn seitens eines Mitarbeiters, der beispielsweise Projektaufgaben bearbeitet, der Wunsch besteht, ein größeres Zeitkonto aufzubauen, so kann er das zu Beginn eines Jahres bei seinem Vorgesetzten anmelden. Wenn sein Wunsch mit der betrieblichen Situation konform geht, kann er sich pro Jahr 210 Stunden ansparen, die er zur Verlängerung seiner Ferien oder für private Projekte wie Hausbau nutzen kann.

Arbeitszeitmodelle

Gleitzeitkorridor 1: 6.00 h – 20.00 h
Gleitzeitkorridor 2: 12.00 h – 22.00 h

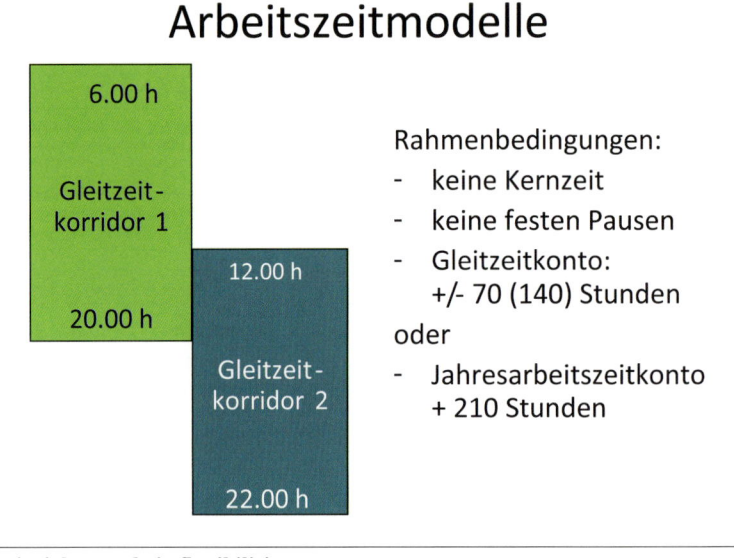

Rahmenbedingungen:
- keine Kernzeit
- keine festen Pausen
- Gleitzeitkonto: +/− 70 (140) Stunden

oder

- Jahresarbeitszeitkonto + 210 Stunden

Abb. 78: **Ein Beispiel von Arbeitsflexibilisierung**

6.6 Teilzeit und Jobsharing

Um Mitarbeitern Freiraum zu bieten, wird auch Teilzeitarbeit mit Jobsharing angeboten. Voraussetzung ist dabei, dass die Bedürfnisse von Kunden und Geschäftspartnern nicht darunter leiden und ein gemeinsamer Arbeitsplatz mit einer anderen teilzeitnehmenden Person genutzt wird. Einerseits wurde eine 4-Tage-Woche eingerichtet. Pro Tag werden durchschnittlich sieben Stunden und in der Woche somit 28 Stunden gearbeitet. Andererseits besteht eine Turnusteilzeit, in der ein wöchentlicher Mitarbeiterwechsel an einem Arbeitsplatz stattfindet.

6.7 Telearbeit

Mitarbeiter, deren Aufgaben nicht unbedingt Ortspräsenz erfordern, können auch zu Hause tätig sein. Das gilt für Hardware-, Software- sowie Konzeptentwickler und Mitarbeiter im Außendienst. Sie verfügen über das notwendige Equipment wie Notebooks und können dieses auch im Homeoffice nutzen.

Als Korridor für Telearbeit wurde definiert:

1. mindestens 20 % Tätigkeit im Betrieb
2. mindestens 50 % Tätigkeit zu Hause

Dadurch wird für die Mitarbeiter ein Freiraum geschaffen, der es ihnen ermöglicht, betriebliche und private Interessen ins Lot zu bringen. Viele Frauen und auch Väter nehmen das Angebot wahr, um sich um ihre kleinen Kinder zu kümmern. Die nächste Abbildung zeigt einen Zeitungsbericht, in dem Mutter und Vater, beide Mitarbeiter in unserem Unternehmen, über ihre Erfahrungen berichteten. Wir fördern solche Veröffentlichungen, da sie das Employer Branding gerade im Hinblick auf den Wertewandel der Generation Y positiv entwickeln.

Die folgende Abbildung zeigt einen Beitrag in der Firmenzeitschrift über eine Phoenix-Contact-Familie, in der beide Elternteile die Elternteilzeit wahrnehmen. Der Beitrag soll als Vorbild dienen, um andere Mitarbeiter zu ermutigen, einen ähnlichen Weg zu gehen.

Mit Pia zu Hause

WoMenPower 2008
POTENZIALE NUTZEN – VIELFALT LEBEN!
5. Fachkongress im Rahmen der HANNOVER MESSE am 25. April 2008

Jörg Nolte und seine Frau teilen sich die Elternzeit für ihre kleine Tochter

penleiter Produktmarketing in der Business Unit Automation Systems. Er ist einer der „neuen Väter". Mit seiner Frau, die Ärztin ist, teilte er sich die Elternzeit. „Für uns stand von Anfang an ganz klar fest, dass wir uns bei dieser Aufgabe abwechseln", erklärt Anke Nolte-Martin.

Am 29. Januar 2007 wurde Pia Nolte geboren. Bis zum 31. Oktober blieb die

einstellen mussten, sowohl er selber als auch seine Kollegen. „Am Anfang mussten sich alle daran gewöhnen, dass ich nur zehn Stunden zur Verfügung stand. Da gab es schon Momente, an denen ich mich etwas überlastet fühlte, aber das hat sich alles aufgelöst."

Mittlerweile klappt es sehr gut und die sieben Monate sind auch wie im Flug vergangen. Ab 1. Juni wird Jörg Nolte wieder voll einsteigen. „Natürlich kommen Freunde und Bekannte und fragen mich. Ich würde es immer wieder machen. Es ist so schön, die Möglichkeit zu haben, sein Kind aufwachsen zu sehen. Besonders die ersten Monate sind so wichtig und da passiert so viel."

Auf der Hannover Messe besuchten ihn seine „beiden Frauen" vor der Podiumsdiskussion. Gemeinsam wurden sie von einer

Abb. 79: **Elternteilzeit – Beitrag in der Firmenzeitschrift über eine Phoenix-Contact-Familie**

Praktische Handlungsempfehlungen

1. Analysieren Sie den Bedarf an Gesundheitsmaßnahmen durch Befragung Ihrer Mitarbeiter.
2. Bieten Sie entsprechende Trainings durch Gesundheitsdienstleister an.
3. Setzen Sie flexible Arbeitszeitmodelle ein, um den Krankenstand zu reduzieren.
4. Nutzen Sie, wenn möglich, Teilzeitarbeit, Jobsharing und Telearbeit.

7 Führungsleitlinien

Zu einer guten Unternehmenskultur gehört auch eine gute Führungskultur. Zur Führungskultur wiederum gehören Leitlinien wie Leitplanken zur Straße. Viele Unternehmen besitzen formulierte Führungsleitlinien. In einer Untersuchung aus dem Jahr 2009 wurde festgestellt, dass 72 % aller Unternehmen mit mehr als 1.000 Mitarbeitern über schriftliche Führungsgrundsätze verfügen. Sie sind in der modernen Industrie unverzichtbar.

In Führungsgrundsätzen werden die Werte dokumentiert, an denen sich die Unternehmensspitze mit ihrem Führungskonzept orientiert. Ziel ist es, das Vorgesetzte und Mitarbeiter mit widerspruchsfreien Begriffen in Führungsfragen umgehen. Führungsbegriffe werden einer Klärung zugeführt, wodurch in Führungsangelegenheiten mit einer Sprache gesprochen wird. Somit erfüllen Führungsgrundsätze eine Koordinierungsfunktion ersten Ranges. Sie sind deshalb eine erste Stufe auf dem Weg zu übergeordneten Unternehmensgrundsätzen. Führungsgrundsätze sind ein notwendiger Bestandteil der „Unternehmensgrundsätze" und somit des Gesamtkonzepts der Unternehmensphilosophie und -politik (Olesch, 2011 c).

Führungsleitlinien erinnern — wie oben bereits erwähnt — an Leitplanken einer Autobahn. Sie verhindern, dass der Fahrer von der Straße abkommt. Zugleich lassen sie ihm aber die Wahl, ob er rechts oder auf der Überholspur fahren will. Selbst die Benutzung der Reservespur kann je nach Situation sinnvoll und erlaubt sein. Führungsgrundsätze geben sowohl dem Mitarbeiter als auch dem Vorgesetzten selbst die Möglichkeit, sein Führungsverhalten anhand einer Richtschnur zu überprüfen. Sie erleichtern dem Vorgesetzten seine Führungsaufgabe.

Die Erfahrungen haben gelehrt, dass zu umfangreiche Führungsgrundsätze für die Praxis nachteilig sind. Eine Konzentration auf die wesentlichen Zielsetzungen und Aussagen hat mehr Erfolg, weil sich die Betroffenen daran besser orientieren können.

Führungsgrundsätze sollten im Interesse echter Zweckmäßigkeit

- knapp,
- eindeutig und verständlich formuliert,
- übersichtlich und auf das Wesentliche beschränkt,
- logisch im Aufbau und
- präzise in der Substanz sein.

Führungsgrundsätze neuerer Art sind deswegen oft so aufgebaut, dass sie sich auf Kernsätze beschränken, die dann in Schulungen vertieft und/oder erläutert werden.

Führungsverhalten darf nicht dem Zufall überlassen werden. Häufig kommt es vor, dass Trainings stattfinden, in die ein Unternehmen viel Geld investiert, die entsprechenden Effekte jedoch zu gering ausfallen. Der Grund: Führungsleitlinien werden durch üppig besetzte Stäbe erstellt, von der Geschäftsleitung begutachtet und genehmigt und anschließend in den Schubladen der Führungskräfte begraben. Sie sterben, bevor sie zum Leben erweckt wurden, obwohl sie in den schönsten Farbbroschüren gedruckt wurden.

Das Problem ist zumeist nicht, dass Führungstrainings und -leitlinien als sinnlos oder überflüssig betrachtet werden. Sie führen lediglich oft nicht zur notwendigen Akzeptanz und Motivation, um umgesetzt zu werden. Die Motivation zur Anwendung ist der „Knackpunkt". Sie wird bei der Implementierung von Führungsphilosophie und -trainings zu wenig aufgebaut. In einer Befragung des Management Centre Europe von 1.000 europäischen Führungskräften wurde eine zu große Kluft zwischen Anspruch und Wirklichkeit ermittelt.

7.1 Entwicklung von Führungsleitlinien

Bei der klassischen Konstituierung von Führungssystemen erarbeitet eine Projektgruppe Leitlinien für Vorgesetzte. Zu solchen Gruppen gehören Verantwortliche aus dem HR-Bereich, der Geschäftsleitung und internationalen Vorgesetzten aus anderen Unternehmensbereichen. Häufig werden Führungsleitlinien und Erfahrungen anderer Unternehmen herangezogen. Zum Teil werden Personalberater engagiert, um gemeinsam mit ihnen Konzepte zu erarbeiten. Literatur und Internet bieten weitere Konzeptionshilfen. Schließlich verabschieden die Geschäftsleitung und die Mitarbeiter des Projektteams die Leitlinien. Die betroffenen Führungskräfte der Basis werden manchmal wenig gefragt oder kaum miteinbezogen. Da ihre Partizipation bei dieser Vorgehensweise zu kurz kommt, tragen sie die neue Führungsphilosophie wenig mit.

Ziel sollte es in den Unternehmen sein, Partizipation zu verwirklichen. Vorgesetzte und Nachwuchskräfte sollten ein unternehmensspezifisches und homogenes Führungsverhalten beherrschen. Zu diesem Zweck sollten solche Führungsaufgaben, die speziell für das Unternehmen relevant sind, ermittelt werden. Analysiert wurden sie bei Phoenix Contact dort, wo sie hauptsächlich Anwendung finden,

7 Entwicklung von Führungsleitlinien

nämlich vor Ort von der entsprechenden Führungskraft. Intention war es, keinen Katalog der Führungsaufgaben „von der Stange" einzusetzen und sie nicht von einem Stab erstellen zu lassen. Wichtige Voraussetzung war die ehrliche Absicht der Geschäftsleitung, die Führungskräfte in unternehmensspezifischen Verhaltensweisen zu entwickeln, damit das Unternehmen weiterhin erfolgreich im Markt bestehen kann. Diese Aufgabe übernahm das HR-Management.

In internationalen Teams wurde über ein Jahr ermittelt, welche Aufgaben eine Führungskraft bei Phoenix Contact hat. Das Anforderungsprofil wurde im Detail erarbeitet. Es wurden alle als wichtig erachteten Verhaltensaspekte der Führung zusammengefasst. Daraus sollten später die Führungsleitlinien abgeleitet werden.

Leistungspotenzial und Leistungsbereitschaft der Mitarbeiter sind wichtige Quellen für den Unternehmenserfolg. Die Mitarbeitermotivation nimmt im Spektrum der Führungsaufgaben eine Schlüsselrolle ein. Aber auch die anderen Aufgaben der Führungskraft zielen darauf ab, den Leistungswillen der Mitarbeiter zu stärken.

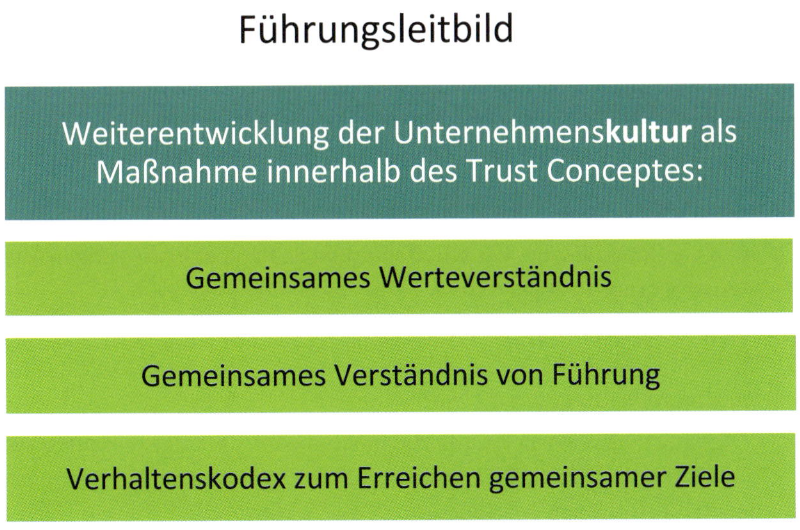

Führungsleitbild

Weiterentwicklung der Unternehmenskultur als Maßnahme innerhalb des Trust Conceptes:

- Gemeinsames Werteverständnis
- Gemeinsames Verständnis von Führung
- Verhaltenskodex zum Erreichen gemeinsamer Ziele

Abb. 80: **Die primären Ziele der Führungsleitlinien**

Im Folgenden werden beispielhaft die Führungsleitlinien von Phoenix Contact beschrieben, um dem Leser Anregung für eigene Leitlinien zu geben. Jedes Unternehmen sollte darauf achten, solche Leitlinien zu entwickeln, die zur bestehenden Kultur passen.

Führungsleitlinien von Phoenix Contact

Führungsleitlinien

Für Phoenix Contact sind unternehmerische Unabhängigkeit, vertrauensvolle Kundenbeziehungen und eine mitarbeiterorientierte Unternehmenskultur wegweisende Grundsätze. Wir, die Führungskräfte, handeln nach diesen Werten und stehen für sie ein. So leisten wir unseren Beitrag zu unserer Mission: „Wir gestalten Fortschritt mit innovativen Lösungen, die begeistern."

Führen heißt bei Phoenix Contact, dass wir Zusammenarbeit aktiv gestalten, um gemeinsame Ziele zu erreichen — sowohl in unserem eigenen Verantwortungsbereich als auch in der Unternehmensgruppe.

Vorbild

Wir leben das Verhalten vor, das wir von anderen erwarten.

Unser Denken und Handeln ist nachvollziehbar und glaubwürdig. Dabei gehen wir fair und aufrichtig miteinander um. Wir stehen zu unseren Entscheidungen und treten verbindlich und geradlinig auf.

Wir handeln loyal gegenüber unserem Unternehmen und vertreten Phoenix Contact auf sympathische Weise nach innen und nach außen.

Ergebnisorientierung

Als Führungskräfte sind wir gemeinsam für den Erfolg der Unternehmensgruppe verantwortlich. Mit Blick auf das Ganze richten wir unseren Verantwortungsbereich hiernach aus. Gleichzeitig beachten und würdigen wir die Leistungen anderer.

Wir führen ergebnisorientiert: Grundlagen sind unsere Unternehmensstrategie und vereinbarte Ziele. Wir schaffen optimale Rahmenbedingungen, um die Unternehmensziele zu erreichen.

Dabei setzen wir erforderliche Ressourcen angemessen und mit Augenmaß ein.

Unternehmungsgeist

Erfolgreich zu sein bedeutet für uns, sowohl das Tagesgeschäft zu beherrschen als auch klare Ziele zu formulieren. Denn neue Ziele motivieren und richten unser Team geschlossen auf die Zukunft aus.

Deshalb beschäftigen wir uns mit der Zukunft und gestalten mutig den gemeinsamen Weg. Dabei binden wir unser Team mit ein. So erreichen wir Akzeptanz und fördern Begeisterung.

Vertrauen

Vertrauen ist die unerlässliche Basis für eine positive und tragfähige Unternehmenskultur. Nur mit Vertrauen gelingen Veränderungen auf unserem Weg. Vertrauen entsteht durch zuverlässiges und glaubwürdiges Verhalten. Deshalb sagen wir, was wir meinen und handeln dementsprechend.

Wir fördern gegenseitiges Vertrauen in jeder persönlichen Begegnung, indem wir offen und eindeutig kommunizieren. Wir geben regelmäßiges Feedback, unterstützen bei Schwierigkeiten und übertragen Verantwortung.

Respekt und Wertschätzung
Unsere Mitarbeiter sind vielfältig. Das schätzen und fördern wir. Daraus erwachsen innovative Lösungen und eine langfristig gute Zusammenarbeit.
Persönliche Anteilnahme ist uns wichtig. Wir interessieren uns für unsere Mitarbeiter und lassen sie dies spüren.
Was Sinn stiftet, treibt an. Daher stehen wir für den Sinn der Arbeit Rede und Antwort, sodass jeder ihn verstehen und nachvollziehen kann.
Wir wollen, dass unsere Mitarbeiter gesund bleiben. Deshalb achten wir auf ein ausgewogenes Verhältnis von Arbeit, Lernzeit und Freizeit.

Kommunikation und Dialog
Gute Kommunikation ist die Lebensader unserer Organisation.
Deshalb informieren wir zeitnah und verständlich, damit Wissen zur richtigen Zeit am richtigen Ort ist. Zudem sind wir erreichbar, hören aufmerksam zu und diskutieren offen und lösungsorientiert. Unterschiedliche Meinungen und Perspektiven bereichern die eigene Sichtweise.
Wir nutzen Feedback, um uns selbst zu hinterfragen, denn wir wollen uns fachlich und persönlich weiterentwickeln. Konflikte gehen wir konsequent und partnerschaftlich an. So fördern wir gegenseitiges Verständnis und ermöglichen tragfähige Lösungen.

Förderung und Entwicklung
Mitarbeiter können Besonderes leisten, wenn sie ihre Stärken einsetzen.
Wir fördern ihre individuellen Fähigkeiten und bringen sie in Einklang mit den Unternehmenszielen. Dabei gewähren wir Freiräume zur persönlichen Entfaltung.
Förderung heißt für uns: Aufgaben und Kompetenzen so zu verteilen, dass sie für den Einzelnen und für das Unternehmen zur Chance werden. Dabei ermutigen wir stets zur Eigenverantwortung. Fehlern begegnen wir konstruktiv und sehen sie als Möglichkeit zu lernen.

7.2 Umsetzung von Führungsleitlinien

Eine der wichtigsten Maßnahmen zur Personalentwicklung sind **adäquate** Führungstrainings. Von jeher existieren in Unternehmen verschiedene Seminare für Führungskräfte. Es sollten aber auch Trainings speziell zur Umsetzung der Führungsleitlinien eingerichtet werden. Zahlreiche Untersuchungen bestätigen: Nur

Führungsleitlinien

systematische, adäquate Entwicklungsprogramme ermöglichen es, dass Führungsleitlinien tatsächlich realisiert und gelebt werden.

Bei Phoenix Contact hat die Geschäftsführung die Führungsleitlinien in ganztägigen Workshops vermittelt. Unter Moderation von Mitarbeitern der Personalentwicklung wurden die Inhalte der Führungsleitlinien in Gruppenarbeiten anschließend vertieft. Dadurch, dass die Geschäftsleitung selber als Trainer zur Verfügung stand, wurde Glaubwürdigkeit und Authentizität vermittelt. Alle Fach- und Führungskräfte waren Teilnehmer der zahlreichen Workshops und konnten so auch in Dialog mit der Geschäftsleitung zum Thema Führungsleitlinien treten. Um Führungsleitlinien erfolgreich in den Köpfen und Herzen der Manager zu implementieren, ist es wichtig, dass Mitglieder des Topmanagements die Workshops selbst durchführen.

Weitere Seminare zum Thema Führungsleitlinien folgten. In solchen Seminaren werden kognitiv die Inhalte der Führungsleitlinien geschult. Diese Inhalte werden anschließend in Rollenspielen trainiert. Weiterhin wird das Mitarbeitergespräch als Führungsinstrument geschult. Andere Bestandteile des Entwicklungsprogramms für Vorgesetzte bestehen aus klassischen Seminaren und Workshops: Kostenrechnung, Zeit- und Selbstmanagement, Repräsentationstraining, Rhetorik, Gesprächsführung, Präsentationstechnik, Grundlagen des Arbeitsrechts, Tarifvertragsrecht und aktuelle Personalfragen. Umfangreiche Trainings- und Entwicklungsmaßnahmen für alle Führungskräfte vermitteln die Inhalte der Leitlinien (vgl. Abbildungen 81 bis 83).

Führungsleitlinien Workshops

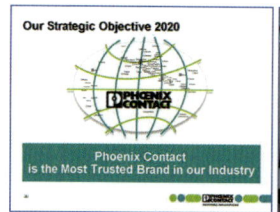

über 60 Workshops mit ca. 1200 Fach- und Führungskräften

7 Umsetzung von Führungsleitlinien

Abb. 81 bis 83: **Beispiele für Führungsseminare**

Führungsleitlinien

Bei jedem Trainingsthema für Fach- und Führungskräfte kommt an einem Abend ein Mitglied der Geschäftsleitung hinzu, um aktuelle Fragen mit den Teilnehmern zu diskutieren. Durch die Nähe von Geschäftsleitung und Führungskräften wird ein positiver Effekt erzeugt. Er fördert die vertikale Kommunikation zwischen Geschäftsleitung und Führungskräften. Gerade in größeren Unternehmen steht häufig das Tagesgeschäft so sehr im Vordergrund, dass diese Kommunikation leidet, obwohl sie eine wichtige Voraussetzung für erfolgreiche Zusammenarbeit ist.

Praktische Handlungsempfehlungen

1. Definieren Sie Führungsleitlinien, um Ihren Managern und Mitarbeitern eine einheitliche Ausrichtung zu geben und ihre Effizienz zu steigern.
2. Lassen Sie Ihre Mitarbeiter an der Entwicklung partizipieren, um eine hohe Akzeptanz zu erreichen.
3. Vermitteln Sie selber die Führungsleitlinien, um Glaubwürdigkeit zu demonstrieren.

8 Unternehmenskultur

Zu einem zukunftsweisenden HR-Management gehören Visionen. Eine Vision ist ein auf die Zukunft entworfenes Bild. Sie ist vor allem eine Idee, die unserem Handeln Orientierung gibt. Durch sie können wir frühzeitig agieren. Im folgenden Kapitel wird am Beispiel von Phoenix Contact ein Konzept der Unternehmensführung beschrieben — beginnend bei der Vision bis hin zur Realisation. Dabei wird eine Historie von 15 Jahren dargestellt, die den Wandel von Vision und Führungskultur dokumentiert. Die mit dem Wandel zwangsläufig einhergehende Aktualisierung muss von einem modernen HR-Management kontinuierlich betrieben werden (Jungkind, 2006).

Die Entwicklung der Unternehmenskultur wird vom Beginn der 1990er Jahre bis heute geschildert. Der Leser kann darin erkennen, dass es sich bei dieser wichtigen Thematik nicht nur um eine Konzepteinführung, sondern um einen kontinuierlichen Prozess handelt. Es bedarf einer Menge an Zeit und Ausdauer, um die Kultur eines Unternehmens nachhaltig zu entwickeln (Lasko & Buch, 2007).

Zu Beginn der 1990er Jahre wurde im Unternehmen des Autors die Vision „Mitarbeiter zu Unternehmern entwickeln" geboren. Am Anfang standen die Fragen: Was sind typische Merkmale von Unternehmern? Was motiviert sie? Wie denken und handeln sie?

Vier Aspekte wurden als die charakteristischsten definiert:

Vision 1991: „Mitarbeiter zu Unternehmern"
1. Unternehmer entwickeln eigenständig ihre Unternehmensziele.
2. Sie entscheiden über ihr Budget selbstständig und verantwortungsvoll.
3. Sie erreichen hohe Zufriedenheit und Identifikation mit dem Unternehmen.
4. Sie verfügen über hohe Leistungsbereitschaft und Zielerreichungsvermögen.

Um diese vier Parameter auf die Mitarbeiter zu transferieren, wurden komplexe und ganzheitliche Prozesse im Unternehmen initiiert. Dabei stand das Ziel im Vordergrund, Mitarbeiter dahin zu entwickeln, dass sie das angestrebte unternehmerische Denken und Handeln realisieren. Ein komplexer Prozess, der über mehrere

Unternehmenskultur

Schritte von der Vision bis zur Umsetzung führen sollte, wurde generiert (vgl. Abbildung 81). Im ersten Prozessschritt wurden Unternehmensleitlinien, -kultur sowie Führungsleitlinien erarbeitet.

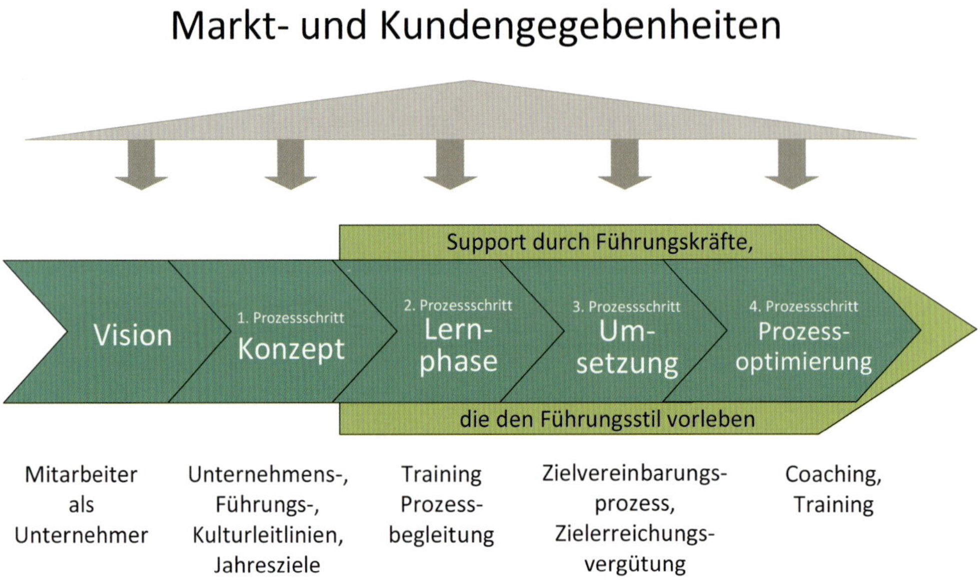

Markt- und Kundengegebenheiten

Vision → 1. Prozessschritt: Konzept → 2. Prozessschritt: Lernphase → 3. Prozessschritt: Umsetzung → 4. Prozessschritt: Prozessoptimierung

Support durch Führungskräfte, die den Führungsstil vorleben

| Mitarbeiter als Unternehmer | Unternehmens-, Führungs-, Kulturleitlinien, Jahresziele | Training Prozessbegleitung | Zielvereinbarungsprozess, Zielerreichungsvergütung | Coaching, Training |

Abb. 84: **Schritte des Einführungsprozesses**

8.1 Prozesse der Unternehmenskultur

Die ersten Prozessschritte wurden unter der Initiative und Moderation des HR-Managements erarbeitet. Es wurden unterschiedliche Mitarbeitergruppen eingebunden, womit mehrere Ziele verfolgt wurden: Man wollte ein breites Meinungsspektrum gewinnen, den Weg für eine große Beteiligung ebnen und eine hohe Identifikation der Mitarbeiter erreichen. Die Maxime war, Betroffene zu Beteiligten zu machen. In zahlreichen Moderationen und individuellen Einzelgesprächen wurden die Elemente des ersten Prozessschrittes gemeinsam erarbeitet.

Ziele, Leitlinien und Kultur

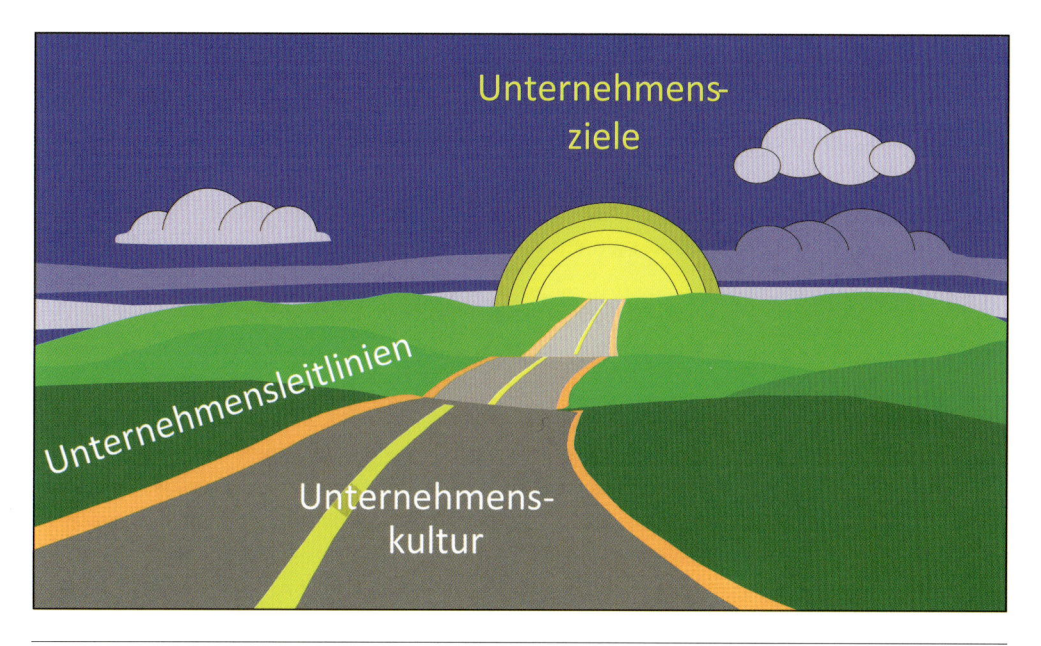

Abb. 85: **Zusammenwirken von Unternehmenszielen, Unternehmensleitlinien und Unternehmenskultur**

Aus der Vision „Mitarbeiter als Unternehmer" wurden Unternehmensleitlinien entwickelt. Sie definieren die wesentlichen strategischen Rahmenbedingungen und Werte des Unternehmens, an denen sich alle Mitarbeiter orientieren. Es sind gewissermaßen die Leitplanken, die den Rand der Straße begrenzen, auf der sich die Mitarbeiter frei bewegen können (Olesch, 1997).

Unternehmensleitlinien 1993

1. Mit innovativen Produkten, hoher Fertigungskompetenz und optimalem Service sind wir ein zuverlässiger Partner.
2. Finanzielle Unabhängigkeit sichert ein nachhaltiges Wachstum.
3. Mit internationaler Ausrichtung wird in allen Industrienationen eine führende Marktposition angestrebt.
4. Unsere Unternehmenskultur fördert das Erreichen vereinbarter Ziele. Im Fokus stehen Kunden- und Mitarbeiterzufriedenheit.

Unternehmenskultur

Ausgehend von der Vision wurden die Inhalte der Jahresziele im Einklang mit den Unternehmenszielen definiert:

Inhalte der Jahresziele
1. Umsatz je Produktlinie und Vertriebsregion
2. Strategische Maßnahmen (z. B. Aufbau einer neuen Produktlinie oder Branche)
3. Investitionen
4. Personal (wie viel, mit welcher Qualifikation und zu welchen Kosten?)
5. Kosten (Betriebskosten etc.)

Das Besondere an der Vorgehensweise von Phoenix Contact ist, dass die Unternehmensziele nicht nach traditionellem Muster von der Geschäftsleitung entwickelt werden, sondern die Mitarbeiter in hohem Maß an deren Generierung beteiligt sind. Die Voraussetzung dafür ist, dass den Mitarbeitern umfangreiche Informationen über Markt und Kunden zugänglich gemacht werden. Dahinter steht die Zielsetzung, dass Mitarbeiter wissen, wie die Kunden denken, und was sie von uns erwarten. Um das zu erreichen, werden auch Mitarbeiter von nicht kundennahen Bereichen wie der Produktions- oder Entwicklungsabteilung zu Kunden oder auf Messen entsandt. Mittels unternehmensinterner Medien und Veranstaltungen werden Details über den Markt berichtet. Dadurch entsteht eine differenziertere Sicht beim Mitarbeiter und er kann bei der Entwicklung der Unternehmensziele aktiv mitwirken.

8.2 Prozess der Zielvereinbarung durch Target Card

Damit die Unternehmensziele so beschaffen sind, dass sie für den einzelnen Mitarbeiter messbar werden, wird bei Phoenix Contact die Target Card als Führungsinstrument eingesetzt. Sie orientiert sich an der Balanced Scorecard und enthält fünf Kriterien. Das sind

1. Markt,
2. Finanzen,
3. Prozesse,
4. Innovation und
5. Mitarbeiter.

Ziele werden in Form von messbaren Kriterien dargestellt und kaskadenförmig weitergegeben und vereinbart: Der Weg führt von der Geschäftsleitung zu den

Prozess der Zielvereinbarung durch Target Card

Bereichen, von den Bereichen zu den Abteilungen und von dort zu den einzelnen Mitarbeitern. Dadurch weiß jeder einzelne Mitarbeiter, wie sein persönlicher Beitrag zum gesamten Unternehmenserfolg aussieht.

Der Prozess der Zielvereinbarung besteht aus mehreren Schritten. Im ersten werden die aus den Informationen über die Kunden abgeleiteten Grobziele — wie eingangs beschrieben — durch die Geschäftsleitung kaskadenförmig über die Führungsebenen, die Bereichs- und Abteilungsleiter bis zum Mitarbeiter weitergetragen. Im nächsten Schritt entwickeln die Mitarbeiter daraus Abteilungsziele im Hinblick auf Umsatz, strategische Ausrichtung, Investitionen, Personal und Kosten. Diese müssen im Einklang mit den Unternehmensleitlinien stehen. Im dritten Schritt werden alle Abteilungsziele zur Geschäftsleitung zurückkaskadiert. Deren Aufgabe ist es nun, alle Ziele zu einem gemeinsamen Fokus zu bündeln und mit den Unternehmensleitlinien abzugleichen (Wagner, 2002).

Unternehmensziele gemeinsam erarbeiten

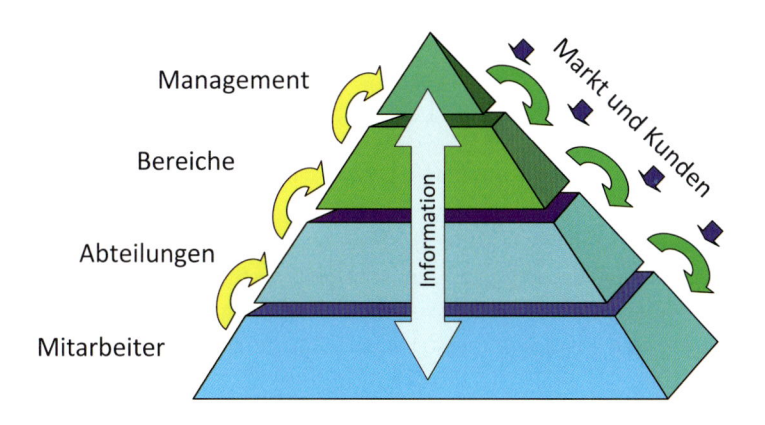

Abb. 86: **Entwicklung der Unternehmensziele**

Im letzten Schritt werden dann die endgültigen Ziele im Unternehmen freigegeben und veröffentlicht. Jede Einheit des Unternehmens kann nun ihre verabschiedeten Abteilungsziele frei von sonstigen Freigabeverfahren verfolgen. Die Mitarbeiter des Bereiches können über geplante Investitionen, Kosten, Personal selbstständig entscheiden. Das entspricht der Vision „Mitarbeiter zu Unternehmern entwickeln": In jedem Bereich kann über das jeweilige Budget eigenständig entschieden werden. Das wiederum setzt eine starke Motivation und Leistungsbereitschaft frei. Quartalsweise erhalten die Abteilungen vom Controlling einen Soll-Ist-Vergleich, damit vor Ort eine hohe Transparenz besteht und notwendige Korrekturen vorgenommen werden können (Olesch, 2006 e).

Target Card 2012

Prozesse	Zielerfolgsfaktor	Zielwert
Phoenix Contact steht weltweit konsequent für kundenorientierte Qualität von Produkten & Prozessen	Liefergrad der Topseller (Artikel, die 80 % aller Bestellpositionen ausmachen)	Jeden Monat ≥ 97 %
Kunde Markt	**Zielerfolgsfaktor**	**Zielwert**
Phoenix Contact tritt als Gruppe global auf. In Schlüsselmärkten der industriellen Elektrotechnik streben wir eine führende Marktposition an.	Wachstum Außenumsatz CP 2.0: Umsetzung der Marktsegmente	> 8 % 100 % Umsetzung des Roll-Out-Plans
Innovation & Entwicklung	**Zielerfolgsfaktor**	**Zielwert**
Phoenix Contact verfolgt mit seinen Produkten & Dienstleistungen grundsätzlich eine Strategie der Leistungsdifferenzierung	Phocus-Markt-Kampagnen	80 % der Phocus-Markt-Kampagnen sind erfolgreich umgesetzt
Finanzen	**Zielerfolgsfaktor**	**Zielwert**
Phoenix Contact verfolgt eine Strategie des nachhaltigen Wachstums bei gleichzeitiger Einhaltung der Ertragsziele zur Sicherung der finanziellen Unabhängigkeit	Kapitalbindung durch höhere Umschlagshäufigkeit reduzieren Ergebnissicherung durch aktives Kostenmanagement	Umschlagshäufigkeit um 6 % erhöhen EBIT % > 2011
Mitarbeiter	**Zielerfolgsfaktor**	**Zielwert**
Unsere Unternehmenskultur fördert Vertrauen und die Entwicklung der Mitarbeiter zum Erreichen vereinbarter Ziele	Aus der GPTW-Befragung 2011 sind in allen Bereichen wirksame Maßnahmen abgeleitet und dokumentiert	100 % der Maßnahmen sind umgesetzt

Abb. 87: **Beispiel für die Target Card des gesamten Unternehmens**

Jetzt setzt der letzte Prozessschritt an, in dem der Zielvereinbarungsprozess mit der variablen Vergütung der Mitarbeiter gekoppelt wird. Aus den Unternehmenszielen werden nun die einzelnen Mitarbeiterziele zwischen Vorgesetzten und Mitarbeitern entwickelt und vereinbart. Das erfolgt nach der SMART-Methode.

Wie muss ein Ziel sein?

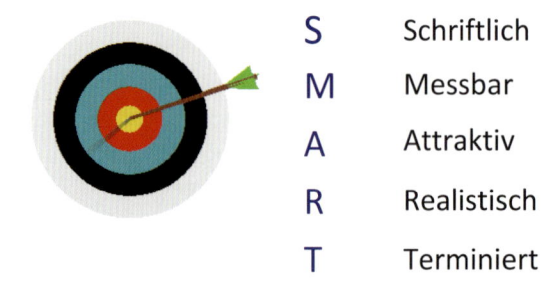

S	Schriftlich
M	Messbar
A	Attraktiv
R	Realistisch
T	Terminiert

Abb. 88: **Gestaltung von Zielen**

In der persönlichen Zielvereinbarung werden maximal vier Jahresziele formuliert, die jeweils an zwei messbare Kriterien gebunden sind. Nach dem Ende eines Jahres werden die Unternehmensziele für das kommende Jahr verabschiedet und es werden die persönlichen Ziele vereinbart. Zwischen Vorgesetzten und Mitarbeitern wird am jeweiligen Jahresende besprochen, inwieweit die Ziele des vergangenen Jahres erreicht wurden. Danach richtet sich dann die Vergütung. Die variable Gehaltskomponente bewegt sich zwischen 12 % und 30 % der Jahresvergütung. Mit dieser variablen Komponente kann der Mitarbeiter Einfluss auf sein Gehalt nehmen. Er wird auf diese Weise auch am Erfolg des Unternehmens beteiligt — wie ein Unternehmer, der eine Umsatzveränderung direkt zu spüren bekommt (Olesch, 2001 b).

Beurteilungs- und Zielvereinbarungsbogen Seite 1

PHOENIX CONTACT
Human Resources Management

Name, Vorname:		Organisationseinheit:	
Personalnummer:		Gesprächsdatum:	

Beurteilung 1: Kriterien 1 bis 4	Minimal								Maximal	Punkte		
Anwendung der Kenntnisse und Fertigkeiten: Sorgfalt, Genauigkeit, Zuverlässigkeit	0	1	2	3	4	5	6	7	8			
Arbeitseinsatz: Intensität, Wirksamkeit, Selbstständigkeit, Kostenbewusstsein, Sachgemäße Behandlung	0	1	2	3	4	5	6	7	8			
Beweglichkeit: Überblick, Setzen von Prioritäten, Verhalten bei verschiedenen Arbeitssituationen	0	1	2	3	4	5	6	7	8			
Zusammenarbeit/Führungsverhalten: Informationsaustausch, Überzeugungsfähigkeit, aufgabenorientierte Zusammenarbeit	0	1	2	3	4	5	6	7	8			
									Summe		x 0,625 =	%
Beurteilung 2: weiteres Kriterium oder Zielvereinbarung (Auswahl ankreuzen)	Minimal								Maximal	Punkte		
☐ **Arbeitsquantität:** Menge, Termin, Umfang des Arbeitsergebnisses	0	1	2	3	4	5	6	7	8		x 0,5625 =	%
☐ **Entgeltrelevante Zielvereinbarungen** (Rückseite)									Zielerreichung Vorjahr, (siehe Rückseite) Eintrag der Summe der Zielerreichungsfaktoren		: 4 =	%
											Gesamtleistungszulage	%

Unterschrift Führungskraft	Kenntnisnahme Beschäftigte/r	Kenntnisnahme Bereichs/-Abteilungsleitung
Datum, Unterschrift	Datum, Unterschrift	Datum, Unterschrift

Abb. 89: **Zielvereinbarungsbogen für Tarifangestellte**

Das weitere Vorgehen umfasst die Prozessoptimierung. Bei jeder Entwicklung eines komplexen Systems — um ein solches handelt es sich z. B. auch bei dem beschriebenen — gibt es Korrekturbedarf. Der sich verändernde Markt und neue Bedürfnisse des Kunden wirken auf das System ein und erfordern eine Anpassung oder Optimierung, was primär durch adäquate Trainings, Organisationsentwicklungsmaßnahmen und vor allem durch Coaching von Mitarbeitern und Vorgesetz-

Unternehmenskultur

ten realisiert wird. In dieser „After-Sales-Phase" muss ein Unternehmen bereit sein, Kapazität, Zeit und Geld zu investieren, um jederzeit die Effektivität und Glaubwürdigkeit des Prozesses zu garantieren.

8.3 Unternehmensführung und Fairness

Zumeist stehen beim Thema Unternehmensführung Effizienz und der unternehmerische Nutzen im Vordergrund. Ethische Aspekte treten dabei oftmals in den Hintergrund. Personalrelevante Maßnahmen und Instrumente können zum Nutzen und Wohle der Mitarbeiter, aber auch zu deren Nachteil eingesetzt werden. Das Instrument ist wie ein Messer: Man kann es nutzen, um Brot zu schneiden oder um Menschen zu verletzen. Nicht das Messer selbst ist dabei der negative Faktor, sondern der Mensch, der es entsprechend einsetzt.

In manchen Unternehmen herrschte in den letzten Jahrzehnten eine Win-loose-Situation zwischen Management und Mitarbeitern. Das Management wollte im Interesse seines Unternehmens eine Win-Situation erreichen, während die Mitarbeiter unter Umständen in eine Loose-Situation versetzt wurden, da ihre Bedürfnisse nicht berücksichtigt wurden. Die verantwortlichen Führungskräfte, die ihre rein ökonomische Zielsetzung versteckt oder auch offen vertraten, erzielten vielleicht kurzfristig Erfolge, langfristig gesehen jedoch nicht. Erkennen Mitarbeiter, dass sie in eine Loose-Situation gebracht werden, sinkt ihre Motivation und Leistungsfähigkeit, was mittelfristig wirtschaftliche Schäden für das Unternehmen zur Folge hat.

Unternehmensberater, die mit radikalen Maßnahmen kurzfristig eine Reduzierungen der Kosten erreichen, können für die sich langfristig ergebenden negativen Auswirkungen ihres Handelns nicht mehr verantwortlich gemacht werden. Sie haben sich als „Sanierungsmanager" bereits zu einem anderen Unternehmen „weiterentwickelt". Solche Manager stellen ihren Auftraggebern oft ohne differenzierte Analyse der Unternehmenssituation eine Kostenreduktion von 30 % in Aussicht. Welchem Unternehmer gefällt eine derartige Perspektive nicht? Ob bei diesen verlockenden Angeboten jedoch auch der langfristige wirtschaftliche Erfolg des Unternehmens und ein Aufrechterhalten der Mitarbeitermotivation gebührend berücksichtigt werden, ist zweifelhaft. Der Autor hat dazu jedenfalls genügend Erfahrungen sammeln können (Olesch, 2006 d).

In Unternehmen gibt es einen Managertypus, der davon ausgeht, dass stringentes Führen ganz im Sinne des Unternehmens sei. Er sieht sich selbst als starke Führungskraft mit Durchsetzungsvermögen. Dieser Manager will allen beweisen, dass er derjenige ist, der alleine weiß, was richtig ist, der ständig seinen Mitarbeitern sagt, was sie zu tun haben. Ein solcher Managertyp entspricht nicht dem Profil der verantwortungsvollen und kompetenten Führungskraft, der die Stärken seiner Mitarbeiter erkennt und zum Wohle des Unternehmens fördert. Philipp Rosenthal hat es einmal so formuliert: „Das Ideal eines Managers ist der Mann, der genau weiß, was er nicht kann, und der sich dafür die richtigen Leute sucht."

Der beschriebene Managertyp besitzt oftmals ein geringes Verantwortungsgefühl gegenüber seinen Mitarbeitern. Primäres Ziel ist sein persönlicher Erfolg. Dafür nimmt er ein Win-loose-Verhältnis zu seinen Mitarbeitern in Kauf.

Häufig wird die Leistungsbereitschaft von Mitarbeitern unterschätzt und die Aufgabe, für ihre Motivation Verantwortung zu übernehmen, vernachlässigt. Fälschlicherweise meinen manche Vorgesetzte, ihre Mitarbeiter permanent antreiben zu müssen, statt sie zu ermutigen und zu unterstützen. Leider bewahrheitet sich in solchen Führungskulturen das Phänomen der Self-fulfilling Prophecy: Einstellung und Führungsstil „erzeugen" langfristig tatsächlich Mitarbeiter, die — weil es an Feedback und einer förderlichen Führung mangelt — nur noch mit geringer Motivation Dienst nach Vorschrift machen. Die Folge ist, dass die Leistungsfähigkeit sowie die Arbeitsqualität sinken. Damit schließt sich der Circulus vitiosus. Nicht nur der langfristige Misserfolg dieser Manager, sondern auch ein Schaden am gesamtunternehmerischen Erfolg resultiert aus einer mangelnden Unternehmensethik.

8.4 Unternehmensethik und Leistung

Was bedeutet Unternehmensethik konkret? Unternehmensethik bedeutet, humanistische Verantwortung für die Mitarbeiter zu übernehmen und der Verpflichtung zu folgen, in der Unternehmensführung entsprechend zu handeln. Unternehmensethik ist auf sittlichen und tugendhaften Grundsätzen aufgebaut und begreift eine menschliche, respektvolle und förderliche Mitarbeiterführung sowie ein gutes Unternehmensklima als wesentliche Einflussfaktoren für den gesamtunternehmerischen Erfolg. Schließlich sind es die Menschen, die neue Produkte entwickeln, sie herstellen, vermarkten und verkaufen. Daher sollten sie im Mittelpunkt der Unternehmensführung stehen.

„Letzten Endes kann man alle wirtschaftlichen Vorgänge auf drei Worte reduzieren: Menschen, Produkte und Profite. Die Menschen stehen dabei immer an erster Stelle. Wenn man kein gutes Team hat, kann man mit den beiden anderen nicht viel anfangen." (Lee Iacocca)

Unternehmenskultur

Auch die Unternehmensethik unterliegt einem Wandel, denn die Auffassung über ethische Grundsätze ändert sich. Konstanter Faktor ist jedoch immer eine menschenfreundliche Einstellung. Manager haben langfristig mehr Erfolg mit ihrem Team, wenn sie von einem positiven Menschenbild ausgehen, das von Respekt vor dem anderen geprägt ist. Damit ist jedoch kein Laisser-faire-Führungsstil gemeint. Einen guten Manager, der echtes Interesse an seinen Mitarbeitern hat, zeichnet ein ziel- und leistungsorientiertes Führen aus. Das Ideal ist erreicht, wenn Leistung und Erfolg des Unternehmens sowie der Mitarbeiter miteinander einhergehen.

> Manager haben langfristig mehr Erfolg mit ihrem Team, wenn sie von einem positiven Menschenbild, das von Respekt vor dem anderen geprägt ist, ausgehen.

„Eine ausgeprägte Unternehmensethik beeinflusst das wirtschaftliche Ergebnis eines Unternehmens positiv." Das hat Daniel Goleman in 300 Untersuchungen bei internationalen Unternehmen herausgefunden (Goleman, 2003). Auch im Unternehmen des Autors wird die Unternehmenskultur als wichtiger Erfolgsfaktor betrachtet. Sie wird folgendermaßen definiert:

Unternehmenskultur bei Phoenix Contact
„Wir führen mit Zielvereinbarungen.
Wir machen Betroffene zu Beteiligten.
Unsere Zusammenarbeit beruht auf gegenseitiger Wertschätzung und gegenseitigem Vertrauen.
Wir gehen engagiert in der Sache und freundlich miteinander um.
Initiative und Kreativität kennt Fehler, wir lernen aus ihnen und begehen sie nur einmal."

Es ist ein Leichtes, zu diesen Prinzipien verbale Zustimmung zu erhalten. Schwieriger wird es, sie bei Konflikten im Unternehmen unverändert zu beherzigen und in angespannten Situationen und Krisen gleichbleibend überzeugt zu leben. Hier beweisen sich die echten Führungskräfte und outen sich die Mitläufer. In Personalentwicklungsmaßnahmen werden die Mitarbeiter dafür sensibilisiert.

Ist einmal die Unternehmensethik definiert und von Führungskräften und Mitarbeitern angenommen, bedeutet das nicht, dass jeder Mitarbeiter sie gleich intensiv lebt. Verschiedene Menschen haben unterschiedliche Einstellungen, wobei Spielregeln und Grundsätze nicht von jedem als verbindlich betrachtet werden. Selbst mit modernen Personalauswahlverfahren, mit Personalentwicklung und Coaching gelingt es nicht, nur loyale und verantwortungsbewusste Führungskräfte zu gewinnen. Ist die Unternehmensethik jedoch mehrheitlich angenommen, stellen Quertreiber kein existenzielles Risiko dar. Im Falle von anders handelnden Führungskräften obliegt es der Unternehmensleitung, abzuwägen, ob diese Kraft weiterhin für das Unternehmen tragbar ist, da sie langfristig die Glaubwürdigkeit der Unternehmenskultur schwächt (Olesch, 2009 b).

Lebendige und gelebte Unternehmensethik ist wie ein gesunder Körper. In ihm befinden sich immer Krankheitserreger. Die Krankheiten kommen jedoch nicht zwangsläufig zum Ausbruch und schwächen nicht notwendigerweise den Organismus. Wird der Körper jedoch nicht fit gehalten, so können sie ihm schaden. Bei einer mangelnden Unternehmensethik kann aufgrund fehlender Motivation, durch Konflikte und Leistungsschwäche der Erfolg des Unternehmens stark beeinträchtigt werden. Es wird nicht seine volle Kraft entfalten und den möglichen Erfolg auf dem Markt erzielen können.

Mit dieser Erkenntnis pflegen strategisch ausgerichtete Unternehmen eine eigene Unternehmensethik, um auch in Zukunft erfolgreich zu sein und weiter zu wachsen. Ohne die tiefe Überzeugung, dass eine Unternehmensethik sinnhaft ist, wird ihre Implementierung jedoch von wenig Erfolg gekrönt sein, denn Ethik und Kultur können einem Unternehmen und seiner Belegschaft nicht aufgepfropft werden.

8.5 Mission, Vision und Werte

Wo liegt die Zukunft von HR und wie wird sie aussehen? Diese Fragen stellen sich viele HR-Verantwortliche zu selten, da der Alltag mit seinen operativen Aufgaben wenig Zeit dafür lässt. Visionen für die Zukunft zu entwickeln, ist jedoch eine notwendige Voraussetzung, um überhaupt eine Zukunft zu haben. Jede Unternehmensleitung muss sich intensiv damit beschäftigen, wo die Zukunft ihres Geschäfts liegt. Was fordern der Markt und die Kunden, welche neuen Produkte und Dienstleistungen sind zu entwickeln, wie kann der Vertrieb, die Produktion optimiert werden? Wie lauten unsere Mission, unsere Vision und unsere Strategien?

Vieles von dem, was im vorherigen Abschnitt beschrieben wurde, gilt auch für jene Verantwortlichen der HR-Bereiche, die sich den strapazierten Begriff „vom Verwalter zum Gestalter" ehrlichen Herzens auf die Fahne geschrieben haben. Sie müssen sich intensive Gedanken über ihre Zukunft machen, sei es im Hinblick auf die visionäre, strategische oder operative Ebene. Aus diesem Grund wurde bei Phoenix Contact ein „HR-Team" etabliert, das sich diesem Thema widmet. Es setzt sich aus ambitionierten HR-Fachleuten zusammen, die neben ihrer operativen Arbeit ein starkes intrinsisches Interesse an visionären Ausrichtungen hegen.

Unternehmenskultur

Ihr Auftrag lautete: Auf die Zukunft ausgerichtete Bedürfnisse der Kunden zu ermitteln und kreative Konzepte für erfolgreiche HR-Arbeit zu entwickeln.

Dabei sollten sie sich an der Vision, der Mission, den Strategien und Kulturwerten des Unternehmens ausrichten. Es wurde Folgendes erarbeitet:

1. Welche Trends wird es in Ökonomie, Gesellschaft, Arbeitsmarkt und Demografie geben?
2. Welche Mitarbeiter braucht unser Unternehmen in Zukunft?
3. Welche Kultur benötigt das Unternehmen in den Arbeitsbeziehungen?

Dabei galt es, die zukünftigen Anforderungen an die Mitarbeiter, an die Führungsstruktur, an das Gesamtunternehmen sowie an seine Geschäftsfelder zu ermitteln. Daraus sollten zukünftige HR-Visionen und Strategien abgeleitet werden.

Zum besseren Verständnis für den Leser werden einige Begriffe erklärt:

- Die Mission stellt den Auftrag des Unternehmens dar: Seinen Sinn, den Grund, warum es überhaupt existiert und agiert.
- Die Vision soll die Zukunft der Mission, d. h. das große, weitreichende Unternehmensziel, beschreiben. Dabei handelt es sich nicht um ein operatives Ziel, wie man es von Zielvereinbarungen kennt, sondern um eine weiter gefasste Zukunft.
- Daraus abgeleitet sollte ein Unternehmen über klare Strategien verfügen. Sie sollen beschreiben, wie man die Vision erreichen kann. Daraus wiederum sollen operative Ziele abgeleitet werden, aus denen dezidierte Maßnahmen resultieren. Die Pyramide von der Mission bis hin zu den einzelnen Maßnahmen soll in Werte eingebettet sein. Werte beschreiben wichtige Regeln der Unternehmenskultur, die primär ethischer Natur sind, an die sich alle Mitarbeiter zu halten haben. Es sind die „zehn Gebote" eines jeden Unternehmens.

All diese Aspekte sollen den Mitarbeitern eines Unternehmens Orientierung und einen Rahmen geben, innerhalb dessen sie sich frei bewegen, ihre Kreativität fördern, ihre Leistungsfähigkeit entwickeln und den Spaß an der eigenen Arbeit steigern.

Mission, Vision und Werte — 8

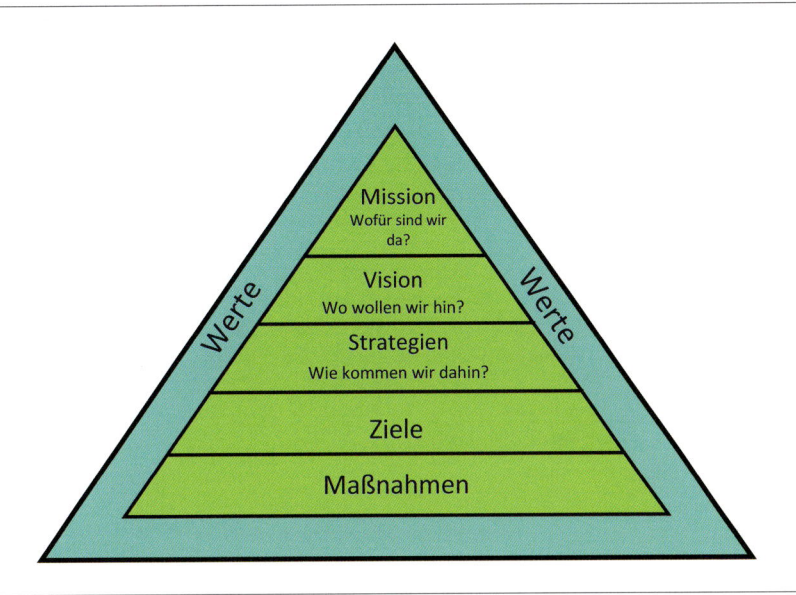

Abb. 90: Die Vision-Werte-Pyramide

Pyramide (von oben nach unten):
- **Mission** – Wofür sind wir da?
- **Vision** – Wo wollen wir hin?
- **Strategien** – Wie kommen wir dahin?
- **Ziele**
- **Maßnahmen**

An den Seiten: **Werte**

Als Beispiel und zum besseren Verständnis für den Leser werden die Unternehmensleitlinien von Phoenix Contact dargestellt:

Corporate Principles

Mission

Wir gestalten Fortschritt
mit innovativen Lösungen, die begeistern.

Corporate Principles

Vision

Phoenix Contact
ist eine Unternehmensgruppe,
die in jedem ihrer Geschäftsfelder
eine weltweit bedeutende und
technologisch führende Position erreicht.

Unternehmenskultur

Corporate Principles

Culture

Unabhängig
Wir handeln stets so, dass unsere unternehmerischen Entscheidungsfreiräume gesichert bleiben.

Innovativ gestaltend
Wir verstehen Innovation als wegweisenden Brückenschlag in die Zukunft; so entwickeln wir vorausschauend das Unternehmen.

Corporate Principles

Culture

Partnerschaftlich vertrauensvoll
Unser Tun wird von wechselseitig verpflichtendem Geist, von Freundlichkeit und Aufrichtigkeit getragen. Unsere Beziehungen zu Kunden und Geschäftspartnern sind auf beiderseitig nachhaltigen Nutzen ausgerichtet. Unsere Unternehmenskultur fördert Vertrauen und die Entwicklung der Mitarbeiter zum Erreichen vereinbarter Ziele.

Abb. 91 bis 94: **Die Abbildungen zeigen beispielhaft Mission, Vision und Werte von Phoenix Contact**

Die Abbildungen oben zeigen Mission, Vision und Werte von Phoenix Contact.

Diese Prinzipien gelten für unser Unternehmen und sind nicht einfach auf andere Unternehmen zu übertragen. Jedes Unternehmen sollte für sich Mission, Vision und Werte definieren. Daneben sollte das HR-Management aktuelle Trends berücksichtigen.

Die folgende Übersicht zeigt an einigen Beispielen, welche allgemeinen Trends aktuell zu beobachten sind:

Aktuelle wirtschaftliche und gesellschaftliche Trends

1. Ökonomische Trends
   - Internationalisierung und Globalisierung
   - Explosionsartige Vermehrung von Wissen
   - Steigende Arbeitsproduktivität
   - Steigende Arbeitskosten

Mission, Vision und Werte 8

2. Gesellschaftliche Trends
   - Lebensgenuss und Leistungsorientierung
   - Familie und Freizeit sowie Beruf
   - Individualisierung und gemeinsame Ziele
3. Arbeitsmarkt Trends
   - Sinkendes Volumen bezahlter Arbeit aufgrund steigender Produktivität
   - Steigender Anteil von weiblichen Arbeitnehmern
   - Längere Lebensarbeitszeit
   - führt zu „Patchworkbiografien"
4. Demografische Entwicklung
   - Welche Mitarbeiter braucht unser Unternehmen?

Ein Unternehmen muss genau wissen, welche Anforderungen Mitarbeiter zu erfüllen haben. Nur so können die richtigen Mitarbeiter ausgewählt und adäquat eingesetzt werden. Unter Berücksichtigung der Megatrends werden bei Phoenix Contact folgende Anforderungen an die Mitarbeiter definiert:

Anforderungen, die Phoenix Contact an die Mitarbeiter stellt

Fachlich:
- Technikbegeisterung
- Hohe fachliche Kompetenz
- Betriebswirtschaftliche Kompetenz
- Lösungs- und Kundenorientierung

Methodisch:
- Kreativität
- Vernetztes Denken
- Professionalität
- Methodenkompetenz

Sozial:
- Ethische Grundeinstellung
- Dienstleistungsmentalität
- Selbstverpflichtung und Verbindlichkeit
- Internationalität

Persönlich:
- Lust auf Leistung
- Identifikation mit der Aufgabe
- Gestaltungs- und Optimierungswille
- Offenheit für Veränderung
- Flexibilität
- Risikobereitschaft
- Selbstbewusstsein

Unternehmenskultur

- Wachstumsorientierung
- Selbstverwirklichung in der Aufgabe
- Entwicklungsorientierung zur Steigerung des eigenen Werts
- Geistige Unabhängigkeit
- Mobilität

Wie die Unternehmenskultur von Phoenix Contact im Hinblick auf die Arbeitsbeziehungen aussehen soll, zeigt die folgende Übersicht:

Welche Kultur sollte im gesamten Unternehmen in den Arbeitsbeziehungen vorherrschen?

- Es sollte ein hohes High-Tech-Image gepflegt werden
- Erfolgsorientierung anstatt Hierarchieorientierung
- Orientierung an nachgewiesenem nachhaltigem Erfolg statt Begeisterung für den kurzfristigen Effekt
- Überregional attraktiver Arbeitgeber anstatt regionaler Quasimonopolist
- Durchlässige Wege für das Personal zwischen Units und Gruppenunternehmen
- In direkter Führungsbeziehung:
    - anregende individuelle Arbeitsumgebung
    - flexible Freiraum gewährende Führung
    - Experimentier- anstatt Absicherungskultur
    - positive Feedbackkultur
    - „Spaß-an-der-Arbeit-Kultur"
    - Konsequenz und Verlässlichkeit in Personalbeziehungen
    - Steigerung des „Wertes" des anvertrauten Personals als Erfolgskriterium für Führungskräfte
    - Betonung von Verbindlichkeit und Konsequenz

Grundsätzlich sollte sich jedes Unternehmen folgende Fragen stellen:

Allgemeine Fragen zur Unternehmenskultur

Welche Kultur wird in den verschiedenen Geschäftsbereichen benötigt?
- Transparenz im Hinblick auf den Zusammenhang zwischen individuellen Beiträgen und dem Unternehmenserfolg
- Kultur der Eigeninitiative und Selbstverantwortung anstatt Regulieren und Durchregieren
- Fairness, Transparenz und Offenheit in den Beziehungen zwischen Unternehmen und Mitarbeitern
- Attraktive Perspektiven für Experten und Projektleiter anstatt einer Überbetonung der Führungsfunktionen
- Konsequenter Abbau von Motivationshindernissen

Welche Kultur wird in den Support Units benötigt?
- Verkauf überzeugender Dienstleistungen anstatt hoheitliche Anweisungen zu geben und lediglich Normen zu überwachen
- Differenzierung anstatt Vereinheitlichung
- „Fairness" anstatt „Gerechtigkeit" (Input-Output-Relation anstelle von Gleichbehandlung)
- Unternehmerische Freiheit in der Gestaltung von Arbeitsbeziehungen anstatt kollektive Regelungen zu übernehmen

8.6 Soziale Verantwortung des Managements

In den letzten Jahren konnten wir unzählige Medienberichte über Personalabbau in der deutschen Wirtschaft verfolgen. Von über 3 Millionen Arbeitslosen berichtet die Statistik. Von 1991 bis 2004 wurden 3,8 Millionen Arbeitsplätze abgebaut. Das Heer dieser Betroffenen erzeugt hohe Lohnnebenkosten, die ihrerseits Unternehmen, Staat und private Haushalte stark belasten. Das bringt Deutschland in die Situation, Investitionen für Bildung, Entwicklung und Forschung einschränken zu müssen, was wiederum die internationale Wettbewerbsfähigkeit schwächt. Das kann sich unser Land auf Dauer nicht leisten. Neben diesen volks- und betriebswirtschaftlichen Belastungen erleiden Menschen ohne Arbeit nicht selten psychische und physische Probleme. Und das belastet unser Gesundheitssystem.

Wenn heute in Unternehmen gespart werden muss, entscheiden sich 60 % der Manager für Personalabbau und ein Zurückschrauben der Aus- und Weiterbildung ihrer Mitarbeiter. Für den Hochtechnologiestandort Deutschland ist das ein riskantes Verhalten.

Gerade die Weltwirtschaftskrise von 2009 stellte eine große Herausforderung an die ethischen Werte eines Unternehmens dar. Der Zusammenbruch der Wirtschaft entstand durch unethisches Verhalten von amerikanischen Bankmanagern. Aus Sicht des Autors ist es wichtig, dass ein Manager in folgenden fünf Bereichen Verantwortung übernimmt.

Er trägt Verantwortung für

- die Kunden,
- das Unternehmen,
- die Mitarbeiter,
- die Gesellschaft,
- sich selbst.

Unternehmenskultur

Diese fünf Verantwortungsbereiche sollten in einem ausgewogenen und ausbalancierten Verhältnis zueinander stehen. Faktisch haben einige Bankmanager jedoch primär nur für sich selbst gesorgt und bewusst Geschäfte zum Nachteil ihrer Kunden abgeschlossen. Nicht mangelndes Wissen, nicht geringe Intelligenz führten zur Katastrophe, sondern ausschließlich eigenes Profitdenken und die Gier nach Geld. So funktioniert keine Volkswirtschaft.

Abb. 95: **Balance der fünf Verantwortungsbereiche des Managements**

Für eine gute Unternehmenskultur, die sich an ethischen Werten ausrichtet, tragen u. a. die Personalmanager Verantwortung (Olesch, 2008 b) — eine Verantwortung, die sich auch auf das Thema Arbeitsplätze erstreckt. Welches Bild zeigt sich aber im Hinblick auf den Erhalt von Arbeitsplätzen tatsächlich?

Im internationalen Vergleich sind die Personalkosten in deutschen Unternehmen hoch. Daher haben Maßnahmen zur Kostensenkung häufig Konsequenzen für die Mitarbeiterschaft eines Unternehmens. Ganze Produktionsbetriebe wurden und werden nach wie vor in Billiglohnländer ausgelagert, wodurch Arbeitsplätze hierzulande entfallen. Manche Unternehmen, vor allem aus dem Bereich der Großindustrie, haben mit diesen Verlagerungen ihre Ertragssituation verbessert.

8 Soziale Verantwortung des Managements

Sowohl der Mittelstand als auch Privatunternehmen haben diese Verlagerung aber nicht in einem vergleichbaren Umfang vollzogen. Anders als Kapitalgesellschaften, übernehmen mittelständische und private Unternehmen traditionell eine größere soziale Verantwortung und sorgen für stabilere Arbeitsplätze in Deutschland. Privatunternehmen, die primär klein- und mittelständisch ausgerichtet sind, stellen 80 % der Arbeitsplätze in unserem Land, weshalb die Verlagerung von Produktionen ins Ausland nicht ausgeufert ist. Aus diesem Grund hat Deutschland die große Weltwirtschaftskrise im Jahr 2009 besonders schnell überwunden. Leider wird diesem positiven Beitrag, den die kleinen und mittelständischen Unternehmen für den Arbeitsmarkt gleistet haben, in den Medien zu wenig Aufmerksamkeit geschenkt.

Welche Gefahren resultieren aus hoher Arbeitslosigkeit sowie aus geringeren Berufs- und Bildungschancen (Olesch, 2006 c)?

1. Das Reduzieren von Aus- und Weiterbildung birgt ein großes Risiko. Wir sind Exportweltmeister mit komplexen Technologien wie Automobilbau, Umwelttechnologie und Maschinenbau. Dafür benötigen wir hoch qualifizierte Mitarbeiter. Wenn wir sie für die Zukunft nicht mehr qualifizieren, werden wir unsere Exportspitzenposition verlieren.
2. Arbeitslosigkeit verursacht hohe Kosten, die unseren Staat finanziell überfordern. Das schlägt sich auf die Lohnnebenkosten nieder. Schließlich wird vieles nicht mehr bezahl- und verkaufbar, was zu einem Teufelskreis führt. Die Folgen können unseren Staat finanziell ruinieren.
3. Langfristig können wirtschaftliche und politische Instabilitäten entstehen, die soziale Unruhen wie in Paris im Herbst 2005 hervorrufen können. Extreme Demagogen und selbst ernannte „Pseudo-Retter" können unsere Demokratie und unseren Staat destabilisieren.

Manager in Kapitalgesellschaften und Privatunternehmen handeln mit unterschiedlicher sozialer Verantwortung. Inhaber und Manager von Privatunternehmen möchten, dass ihr Unternehmen langfristig bestehen bleibt, damit sie es an folgende Generationen weiterreichen können. Dieses langfristige Denken ist bei Managern von Kapitalgesellschaften nicht unbedingt vorhanden, da sie von ihren Shareholdern am Quartalserfolg gemessen werden. Die aktuelle Verweilzeit von Vorständen in Aktiengesellschaften beträgt 4,6 Jahre, die von Geschäftsführern in Privatunternehmen 20 Jahre. Privatunternehmen tragen in der Regel mehr soziale Verantwortung für ihre Mitarbeiter. Selbstverständlich gibt es auf beiden Seiten auch Ausnahmen.

Unternehmenskultur

Im Folgenden werden beide unternehmerischen Verhaltensweisen in plakativer Weise gegenübergestellt:

	Kapitalgesellschaften		Privatunternehmen
1.	Gewinnmaximierung steht im Vordergrund. Entlassungen werden auch bei bestehender Gewinnsituation vorgenommen, um noch höhere Gewinne zu erzielen.	1.	Gewinne werden angestrebt, damit das Unternehmen wachsen kann — indem Innovationen finanziert, neue Märkte erschlossen und Nischen erobert werden.
2.	Aufgrund des notwendigen Reportings gegenüber den Aktionären herrscht Quartalsdenken vor. Entscheidungen mit höheren Risiken werden weniger getroffen.	2.	Häufig wird in Privatunternehmen langfristiges Denken praktiziert. Wo soll mein Unternehmen morgen und übermorgen stehen? Höhere Risikofreudigkeit ist gegeben.
3.	Wachstum wird verstärkt durch Unternehmensakquisitionen generiert.	3.	Wachstum wird primär durch eigene Potenziale erzeugt.
4.	Gewinne werden häufig durch Kostenreduktion im Mitarbeiterbereich generiert.	4.	Ein wichtiges Unternehmensziel ist es, Arbeitsplätze zu schaffen und sie für die Mitarbeiter zu sichern. Das Management fühlt sich dafür persönlich verantwortlich.
5.	Personalentlassungen werden als strategische Managementstärke angesehen, mit der Folge, dass die Aktienkurse steigen. Das Management fühlt sich den Mitarbeitern moralisch weniger verbunden.	5.	Personalentlassungen werden nur bei wirtschaftlichen Schwierigkeiten vorgenommen. Sie werden oft als persönliche Niederlage betrachtet, weil man sich gegenüber den eigenen Mitarbeitern persönlich verpflichtet sieht.
6.	20 % der Arbeitsplätze in Deutschland werden von großen Aktiengesellschaften angeboten.	6.	Privatunternehmen und Mittelstand stellen 80 % der Arbeitsplätze in Deutschland.
7.	Bei Aus- und Weiterbildung wird häufig gespart.	7.	80 % aller deutschen Ausbildungsplätze werden vom Mittelstand gestellt.
8.	Die soziale Verantwortung, den Mensch in den Mittelpunkt zu stellen, wird gerne in gestylten Broschüren dargestellt und auf Sonntagsreden beschworen. Das entspricht aber dem Prinzip „mehr Worte als Handeln".	8.	Die soziale Verpflichtung den Mitarbeitern gegenüber wird häufig ohne Broschüre „gelebt". Das entspricht dem Prinzip „mehr Handeln als Reden."
9.	Bei wirtschaftlichen Schwierigkeiten haben Aktiengesellschaften einen finanziell längeren Atem, weil sie meistens über mehr Vermögen verfügen.	9.	Privatunternehmen gehen schneller in die Insolvenz.

8 Soziale Verantwortung des Managements

	Kapitalgesellschaften		Privatunternehmen
10.	Wenn ein wenig erfolgreicher Manager gehen muss, erhält er zumeist eine gute Abfindung.	10.	Bei schlechtem Management verliert der Privatunternehmer sein eigenes Kapital.
11.	Große Aktiengesellschaften investieren vor allem im Ausland.	11.	Der Mittelstand investiert sowohl im Ausland als auch am Standort Deutschland.
12.	Aufgrund der Auslandsaktivitäten werden weniger Steuern in Deutschland gezahlt.	12.	Weil der Stammsitz in Deutschland liegt, leisten Privatunternehmen den größeren Steuerbeitrag.
13.	Große Aktiengesellschaften erwarten mehr Aktivitäten von Politik, Verbänden und Institutionen, um ihre wirtschaftlichen Perspektiven zu verbessern.	13.	Privatunternehmen entfalten mehr eigene Initiativen.

Zur Entlastung der Manager von Aktiengesellschaften sollte aber ein Dilemma, in dem sie sich befinden, erwähnt werden: Sie sind nicht alleine dafür verantwortlich, dass viele Arbeitsplätze aus Gewinngründen abgebaut werden. Viele Bundesbürger, die dem Verhalten von Managern in Aktiengesellschaften kritisch gegenüberstehen, haben ihr Geld in Aktien oder aktiengebundenen Fonds angelegt. Und diese Bürger wollen, dass die Kurse steigen, damit sie gute Zinserträge erhalten. Das trägt mit dazu bei, dass die Gewinne um ihrer selbst Willen maximiert werden. Also — wir Bürger müssen uns auch an die eigene Nase fassen, wenn es zu diesem Dilemma kommt.

Dennoch gehört es für alle Manager dazu, neben dem Ziel, Gewinne zu erwirtschaften, auch moralische Verantwortung zu tragen. Der Ex-Nestlé-Chef, die Managerlegende Helmut Maucher, sagte: „Kurzfristig orientierte Opportunisten können die ganze Marktwirtschaft in Verruf bringen." Moralische und soziale Verantwortung ist keine kurzfristige Angelegenheit. Sie muss als langfristiger Prozess gelebt werden, was zum Teil durch die Job-Hopper-Mentalität einiger Karrieremanager nicht möglich ist.

Im Rezessionsjahr 2009 erlebten viele Unternehmen sehr herausfordernde Zeiten. Umsätze wie auch Gewinne brachen ein. Man konnte nicht absehen, wann die Rezession ein Ende findet. Da konnten schon einmal die Nerven der Manager blank liegen — was dazu führen konnte, dass Aktionen gestartet wurden, die eine gute Unternehmenskultur ins Wanken brachten. In guten Zeiten wie in den Jahren davor ist es leichter, eine vorbildliche Unternehmenskultur zu führen. Wenn die Zahlen stimmen, ist zumeist der Umgang des Managements mit den Mitarbeitern positiv. In der Krise zeigt sich, wie wahrhaftig Manager die in den letzten Jahren gepriesene Unternehmenskultur wirklich leben. Aber insbesondere in Krisenzeiten ist es wichtig, Unternehmenskultur zu pflegen, weil man gerade dann gut motivierte Mitarbeiter braucht, die die Ärmel hochkrempeln und sagen: Jetzt erst recht.

Unternehmenskultur

Es ist ein Leichtes, zu diesen Prinzipien verbale Zustimmung zu erhalten. Schwieriger wird es, sie bei wirtschaftlichen Turbulenzen zu beherzigen. Hier zeigt sich, wer echter „Unternehmer" und wer bloßer „Unterlasser ist. Seit vielen Jahren gilt bei Phoenix Contact eine vorbildliche Unternehmenskultur als zentraler Wert. Durch die Personalentwicklung werden die Mitarbeiter darin trainiert. Die Unternehmenskultur muss schließlich möglichst von allen getragen werden. Dadurch haben wir unser Unternehmen im letzten Jahrzehnt zum Marktführer seiner Branche entwickelt (Olesch 2010 c).

8.7 Krise als Chance

Erfolgreiche und wahrhaftige Unternehmenskultur zeigt sich nur in der wirtschaftlichen Krise. Phoenix Contact erhebt einen hohen Anspruch: „Wir sind einer der besten Arbeitsgeber!" Wie sind wir damit in der Weltwirtschaftskrise 2009 umgegangen? Mitte des Jahres belief sich der Umsatzrückgang auf 29 %, Ende des Jahres waren es schließlich noch minus 19 %. Dabei machte sich auch Unsicherheit und Nervosität im Topmanagement breit. Ich hatte diverse schlaflose Nächte. Unser Anspruch an die Unternehmenskultur ist hoch. Wie lange aber kann man in einer sich verstärkenden Krise Arbeitsplätze wirklich sichern?

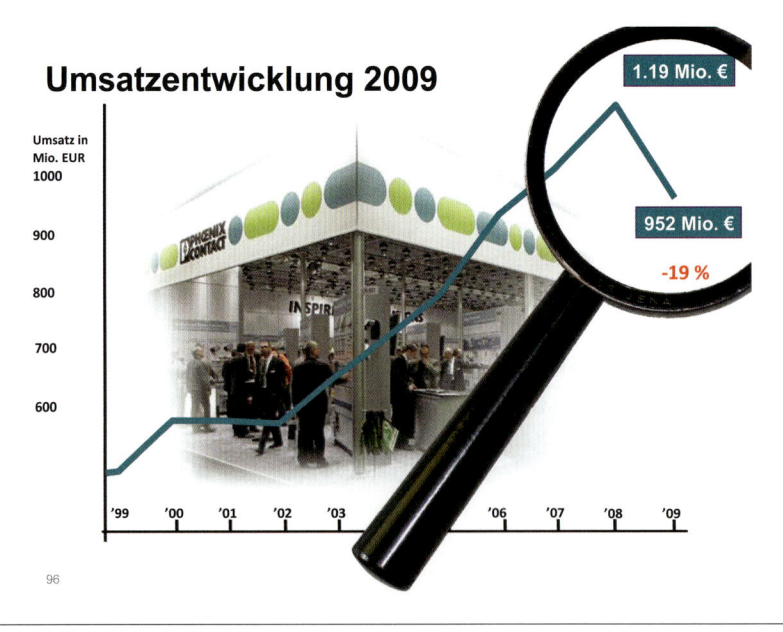

Abb. 96: **Die Grafik zeigt die schlechte wirtschaftliche Entwicklung im Jahr 2009**

Krise als Chance 8

Es ist fatal, bei schlechter Auftragslage zu schnell Arbeitsplätze abzubauen. Die im Jahr 2009 novellierte Kurzarbeit bot gute Möglichkeiten, eine wirtschaftliche Talfahrt zu durchqueren. Für Mitarbeiter ist gerade in solchen Krisenzeiten der Arbeitsplatz besonders wichtig. Die eigene wirtschaftliche Existenz hat für sie eine der höchsten Prioritäten. Schließlich müssen sie ihre Kinder und ihren Lebensunterhalt finanzieren können. Unternehmen sollten versuchen, das mit allen zur Verfügung stehenden Mitteln zu gewährleisten. Für dieses Ziel sollte sich der Personalmanager als Fahnenträger verstehen. Er ist dafür verantwortlich, dass ethische Werte im Management bestehen und gepflegt werden.

Wie sollte ein verantwortungsbewusster Manager in der Krise handeln?

1. Der Manager sollte alles tun, um das Unternehmen und die Arbeitsplätze zu sichern. Mitarbeiter sind in schwierigen Zeiten bereit, Kompromisse einzugehen, um ihren Arbeitsplatz zu halten. Solche Kompromisse, deren Ausgestaltung sich von Kurzarbeit über tarifliche Beschäftigungssicherung bis hin zur befristeten Personalkostenreduktion erstrecken kann, sollten gemeinsam erarbeitet werden. Dabei ist eine besonders umfangreiche Kommunikation zwischen Management und Belegschaft notwendig. Unsichere Zeiten erzeugen einen starken Wissensdurst, der gestillt werden muss, ansonsten hält die Gerüchteküche Mitarbeiter davon ab, effizient zu sein.
Bei Phoenix Contact informiert die Geschäftsleitung in einer Krisensituation wie im Jahr 2009 alle zwei Monate die Mitarbeiter über die Lage des Unternehmens und die Aktionen, die gemeinsam durchgeführt werden.

Abb. 97: **Mitarbeiter von Phoenix Contact werden bei einer Krise regelmäßig informiert**

Unternehmenskultur

2. Die Manager sollten in schwierigen Zeiten ein gutes Vorbild sein. Wenn Mitarbeiter finanzielle Verluste hinnehmen müssen, so sollte das Topmanagement bei sich beginnen. Ein Tag Kurzarbeit bedeutet für Mitarbeiter eine Einbuße von monatlich 6,6 %. Das Management von Phoenix Contact hat selbst auf diesen Anteil verzichtet. Das wiederum hat eine starke vertrauensbildende Wirkung erzeugt, was zu einer positiven Motivation der Belegschaft geführt hat (Olesch, 2010 c).
3. Ein guter Manager sollte in schwierigen Zeiten eine positive Stimmung ausstrahlen. Mut und Zuversicht sind wichtige Faktoren der Führung. Denn es gilt, jetzt nicht Pessimismus auszubreiten, weil dieser Angst erzeugt. Wenn ein Mensch Angst empfindet, gehört der Impuls wegzulaufen zu seinen typischen Verhaltensmustern — hierin unterscheiden wir uns nicht vom Neandertaler, dessen Gene wir noch immer in uns tragen. Bei einer negativen wirtschaftlichen Situation ist Weglaufen jedoch eine falsche Aktivität. Wir brauchen Mitarbeiter, die mit Zuversicht an die Herausforderung herangehen, die ihre Chancen sehen und sie wahrnehmen. Mut zu erzeugen ist eine Pflicht des Managements.
4. Das Management von Phoenix Contact hat in der Weltwirtschaftskrise 2009 die Mitarbeiter zu Innovationen im Unternehmen motiviert. Gerade in schwierigen Zeiten eröffnen Neuheiten Chancen auf dem Markt. Kunden sind auch jetzt bereit, innovative Produkte zu kaufen, die ihnen helfen, die schwierige Zeit besser zu durchschreiten. Innovationen sind auch Akzente, die eine eigene bessere Konjunktur für das Unternehmen schaffen können.
5. Das Management hat neue Märkte in der Welt und in neuen Branchen ausfindig gemacht, um hier Produkte zu platzieren. Es gibt immer irgendwo Märkte, die entdeckt werden können. Auch wenn zurzeit nicht der große Umsatz dadurch gewonnen wird, so ist es eine hervorragende Voraussetzung beim kommenden Aufschwung aus der Pole Position zu starten.
6. Alle Prozesse des Unternehmens sollten gerade jetzt auf den Prüfstand kommen. Es ist nun an der Zeit, Optimierungen vorzunehmen. Alle Mitarbeiter sollten eingebunden werden, hier konstruktiv mitzuwirken. In den „fetten Jahren" hat so manches Unternehmen Speck angesetzt. Jetzt kann man eine Fitnesskur durchführen, um für den Aufschwung topfit zu sein.

Ich möchte Ihnen folgende Handlungsempfehlungen für eine Krise geben:

Gutes Management zeigt sich nur in der Krise!

1. Das Management muss Vorbild sein.
Es verzichtet auf Teile des Einkommens.
2. Gleitzeiten sollten auf minus 140 Stunden gesetzt werden.
In den meisten Unternehmen können Mitarbeiter bis zu einer gewissen Stundenzahl pro Monat gleiten. Das sollte bei geringem Auftragsbestand

8 Krise als Chance

auf minus 140 Stunden ausgeweitet werden, was bei einer 35 Stundenwoche insgesamt 4 Wochen entspricht.
3. Nutzen Sie die Möglichkeit der Kurzarbeit.
4. Die Geschäftsführung sollte den Mitarbeitern regelmäßig Informationen geben.
Jeden Monat, spätestens alle zwei Monate sollten Informationen über Auftragsbestand, Umsatz- und Ertragsentwicklung sowie notwendige Einsparungen von der Unternehmensleitung vorzugsweise in Belegschaftsversammlungen gegeben werden.
5. Einsparungen sollten zusammen mit den Mitarbeitern vorgenommen werden.
Die Mitarbeiter wissen selbst am besten, wo sich Einsparpotenziale in ihren Bereichen befinden. Deswegen sollte die Unternehmensleitung es ihnen überlassen, wo etwas zu kürzen ist.
6. Übernehmen Sie Azubis oder stellen Sie welche ein.
Damit sichern Sie Ihre Zukunft und demonstrieren, dass Sie an die Zukunft auch glauben.
7. Entwickeln Sie Neuheiten.
Die meisten Wettbewerber verfallen in Krisenzeiten in eine gewisse Zurückhaltung. Gerade jetzt können Sie einiges tun, um sie in Zukunft zu überholen.
8. Erschließen Sie neue Märkte.
Gerade jetzt ist die Chance besonders groß, da viele Unternehmen in der Krise zurückhaltend sind.

Ich bin davon überzeugt, dass in Zukunft der Wettbewerb deutscher Unternehmen nicht primär über gute Produkte, sondern über den erfolgreichen Kampf um die rar werdenden Talente entschieden wird. Im Jahr 2009 befand sich die weltweite Ökonomie auf Talfahrt. Das führte dazu, dass viele Unternehmen sowohl ihre Aktivitäten zur Personalgewinnung wie auch zur Aus- und Weiterbildung reduzierten oder sogar einstellten. Personalinvestitionen sind aber langfristig zu betrachten. Sicher müssen Kosten in wirtschaftlich schwierigen Zeiten reduziert werden. Auf Liquidität ist die höchste Priorität zu setzen. Bei vielen Kosten und Investitionen kann gespart werden, man sollte im Personalbereich dabei aber sehr überlegt und sensibel vorgehen. Schließlich benötigt man loyale und leistungsbereitwillige Mitarbeiter nicht nur in Krisenzeiten, sondern auch, wenn der Aufschwung kommt.

Die Rezession von 2009 war, um im Formel-1-Jargon zu sprechen, das Qualifying. Man konnte noch keinen Sieg erringen, gleichwohl wollte Phoenix Contact aber alles tun, um in die Pole Position zu kommen. Denn nur aus ihr heraus hat man die besten Chancen, um das kommende Rennen zu gewinnen. Als das Rennen 2010 begann, das heißt, als die Konjunktur ansprang, starteten wir aus der ersten Reihe und führten das Rennen. Unser ethisches Verhalten führte dazu, dass Phoenix Contact im Jahr 2010 mit 40 % Umsatzplus das höchste Wachstum seit

Bestehen des Unternehmens hatte. Die gegenseitigen Umgangsformen innerhalb des Unternehmens und die vom Management mit den Mitarbeitern gelebte Unternehmenskultur sind elementare Voraussetzungen für den wirtschaftlichen Erfolg. Sie erzeugen hohe Loyalität und Leistungsfähigkeit. Der Garant für solch eine Entwicklung kann der Personalmanager sein und er kann damit eine erfolgreiche Rolle im Unternehmen einnehmen.

Die Medien verfolgten das Managementverhalten bei Phoenix Contact:

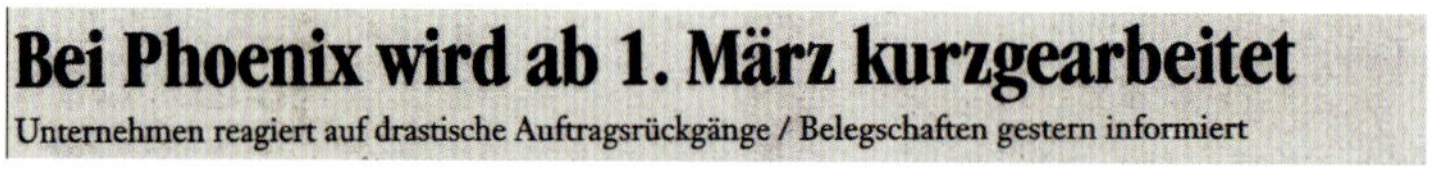

Bei Phoenix wird ab 1. März kurzgearbeitet

Unternehmen reagiert auf drastische Auftragsrückgänge / Belegschaften gestern informiert

Dienstag, 17.02.2009

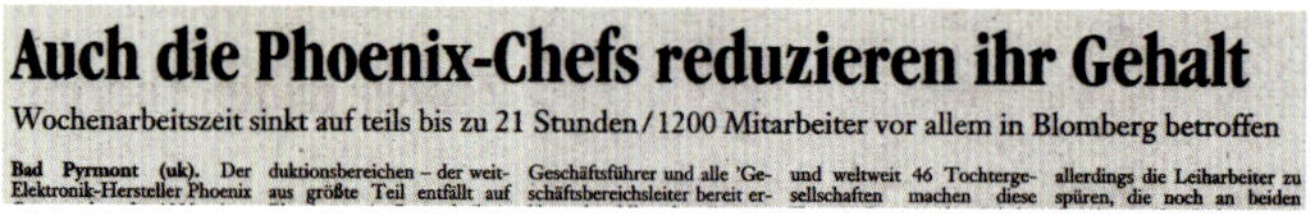

Auch die Phoenix-Chefs reduzieren ihr Gehalt

Wochenarbeitszeit sinkt auf teils bis zu 21 Stunden / 1200 Mitarbeiter vor allem in Blomberg betroffen

Bad Pyrmont (uk). Der Elektronik-Hersteller Phoenix duktionsbereichen – der weitaus größte Teil entfällt auf Geschäftsführer und alle 'Geschäftsbereichsleiter bereit er- und weltweit 46 Tochtergesellschaften machen diese allerdings die Leiharbeiter zu spüren, die noch an beiden

Mittwoch, 18.02.2009

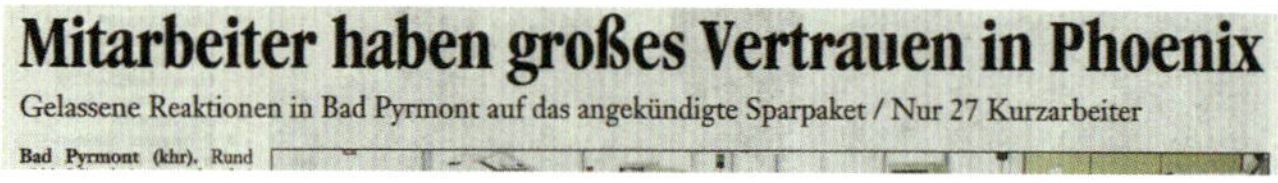

Mitarbeiter haben großes Vertrauen in Phoenix

Gelassene Reaktionen in Bad Pyrmont auf das angekündigte Sparpaket / Nur 27 Kurzarbeiter

Bad Pyrmont (khr). Rund

Donnerstag, 19.02.2009

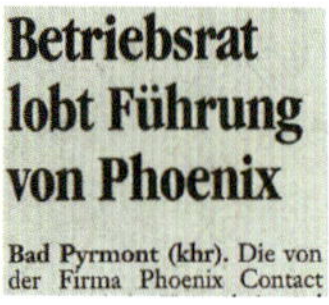

Betriebsrat lobt Führung von Phoenix

Bad Pyrmont (khr). Die von der Firma Phoenix Contact

Abb. 98: **Eine solch positive Darstellung unterstützt ganz besonders das Employer Branding eines Unternehmens**

8.8 Social Responsibility

Deutsche Manager sollten sich mehr zur sozialen Verantwortung für die Arbeitsplätze ihrer Mitarbeiter bekennen. Darüber hinaus sollten sie Corporate Responsibility (CR) nachhaltig vorleben. CR beinhaltet, dass Unternehmen die Menschenrechte der Vereinten Nationen anerkennen und danach auch handeln. Dazu gehört auch das Recht der Menschen auf Arbeit und die Verpflichtung des Managements, auf das Wohl der Mitarbeiter zu achten. Der BDI (Bundesverband der Deutschen Industrie) entwickelt eine internationale Norm, damit deutsche Unternehmen eine Zertifizierung nach ISO vornehmen können, die ihrerseits entsprechende Audits ermöglicht.

8 Social Responsibility

Auch Phoenix Contact wird von Großkunden gefragt, ob wir uns an CR orientieren, da sie das von ihren Zulieferern erwarten. Phoenix Contact hat das in seiner Unternehmensstrategie expressis verbis festgeschrieben (siehe Abbildung 99).

Corporate Strategy

Phoenix Contact bekennt sich im Rahmen der unternehmerischen Verantwortung an allen Standorten zur **Corporate Compliance**, d. h. zur Einhaltung aller einschlägigen gesetzlichen Regelungen sowie zur **Corporate Responsibilty**, um Menschenrechte zu wahren, Arbeitsnormen einzuhalten und Diskriminierung sowie Zwangs- und Kinderarbeit auszuschließen. Eine Aktive Fürsorge für Gesundheit und Arbeitssicherheit der Mitarbeiter/Innen ist integraler Bestandteil der Unternehmenskultur.

Abb. 99: **Die CR-Strategie von Phoenix Contact**

Wie die weiter oben dargestellte Gegenüberstellung zeigt, verpflichten sich Manager von Privatunternehmen stärker, soziale Verantwortung für ihre Mitarbeiter zu übernehmen, als Manager von Kapitalgesellschaften. Dieses vorbildliche Verhalten sollte von Medien, Politik und Verbänden gebührend dargestellt werden. Es könnte Modellcharakter für Manager großer Aktiengesellschaften haben und es wäre wünschenswert, Marketing für ein solches soziales Vorbild zu betreiben. Zudem sollte das Thema auch in Führungs- und Managementakademien sowie an Hochschulen vermittelt werden.

Unternehmen mit dezidierten ethischen Grundsätzen fühlen sich eher verpflichtet, soziale Verantwortung wahrzunehmen — eine Verantwortung, die für die eigenen Mitarbeiter wie auch für das unternehmerische Umfeld gleichermaßen verbindlich sein sollte.

Social Responsibility wird bei Phoenix Contact wie folgt definiert:

> Ein Unternehmen zeigt Corporate Responsibility, wenn es Aktivitäten umsetzt, die zum Allgemeinwohl der Region und der Länder dienen, in denen es tätig ist und die nicht gesetzlich verlangt werden. Diese Aktivitäten dürfen gleichzeitig auch zum Vorteil des eigenen Unternehmens gereichen.

Unternehmenskultur

Phoenix Contact trifft zahlreiche Maßnahmen, um soziale Verantwortung in der Region wahrzunehmen:

- Bildung in der Region
    - Hauptschüler zur Ausbildungsreife führen
    - Kinder aus Familien mit Migrationshintergrund fördern
    - Spezielle Programme zur Förderung von Frauen
- Betriebliches Gesundheitsmanagement zur Prävention
- Ehrenämter
    - Freistellung von Mitarbeitern für ehrenamtliche Tätigkeiten
    - in Organisationen und Vereinen
    - für Vorlesungen an Hochschulen
    - für Richtertätigkeiten
    - Regionsmarketing
    - Stadtmarketing
    - Initiative für Beschäftigung
- Sponsoring/Stiftungen
    - Lehrstühle
    - Labore für Hochschulen
    - Technik für Schulen
    - Bürgerstiftungen
    - Fördern von regionalen Sportvereinen
    - Fördern der Kultur der Region

Global Compact ist eine Initiative der Vereinten Nationen zur Förderung von nachhaltiger Entwicklung und Unternehmensführung und ist von dem ehemaligen UN-Sekretär Kofi Anan 2002 ins Leben gerufen worden. Es enthält zehn Verhaltenskriterien, die weltweit Geltung haben sollen. Unternehmen, die sich daran orientieren, können dieses Bekenntnis zu ihrer eigenen Reputation kommunizieren.

Phoenix Contact hat sich bereits vor vielen Jahren dazu bekannt, soziale Verantwortung wahrzunehmen. Unsere niedergeschriebene Strategie für Responsibility ist in allen weltweiten Niederlassungen und für alle 13.000 Mitarbeiter gültig. Vor Jahren haben wir uns auch dem UN Global Compact angeschlossen. Dafür fassen wir alle weltweiten CR-Aktivitäten zusammen und teilen sie dieser Organisation mit. Wir sind der Überzeugung, dass zum Führen eines Unternehmens moralisch-ethische Werte unbedingt notwendig sind. Auch das hat dazu beigetragen, dass Phoenix Contact in den Jahren 2008 und 2011 bei TOB JOB zum Arbeitgeber des Jahres gewählt worden ist.

Die oben bereits erwähnten zehn Prinzipien des Global Compact lauten folgendermaßen:

Die 10 Prinzipien des Global Compact

Menschenrechte
Prinzip 1: Unternehmen sollen den Schutz der internationalen Menschenrechte unterstützen und achten und
Prinzip 2: sicherstellen, dass sie sich nicht an Menschenrechtsverletzungen mitschuldig machen.

Arbeitsnormen
Prinzip 3: Unternehmen sollen die Vereinigungsfreiheit und die wirksame Anerkennung des Rechts auf Kollektivverhandlungen wahren.
Prinzip 4: Unternehmen sollen sich für die Beseitigung aller Formen der Zwangsarbeit einsetzen.
Prinzip 5: Unternehmen sollen sich für die Abschaffung von Kinderarbeit einsetzen.
Prinzip 6: Unternehmen sollen sich für die Beseitigung von Diskriminierung bei Anstellung und Erwerbstätigkeit einsetzen.

Umweltschutz
Prinzip 7: Unternehmen sollen im Umgang mit Umweltproblemen dem Vorsorgeprinzip folgen.
Prinzip 8: Unternehmen sollen Initiativen ergreifen, um größeres Umweltbewusstsein zu fördern.
Prinzip 9: Unternehmen sollen die Entwicklung und Verbreitung umweltfreundlicher Technologien beschleunigen.

Korruptionsbekämpfung
Prinzip 10: Unternehmen sollen gegen alle Arten der Korruption eintreten, einschließlich Erpressung und Bestechung.

Wie bereits erwähnt, wird bei Phoenix Contact auch international Corporate Responsibility aktiv gelebt, indem wir uns an die Vorgaben der UN Global Compact halten. Phoenix Contact hat sich im Jahr 2005 international zu Global Compact bekannt. Alle weltweiten Niederlassungen werden regelmäßig aufgefordert, in ihren Ländern soziale Aktivitäten zu ergreifen. Alle diese Aktivitäten werden an die UN berichtet. Sie werden für jeden Interessenten weltweit transparent auf den UN Internet Pages unter http://www.globalcompact.com/ dargestellt. Zentrales CR-Thema war in den Jahren 2005 bis 2008, dass unsere Mitarbeiter neben ihrer eigentlichen Tätigkeit alles tun, um Bildung in unseren Ländermärkten zu fördern.

Unternehmenskultur

Corporate Responsibility 2005

The first Communication on Progress-Report of Phoenix Contact has been presented in the Internet
(www.globalcompact.org)

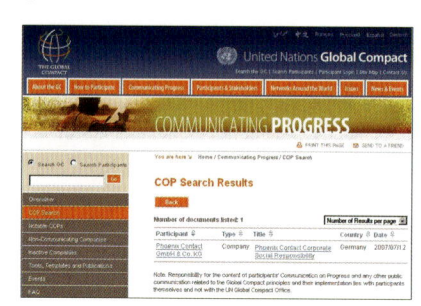

- The Phoenix Contact Group will continously focus on the projected development of activities in the field of **education and training in cooperation with educational institutions**

Abb. 100: **Die Grafik zeigt den internationalen Aufruf von Phoenix Contact zur Mitwirkung an CR-Maßnahmen für Bildung**

In der Mitarbeiterbefragung von TOB JOB, die im gleichen Jahr wie der in der Grafik dargestellte Aufruf stattfand, wurde das Verhalten des Unternehmens von den Mitarbeitern sehr positiv bewertet.

Online-Mitarbeiterbefragung im Rahmen von TOP JOB 2005 - Antworten auf die zum Abschluss der Befragung gestellte Frage:

„Bitte nennen Sie das wichtigste Argument, warum Ihr Unternehmen Arbeitgeber des Jahres werden sollte."

- Unternehmen fördert aktiv soziale und gemeinnützige Projekte in der Region, kümmert sich wesentlich um die Standortförderung und bietet allen Mitarbeitern ein einzigartig gepflegtes Arbeitsumfeld.

- Mehr Dynamik und Freiraum für die persönliche und berufliche Entwicklung und eine größere Arbeitsplatzsicherheit ist nicht vorstellbar. Phoenix ist sexy.

- Ich komme morgens gerne an meinen Arbeitsplatz

- Fairness; Unternehmensführung trägt offen Verantwortung für Mitarbeiter, Region und Stadt, Ausbildung

- Der Arbeitgeber zeichnet sich durch gute Menschenführung und Integration ins Unternehmen sowie eine soziale Verantwortung aus.

- Es ist ein sehr sozial gut eingestelltes Unternehmen

Abb. 101: **Das positive Feedback der Mitarbeiter zur Corporate Responsibility**

8 Social Responsibility

Seit 2009 spielt bei Phoenix Contact das Thema Green Technology eine zentrale Rolle. Die Mitarbeiter des Unternehmens haben weltweit Aktivitäten wahrgenommen, um Ressourcen in den Länder zu schonen, in denen wir tätig sind.

**Corporate Responsibility 2009
as market advantage**

Pushing CSR by green technology!

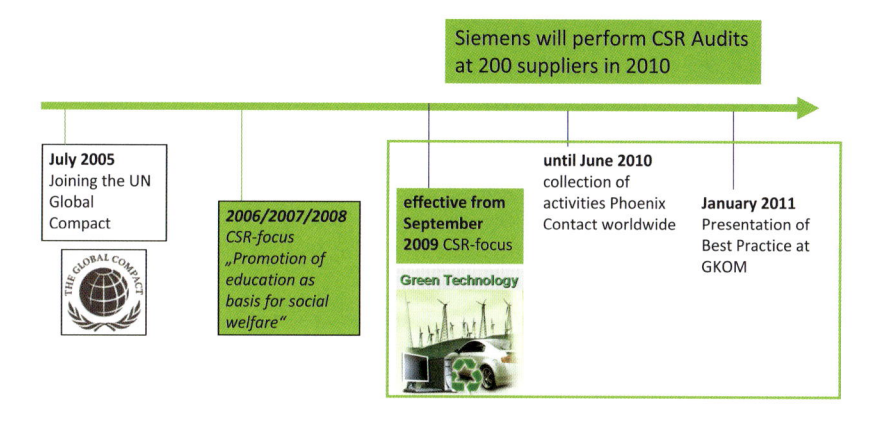

Siemens will perform CSR Audits at 200 suppliers in 2010

July 2005 Joining the UN Global Compact

2006/2007/2008 CSR-focus „Promotion of education as basis for social welfare"

effective from September 2009 CSR-focus Green Technology

until June 2010 collection of activities Phoenix Contact worldwide

January 2011 Presentation of Best Practice at GKOM

Abb. 102: **Green Technologie bei Phoenix Contact wurde 2009 als CR-Ziel definiert**

Es ist heute ein Marktvorteil, sich an CR auszurichten, da viele Kunden es von ihren Lieferanten erwarten. Außerdem wird es von deutschen Arbeitnehmern geschätzt und führt zur stärkeren Bindung unserer hoch qualifizierten Mitarbeiter. CR-Aktivitäten werden immer als wichtig angesehen.

In einer Untersuchung von „concern", einem Unternehmen, das sich primär dem Thema CR widmet, und unter wissenschaftlicher Begleitung von Prof. Dr. Dr. Alexander Brink, Universität Bayreuth, wurden 778 deutsche Unternehmen im Hinblick auf ihre CR-Aktivitäten untersucht. Phoenix Contact wurde als eines der Unternehmen bewertet, das seine CR-Aktivitäten mit am besten umsetzt.

Unternehmenskultur

Die CR-Aktivitäten und –Umsetzung von Phoenix Contact im Vergleich zum Wettbewerb

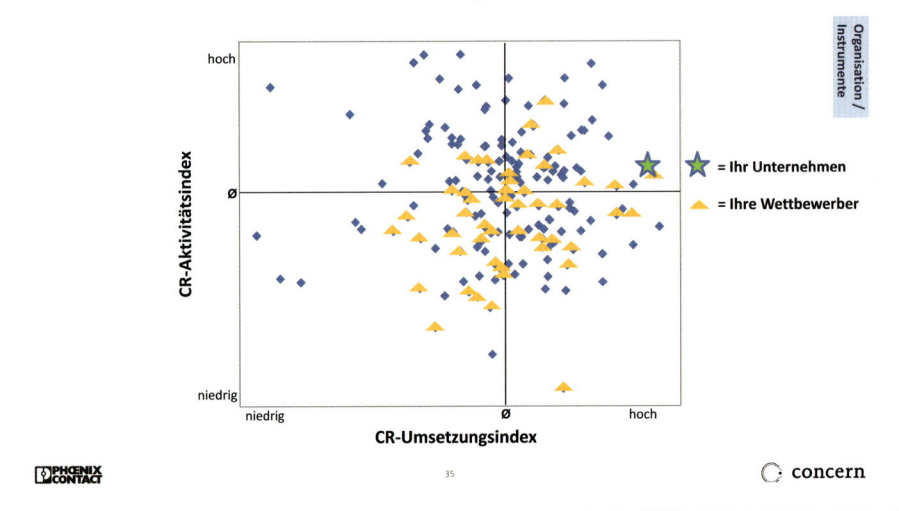

Plot von CR-Aktivitätsindex und CR-Umsetzungsindex

Abb. 103: **CR-Analyse deutscher Unternehmen von concern aus dem Jahr 2010**

Zusammenfassend möchte ich nochmals betonen: Eine gelebte Corporate Responsibility macht das Unternehmen nicht nur für viele Kunden attraktiver, sondern wirkt sich auch positiv auf das Employer Branding aus — zumal das Thema Corporate Responsibility für Bewerber immer wichtiger wird, wenn es darum geht, einen Arbeitgeber als attraktiv einzustufen. Mitarbeiter aber, die ihren Arbeitgeber attraktiv finden, binden sich stärker an ihn, mit der Folge, dass sich die Fluktuation verringert und ein Unternehmen z. B. der demografischen Herausforderung in Zukunft erfolgreicher entgegentreten kann (Olesch, 2010 c).

Praktische Handlungsempfehlungen

1. Beteiligen Sie Ihre Mitarbeiter an der Entwicklung der Unternehmensziele. So erreichen Sie einen hohen Grad an Identifikation.
2. Gestalten Sie die Ziele so, dass sie messbar sind.
3. Beteiligen Sie die Mitarbeiter durch variable Vergütung am erreichten Erfolg.
4. Bestimmen Sie Mission, Vision und die wichtigsten ethischen Werte des Unternehmens.
5. Nutzen Sie wirtschaftliche Krisen, um Mitarbeiter zu binden.
6. Entwickeln Sie Aktivitäten zu Corporate Responsibility — nicht nur, um Ihrer gesellschaftlichen Verantwortung nachzukommen, sondern auch, um die Attraktivität Ihres Unternehmens für Kunden und Mitarbeiter zu steigern.

9 HR als modernes Servicecenter

Kundenorientierung ist heute mehr denn je überlebenswichtig für Unternehmen. Es ist ihr primäres Ziel, dass der Kunde mit der Leistung, dem Produkt und dem Service des Anbieters zufrieden ist. Wenn er das ist, wird er seinem Lieferanten treu bleiben. Dabei steht der Lieferant in einem hart umkämpften Markt von Wettbewerbern, die alle um die Gunst des Kunden streiten. Unternehmen, die erfolgreich sind, zeichnen sich dadurch aus, dass sie die Kundenbedürfnisse genau analysiert und sich darauf ausgerichtet haben. Viele Vertriebsabteilungen von Unternehmen glauben, die Bedürfnisse ihrer Kunden mehr oder minder gut zu kennen. Für diese Einschätzungen werden Informationsquellen herangezogen, die von der sporadischen Meinungsabfrage durch den Verkäufer im Kundengespräch bis hin zu differenzierten Umfragen, die systematisch ausgewertet werden, reichen. Letztere lässt Phoenix Contact regelmäßig von einem Institut bei Kunden weltweit durchführen. So weiß man, in welchen Bereichen man gut ist und wo Verbesserungsbedarf besteht. Was verbessert werden soll, wird bis zur nächsten Befragung schließlich optimiert.

Während in Vertriebsabteilungen die Kundenbedürfnisse systematisch analysiert werden, wird dies im Personalbereich eines Unternehmens häufig vernachlässigt. Obwohl es dort ebenfalls Kunden gibt — nämlich interne Kunden wie die Geschäftsleitung, Führungskräfte, Mitarbeiter und den Betriebsrat — werden diese heute noch zu selten systematisch nach ihren Erwartungen an die Dienstleistung des Personalmanagements befragt.

Das liegt einerseits daran, dass das HR-Management — anders als der Vertrieb — nicht unter einem existenziellen Druck durch externe Kunden steht. Zum anderen glauben viele Personalverantwortliche, die Bedürfnisse ihrer Kunden bereits zu kennen. Das mag auch so sein. Trotzdem ist es heute notwendig, systematische und differenzierte Analysen zur Beurteilung der Dienstleistung „Personal" im Unternehmen durchzuführen. Nur wer seine Stärken und Defizite genau kennt, kann sein Handeln optimieren und die Kunden an sich binden (Olesch, 2009 c).

Im folgenden Kapitel wird der pragmatische Einsatz einer differenzierten Befragung zur Dienstleistung Personal geschildert.

Dabei stehen drei Aspekte im Vordergrund:

1. Welche Inhalte sind relevant für eine Kundenbefragung?
2. Wie kann sie mit hoher Akzeptanz durchgeführt werden?
3. Wie werden die abgeleiteten Optimierungsmaßnahmen kommuniziert und realisiert?

9.1 Historie von Human Resources

HR hat heute die Chance, in der Wirtschaft einen hohen Stellenwert einzunehmen. Unternehmenspolitik ohne HR-Politik ist undenkbar. Das Personalmanagement muss sich dabei aktiv in Unternehmensstrategien einbringen. So können alle personalpolitischen Ziele in einen technisch-ökonomischen und sozial-akzeptablen Ausgleich gebracht werden. Ein modernes, innovatives HR-Management kann dafür geeignete Instrumente einsetzen. Es liefert einen wichtigen Beitrag, das Ergebnis zu steigern und die Leistungsfähigkeit des Unternehmens langfristig zu sichern. Darüber hinaus trägt es zu einer wirksamen Unternehmensentwicklung bei, die an interne und externe Veränderungen angepasst ist. Andernfalls wird jedes Unternehmen, das auf lange Sicht neben den betriebswirtschaftlichen Aspekten nicht auch den Zielen und Ansprüchen seiner Mitarbeiter Rechnung trägt, wegen sinkender Produktivität, erhöhten Fehlleistungen und Personalbeschaffungsproblemen bei steigender Fluktuation seine Existenzfähigkeit einbüßen.

Das Handeln der HR-Verantwortlichen darf nicht nur von Reaktionen auf Bedingungen und Gegebenheiten des Marktes geprägt sein. Es muss vielmehr als integraler Bestandteil der Unternehmensführung unternehmenspolitische Belange verfolgen und dabei personalpolitische Aspekte in die unternehmerische Zielsetzung und Entscheidungsfindung einbringen. Schließlich hat das Personalmanagement die Verantwortung über einen der größten Kostenfaktoren seines Unternehmens. In Deutschland sind das die Personalkosten (Pepels, 2005).

Im heutigen Wirtschaftsgeschehen sind ständige Veränderungen von Technologien, Produkten, Absatzmärkten sowie ein wechselhafter Konjunkturverlauf zu beobachten. Gründe dafür sind Nachfrageverschiebungen, Rezession, Wechselkursschwankungen und Wachstumsgrenzen. Diese Situation verlangt eine fortlaufende Anpassung der Mitarbeiterschaft eines jeden Unternehmens an neue Gegebenheiten. Um die Wettbewerbsfähigkeit dauerhaft zu sichern, sind die Mitarbeiter immer mehr ein entscheidender Faktor für den zukünftigen Erfolg eines Unternehmens.

In diesem Zusammenhang ist ein innovatives und flexibles HR-Management besonders gefragt. Es muss in der Lage sein, auf die ständig wechselnden Einflüsse rechtzeitig zu reagieren und personelle sowie unternehmerische Herausforderungen zu meistern. HR hat damit eine entscheidende Gestaltungsfunktion. Dabei kann nur dann wirkungsvolle Arbeit geleistet werden, wenn es gelingt, sich an den situativen Rahmenbedingungen und der gewachsenen Organisationsstruktur eines Unternehmens zu orientieren.

Die veränderten Anforderungen an die Mitarbeiter hinsichtlich Flexibilität, Innovationsfähigkeit und Qualifikation erfordern eine spezielle Organisation des HR-Managements. Zukunftsweisende Aufgaben können nur effektiv wahrgenommen werden, wenn die HR-Struktur den wechselnden Ansprüchen organisatorisch und aufgabentechnisch gerecht werden kann (Jaschinski & Hey, 2004).

Aus diesem Grund sollten im HR-Bereich alle Aufgaben gebündelt werden, die sich mit den Mitarbeitern beschäftigen. Eine funktionsfähige Personalinstanz bedarf eindeutiger Zuständigkeiten. Personalrelevante Aufgaben sollten nicht dezentral in verschiedenen Ressorts angesiedelt sein.

Die zentrale Bündelung von HR-Aufgaben hat den Vorteil,

- dass keine Kompetenzkonflikte zu anderen Ressorts bei der Realisation von bereichsübergreifenden Personalmaßnahmen aufkommen und Reibungsverluste die Effektivität einschränken,
- dass das HR-Ressort als geschlossene Einheit bei Bedarf in den Dialog mit dem Betriebsrat treten kann.

Das HR-Management muss kontinuierlich überprüfen, ob die Inhalte und Gestaltungen der Personalaufgaben den aktuellen Gegebenheiten des Unternehmens entsprechen. Man kann heute nicht mehr davon ausgehen, dass ein HR-Management dauerhaft Gültigkeit besitzt, selbst wenn es unternehmensspezifisch implementiert ist.

9.2 Aufgaben gestern, heute, morgen

Welche Aufgaben stehen im Zentrum des modernen HR-Managements? In einer Untersuchung aus dem Jahr 2006 wurden mehr als 800 Personalleiter deutscher Unternehmen befragt, welche Personalaufgaben sie in der Vergangenheit, derzeit und auch zukünftig als wichtig erachten. So kann der historische Wandel von HR-Aufgaben nachvollzogen werden. Die Befragung zeigte folgende Resultate:

HR als modernes Servicecenter

Einstufung der Personalarbeit nach dem Grad der Wichtigkeit in den 1980er Jahren	
1. Zusammenarbeit mit dem Betriebsrat	(80 %)
2. Personalauswahl	(77 %)
3. Lohn- und Gehaltspolitik	(74 %)
4. Personalbeschaffung	(72 %)
5. Personalentwicklung	(68 %)
6. Personalbetreuung	(65 %)
7. Freiwillige betriebliche Sozialleistungen	(65 %)
8. Personalplanung	(62 %)
9. Personalbeurteilung	(61 %)
10. Aktivierung der Mitarbeiter	(59 %)

Einstufung der Personalarbeit nach dem Grad der Wichtigkeit Anfang der 1990er Jahre	
1. Personalentwicklung	(91 %)
2. Personalauswahl	(90 %)
3. Zusammenarbeit mit dem Betriebsrat	(88 %)
4. Personalbetreuung	(87 %)
5. Aktivierung der Mitarbeiter	(86 %)
6. Personalplanung	(85 %)
7. Personalbeschaffung	(84 %)
8. Personalinformationssysteme	(80 %)
9. Lohn- und Gehaltspolitik	(80 %)
10. Personalbeurteilung	(79 %)

Als Ursachen für diese Veränderungen wurden u. a. neue Technologien (79 %) und Marktveränderungen (79 %) genannt, gefolgt vom Wertewandel bei den Mitarbeitern (69 %). Als eine der zukünftigen Problemaufgaben gaben die Personalmanager u. a. die steigenden Personalkosten (77 %) sowie die marktgerechte Bezahlung an (73 %). Weiterbildung bzw. Personalentwicklung sind jetzt zu zentralen Aufgaben des Personalmanagers geworden. Weiterhin gehört auch die Personalauswahl dazu. Assessment-Center und effiziente Auswahlinstrumente gehören zum Handwerkszeug des Personalmanagers. Daher werden in modernen, innovativen

Unternehmen Personalleiter eingesetzt, die Erfahrungen in diesen Bereichen mit nachweisbarem Erfolg gesammelt haben.

Die folgenden Themen — geordnet nach dem Grad Ihrer Wichtigeit — sind die zentralen aktuellen und zukünftigen Personalaufgaben:

Die wichtigsten aktuellen und zukünftigen Personalaufgaben
1. Mitarbeiter für die globalisierungsbedingten Herausforderungen qualifizieren
2. Kompensation der demografischen Herausforderung
3. Employer Branding
4. Unternehmens- und Führungskultur
5. Gesundheitsmanagement
6. Personalcontrolling
7. Shared Services und Outsourcing
8. Personalentwicklung und Wissensmanagement
9. Personalbeschaffung und -auswahl
10. Lohn- und Gehaltspolitik

Folgende organisatorische Konsequenzen sind in Zukunft vom Personalmanagement zu bewältigen:

Das Aufgabenspektrum im Personalressort wird sich kontinuierlich erweitern. Die dynamischen Aspekte der HR-Arbeit werden durch den stetigen Wandel der betrieblichen, personellen und gesellschaftlichen Bedingungen stärkere Betonung finden. Daraus resultiert die Forderung nach hoch qualifizierten HR-Fachkräften. Sie sollten fähig sein, kosten- sowie bildungsrelevante, psychologische, rechtliche und ergonomische Probleme zu analysieren und dafür konstruktive Lösungen zu erarbeiten sowie die Umsetzung der Maßnahmen zu kontrollieren.

Durch die wachsenden Anforderungen an die HR-Arbeit müssen personalpolitische Instrumente weiterentwickelt und intensiviert werden. Die Geschwindigkeit, mit der die Automatisierung im administrativen Bereich voranschreitet, nimmt zu. Dieser Tatsache muss Rechnung getragen werden, damit auch weiterhin effizient und kostengünstig mit IT-Hard- und -Software gearbeitet werden kann.

Neue Aspekte gesellschaftlicher und personalpolitischer Tendenzen werden Fuß fassen. Der Besitz und die Vermittlung von Informationen sowie Wissensmanagement werden an Gewicht zunehmen. Mit dem Wandel der organisatorischen Formen von Unternehmen werden die traditionellen, hierarchischen Unternehmensstrukturen obsolet. Dynamische Formen, wie in modern strukturierten Matrix- und divisionalen Organisationen oder im Projektmanagement, gewinnen an Bedeutung. Die zukünftigen Organisationsformen sollen ein Gleichgewicht zwischen Aufgabe, Mitteleinsatz und Organisationsstruktur aufrechterhalten und eine ausreichende Kommunikation zwischen den Handlungsträgern ermöglichen (Olesch, 2005 c).

9.3 Bedarfsanalyse für HR-Aufgaben

Das Personalmanagement ist in den Unternehmen seit Jahren etabliert. Ende der 1980er Jahre wurde es von der Entgeltabteilung zu einem Ressort entwickelt, das die Einheiten Personal- und Sozialwirtschaft, Ausbildung, Personalentwicklung, Arbeitssicherheit, Werksarzt und Dienstleistungen umfasst. Anfang der 1990er Jahre arbeitete das HR-Ressort primär angebotsorientiert. Das Angebot war nach einer erstmaligen Mitarbeiterbefragung 1990 erstellt und seitdem kontinuierlich neuen Gegebenheiten angepasst worden. Nun sollte dieses Ressort in Richtung „Servicecenter Personal" modifiziert und optimiert werden. Das heißt: weg von der Angebotsorientierung hin zur strikten Kundenorientierung. Wie kann das geschehen? Indem man die Kunden nach ihren Wünschen befragt und anschließend entsprechende Maßnahmen ergreift.

Der kontinuierliche Kontakt des HR-Managements zur Belegschaft und zu den Führungskräften vor Ort ermöglicht es, die an HR-Dienstleistungen gerichteten Bedürfnisse direkt zu erfahren. Diese traditionelle Methode ist notwendig, bedeutet jedoch einen Zeit- und Kostenaufwand. Systematischer und ökonomischer kann eine Bedarfsanalyse mithilfe eines „Bedarfsbogens für HR-Aufgaben" erstellt werden. Dieser Bogen listet Angebote, die im Portfolio des HR-Bereichs enthalten sind, auf. Geschäftsleitung und Belegschaft können durch Ankreuzen die verschiedenen HR-Aufgaben gewichten.

In den folgenden Kapiteln wird ein prozessorientiertes Organisationsmodell des HR-Ressorts dargestellt. Es beschreibt die wichtigen Schritte von der Mitarbeiterbefragung bis zur Organisationsoptimierung des HR-Managements. Wesentlich ist es, von den gewachsenen Strukturen eines Unternehmens auszugehen. Daher soll ermittelt werden, welche HR-Angebote bereits im Unternehmen bestehen (Ist-Zustand), welche verbessert oder neu geschaffen werden sollen (Soll-Vorstellung). HR wird als ein Instrument der Unternehmensführung verstanden. Die Konzeption des Bedarfsbogens basiert auf dem sogenannten Funktionsmodell, das für das

Personalmanagement das gängige Organisationsprinzip in der betrieblichen Praxis darstellt. Sein Vorteil besteht in der übersichtlichen Aufgabengliederung, in dem eindeutigen Organisationssystem und der sach- sowie ablauflogischen Struktur.

9.4 Wirkungsvolles HR-Tool – die Mitarbeiterbefragung

Wie umfangreich soll eine Befragung aussehen? Was sind ihre Inhalte? Wie viele Mitarbeiter sollen befragt werden? Wie soll die Auswertung erfolgen? Wer entwickelt realisierbare Maßnahmen? Um diese Fragen zu klären, wurde bei Phoenix Contact bereits 1995 ein erstes Projekt ins Leben gerufen. Die Projektgruppe entwickelte über mehrere Abstimmungsrunden mit fast allen Mitarbeitern des Personalressorts sowie deren Topmanagement den Fragebogen.

Folgende Kriterien wurden an seinen Entwurf gestellt:

- einfach zu handhaben
- kurz in der Darstellung
- Kunden zur Teilnahme motivieren

Im Fragebogen wurden die aktuellen HR-Themen aufgeführt. Im Folgenden wird ein Teil des Bogens zur Personalentwicklung exemplarisch dargestellt. Eine Projektgruppe, bestehend aus HR-Mitarbeitern, entwickelte Fragen, die seinerzeit wichtig bei Phoenix Contact waren. Da der Bogen kurz bleiben sollte, wurden pro Aufgabengebiet nur fünf Fragen gestellt. Die Auswahl der Fragen wurde vom gesamten Fach- und Führungskreis des HR-Ressorts getroffen. Jede Frage wurde um die Bitte nach Verbesserungsvorschlägen ergänzt.

Folgende Fragen wurden z. B. zum Servicegrad der Personalentwicklung gestellt:

1. Wie beurteilen Sie die Unterstützung der Personalentwicklung zu Fragen der Mitarbeiterentwicklung?
2. Wie bewerten Sie die Qualität der externen Trainer/innen?
3. Wie bewerten Sie die Weiterbildungsräumlichkeiten?
4. Wie bewerten Sie den Service des Teams der Personalentwicklung?
5. Wie hilfreich empfinden Sie das Trainee-Programm bei der Einarbeitung neuer Mitarbeiter/innen?

HR als modernes Servicecenter

Die Beurteilung erfolgte über eine fünfstufige Rating-Skala. Daraus wurde ein quantitatives Ergebnis abgeleitet. Zu jeder einzelnen Frage wurde der Punkt „Verbesserungsvorschlag" ergänzt. Ziel war es, nicht nur eine Beurteilung der Dienstleistungen zu erhalten, sondern auch Vorschläge und Wünsche der Mitarbeiter. Daraus resultierten qualitative Ergebnisse.

Damit eine offene und ehrliche Rückmeldung seitens der Teilnehmer gewährleistet war, erfolgte die Befragung anonym. Die Namensnennung war freiwillig. Da im Unternehmen viele tausend Menschen tätig sind, wurde eine Stichprobe genommen. Es wurden 10 % der Mitarbeiter befragt, die durch ein computergesteuertes Zufallssystem ausgewählt wurden. Um die ausgewählten Mitarbeiter zu motivieren, an der Befragung mitzuwirken, wurde folgende Erläuterung vorangestellt:

„Ein Geheimnis des Erfolgs ist, den Standpunkt des anderen zu verstehen."

(Henry Ford)

Sehr geehrte Frau X,
wir möchten als Servicecenter Personal für Sie noch besser werden und dazu kommt es uns auf Ihre Meinung an.
Mittels Fragebogen möchten wir Qualität und Verbesserungsmöglichkeiten der Arbeit im Personalressort ermitteln, damit Sie als Mitarbeiter/in von einem leistungsstärkeren Service profitieren können.
Da wir aufgrund der Mitarbeiterzahl nicht alle befragen können, haben wir Sie nach dem Zufallsprinzip ausgewählt. Durch Beantwortung des Fragebogens können Sie aktiv zur Verbesserung unserer Dienstleistungen beitragen: Die Ergebnisse sollen nutzbringend für Sie als Mitarbeiter/in umgesetzt werden.
Bitte kreuzen Sie auf den folgenden Seiten eines der angegebenen Symbole an, welches Ihren Grad der Zufriedenheit ausdrückt:

↑	↗	→	↘	↓
sehr gut	gut	befriedigend	mäßig	unzureichend

In den zusätzlichen Zeilen können Sie uns mitteilen, wenn Ihrer Meinung nach Verbesserungen möglich sind.
Die Rückgabe des Fragebogens soll bis zum ... erfolgen. Wählen Sie bitte zwischen den zwei Möglichkeiten:
Einwurf in die beim Pförtner bereitgestellte Box
Rücksendung an die Postadresse des Personalmanagements

9 Wirkungsvolles HR-Tool – die Mitarbeiterbefragung

Sollten noch Fragen hinsichtlich des Fragebogens auftreten, rufen Sie uns einfach an. Wir stehen Ihnen unter den Telefonnummern gern zur Verfügung. Im Voraus schon vielen Dank für Ihre Mithilfe.

Um eine hohe Akzeptanz zu erreichen, wurden Ziel und Zweck der Fragebogenaktion mit dem Betriebsrat abgestimmt. Für die Rückantwort des Fragebogens wurden 14 Tage angesetzt. 65 % der Befragten sandten den Bogen ausgefüllt zurück. Die Auswertungsarbeit wurde von der Projektgruppe des Personalmanagements durchgeführt. Als Beispiel werden in der folgenden Übersicht die Ergebnisse der Auswertung für die Einheit Personalentwicklung gezeigt:

	Personalentwicklung	Führungskräfte	Angestellte Mitarbeiter	Gewerbliche Mitarbeiter	Keine Angaben zur Tätigkeit	Gesamt
1.	Wie beurteilen Sie die Unterstützung durch die Personalentwicklung/Weiterbildung zu Fragen der Mitarbeiterentwicklung?	2,1	2,4	3,1	2,5	2,6
2.	Wie bewerten Sie die Qualität der externen Trainer?	1,9	2,0	2,6	2,2	2,2
3.	Wie bewerten Sie die Weiterbildungsräumlichkeiten?	2,1	2,1	2,1	2,5	2,1
4.	Wie bewerten Sie den Service des Teams der Personalentwicklung/Weiterbildung?	1,9	2,0	2,7	2,2	2,2
5.	Als wie hilfreich empfinden Sie das Traineeprogramm bei der Einarbeitung neuer Mitarbeiter?	2,1	2,2	2,8	2,3	2,4
	Durchschnitt	2,0	2,2	2,7	2,3	2,3

Die Ergebnisse der oben beschriebenen Untersuchung wurden im gesamten Personalressort diskutiert und analysiert. Aus den zahlreichen Optimierungsvorschlägen wurden Maßnahmen entwickelt. Dabei wurde projektplanmäßig definiert, wer was bis wann und mit welchen Mitteln realisiert. Ein Beispiel für eine abgeleitete Maßnahme ist die Optimierung der Gleitzeit für Angestellte.

Rund 25 Maßnahmen wurden aus den Vorschlägen der Mitarbeiter abgeleitet und umgesetzt. Dabei waren modifizierte spezifische Optimierungen notwendig: Differenziert wurde z. B. nach Altersgruppe, hierarchischer Stellung, dem Satus Angestellter oder Gewerblicher oder nach dem Geschlecht. Markant war der häufig genannte Wunsch, mehr Informationen über die Dienstleistung des HR-Ressorts zu erhalten. Die Personalverantwortlichen waren gerade über diese Wünsche erstaunt, da sie der Meinung gewesen waren, dass ausreichend Informationen vorliegen. Diese Divergenz von Selbstbild und Fremdbild liegt wahrscheinlich in den Personalabteilungen diverser Unternehmen vor.

HR als modernes Servicecenter

Die abgeleiteten Maßnahmen wurden als verbindliche Punkte in die Jahreszielvereinbarung der einzelnen Abteilungen aufgenommen. Gemeinsam wurde auch hier festgelegt, was wer bis wann realisiert. Solche Fragebogenaktionen werden bei Phoenix Contact gemäß aktuellem Bedarf immer wieder durchgeführt. Die Fragen sind je nach Situation des Unternehmens und der verschiedenen Zielgruppen anderen Inhalts.

Praktische Handlungsempfehlungen
1. Fragen Sie Ihre Mitarbeiter, welche Personalberatung sie sich wünschen.
2. Richten Sie die Inhalte der Personalarbeit passend zur Unternehmenskultur aus.

10 Prozessorientiertes HR-Management

Das Personalwesen blickt auf eine lange Historie in Wirtschaftsunternehmen zurück. Es entstand aus der Lohnbuchhaltung und war verlängerter Arm des allgemeinen kaufmännischen Bereichs. Zu Beginn der 1970er Jahre entwickelte das Personalwesen eine Eigenständigkeit innerhalb der Unternehmen. Die Personalabteilung wurde von anderen kaufmännischen Aufgaben wie Kostenrechnung, Finanzen und Einkauf gelöst. Sie übernahm die Funktionen der Personalplanung, -beschaffung und -auswahl sowie Ausbildung. Gleichzeitig wurde sie anstelle der Geschäftsleitung Verhandlungspartner für die Arbeitnehmervertreter. In den 1980er Jahren etablierten sich die Personal- und Organisationsentwicklung, die den Stellenwert des Personalwesens bereicherten. In den 1990er Jahren folgte die Flexibilisierung der Arbeitszeit und -organisation, Gruppen- und Projektarbeit, Wissens- und Change-Management. Last but not least ist modernes Personalmanagement zu einem strategischen Schwerpunkt in modernen Unternehmen geworden (Pepels, 2005).

Die verschiedenen Aufgaben führten dazu, dass innerhalb des Personalmanagements verschiedene Abteilungen, die für unterschiedliche Themen zuständig sind, entstanden. Die Abteilungsstrukturen werden primär in funktionaler Organisationsform konstituiert.

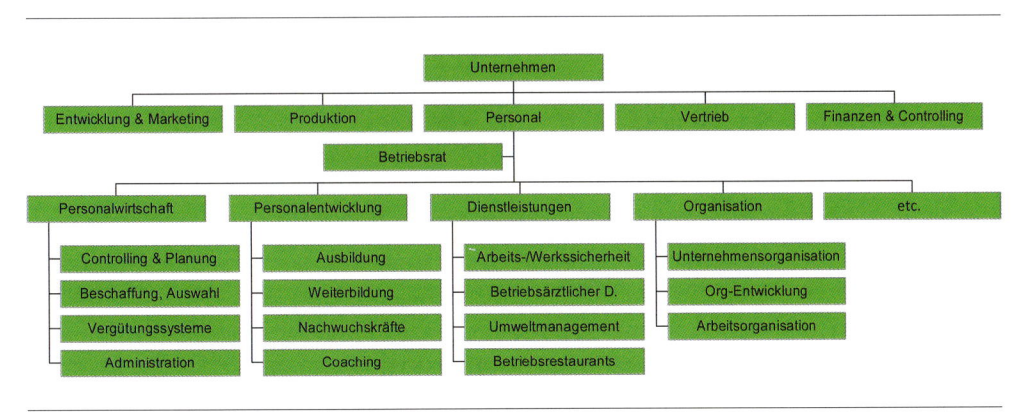

Abb. 104: **Beispiel einer funktionalen Organisation des Personalmanagements**

Daraus wiederum entwickelten sich unterschiedliche Fachkompetenzen und Verantwortlichkeiten. Während vor dreißig Jahren ein Personalmitarbeiter alle Themen des Ressorts behandelt hatte, gibt es heute Experten für einzelne Themen: Ausbilder, Personalentwickler, Personalreferenten für Personalbeschaffung und -betreuung, Organisationsentwickler. Daraus resultiert der Nachteil, dass die Kunden des

Prozessorientiertes HR-Management

Personalmanagements, und zwar Mitarbeiter wie Führungskräfte, unterschiedliche Ansprechpartner je Personalthema haben. Zuständigkeiten können hin und her geschoben werden, zum Leidwesen des Mitarbeiters.

Die Bildung unterschiedlicher Fachkompetenzen innerhalb des Personalmanagements kann Mauern der Abgrenzung entstehen lassen, sodass der Begriff Abteilung im Sinne von „Ab-teilen" verstanden werden kann. Der Kunde muss zwischen den einzelnen Abteilungen hin und her jonglieren, um seinen Auftrag erfüllt oder sein Problem gelöst zu bekommen.

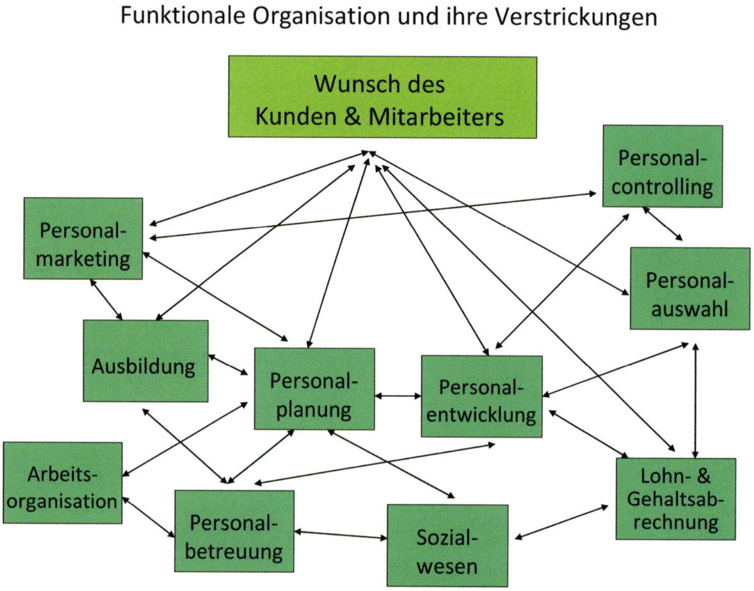

Funktionale Organisation und ihre Verstrickungen

Abb. 105: **Kundenverwirrung mit funktionaler Organisation des Personalmanagements**

10.1 Prozessorganisation – wegweisend für die Zukunft

Um die Verstrickung funktionaler Organisationen aufzulösen, ist das Denken und Handeln in Prozessen elementar. Unsere Kunden interessiert nur das Resultat, und ein Resultat steht am Ende eines Prozesses. Funktionale Organisationen des Unternehmens müssen sich in Zukunft in Richtung Prozessorganisationen ausrichten. Dadurch wird der Kunde optimal betreut und schätzt die HR-Dienstleistung. Ein Prozess wird in mehrere Schritte unterteilt. Diese Prozessschritte können ehe-

10 Prozessorganisation – wegweisend für die Zukunft

malige funktionale Aufgaben sein. Für den gesamten Prozess und damit auch für jeden einzelnen Prozessschritt gibt es für den Kunden einen einzigen Prozessverantwortlichen als Ansprechpartner.

**Prozessorganisation im Personalmanagement
mit einem Prozessverantwortlichen im Kontakt zum Kunden**

Kundenwunsch → Prozess-Schritt 1 → Prozess-Schritt 2 → Prozess-Schritt 3 → Prozess-Schritt 4 → Prozess-Schritt N → Erfüllung des Kundenwunsches

Prozessverantwortlicher

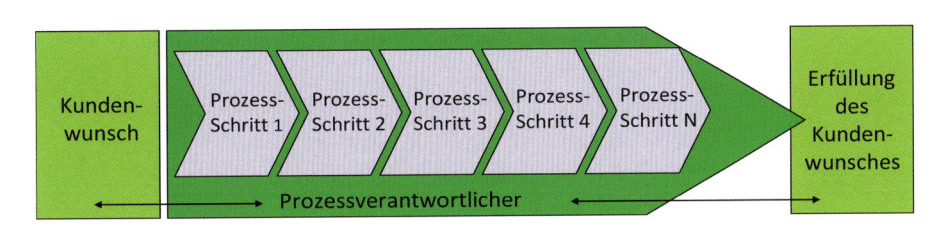

Abb. 106: **Zukunftsorientierte Prozessorganisation**

In der Prozessorganisation des Personalmanagements wird es nicht mehr den klassischen Abteilungsleiter geben. Die Verantwortlichen werden Prozessleiter heißen. Sie verfügen über die Kompetenz, allen Mitarbeitern, die im Prozess einzelne Prozessschritte bearbeiten, Anweisungen zu geben. Während heute primär funktionale Organisationen vorherrschen, gibt es in Zukunft Prozessorganisationen. Das bedeutet für die heutigen Funktionsträger, die Bereichs- und Abteilungsleiter sind, sich neu innerhalb der Organisation und ihrer zukünftigen Aufgabe zu orientieren (Olesch, 2005 c).

Verantwortlich für alle Prozessschritte und Ansprechpartner für die Kunden ist ein Prozessverantwortlicher: „One-face-to-the-customer". Phoenix Contact hat diesen Entwicklungsschritt bereits gemacht und beschreibt die Aufgaben von HR in Prozessen. Dies erleichtert es überdies, HR-Aufgaben als SLA darzustellen.

Der Begriff Service-Level-Agreement (SLA) bezeichnet eine Vereinbarung zwischen Auftraggeber und Dienstleister für wiederkehrende Dienstleistungen. Ziel ist es, die Kontrollmöglichkeiten für den Auftraggeber transparent zu machen, indem zugesicherte Leistungseigenschaften wie etwa Leistungsumfang, Reaktionszeit und Kosten genau beschrieben werden.

Erreicht werden soll:

- Transparenz für die HR-Mitarbeiter und deren Kunden,
- Prozesssicherheit durch Standardisierung,
- klare Verantwortlichkeiten,

Prozessorientiertes HR-Management

- Effizienz durch klare Schnittstellen und Vermeidung von Doppelarbeiten sowie
- Verbindlichkeit für alle Beteiligten.

Um die Prozesse optimal zu realisieren, haben sich alle HR-Mitarbeiter in Teamtrainings auf folgende Verantwortungen geeinigt:

1. Prozessverantwortung
   Verantwortung dafür, dass ein Prozess so, wie er beschrieben ist, abläuft. Verantwortung für die kontinuierliche Optimierung des Prozesses.
2. Prozessschrittverantwortung
   Verantwortung dafür, dass ein Prozessschritt so, wie er beschrieben ist, in jedem Einzelfall von allen Beteiligten durchgeführt wird.
3. Verantwortung aller Beteiligter
   Alle Mitglieder von Human Resources halten die beschriebenen Prozesse verbindlich ein.

Im Folgenden werden Beispiele aus der Prozessorganisation eines Personalmanagements dargestellt.

Prozessorganisation in HR

Prozess-Bezeichnung: Einstellungsverfahren - Angestellte

Geschäftsleitung Personal&Informatik
Bereich: Personalwirtschaft
Abteilung: Personalbeschaffung und -betreuung Vertrieb/Marketing/Entwicklung
Personalbeschaffung und -betreuung Produktion und Logistik

Prozess-Verantwortliche/r:	Leiter/in							
	1. Proz.-Schritt	2. Proz.-Schritt	3. Proz.-Schritt	4. Proz.-Schritt	5. Proz.-Schritt	6. Proz.-Schritt	7. Proz.-Schritt	8. Proz.-Schritt
Prozess-Schritt-verantwortliche/r	Referent/in	Referent/in	Referent/in	Referent/in	Referent/in	Referent/in	Referent/in	Referent/in

Themen / Abteilung	Personalplanung	Personalanforderung + Stellenbild	Beschaffungswege kanalisieren	Innerbetriebliche Ausschreibung klären	Medienauswahl	Bewerberdatei pflegen	Bewerbungseingang, Auswahl und Weiterleitung	Terminieren/ Einladen
Ausbildung								
Personalentwicklung								
Personalw./Beschaffung/Prod./Log.								
PW Marketing/Entwicklung/Vertrieb								
Personalw.Service u. Vergütung								
Sicherheitstechnik								
Betriebsarzt								
Betriebsrat				BR				
Fachabteilung		Leiter/in	Leiter/in		Leiter/in		Leiter/in	
Fachbereichsleitung	Leiter/in	Leiter/in						
Mitarbeiter								
Informatik								
Betriebstechnik								
Schwerbehindertenvertreter/in								
Hauptfürsorgestelle								
Controlling								
Geschäftsleitung	Betreuer/in							

10 Prozessorganisation – wegweisend für die Zukunft

Prozessorganisation in HR

Gewichtung: A

11. Proz.-Schritt	12. Proz.-Schritt	13. Proz.-Schritt	14. Proz.-Schritt	15. Proz.-Schritt	16. Proz.-Schritt	17. Proz.-Schritt	18. Proz.-Schritt
Referent/in	Referent/in	Referent/in	Referent/in	Referent/in	Referent/in	Referent/in	Sachbearbeiter/in
Abstimmung und Entscheidung über 2. Gespräch	Vorbereitung des 2. Gesprächs und Einladung	Entscheidung	Anhörung BR	ABC-Analyse	Vertrag	Wichtige Daten	Vorbereitung 1. Arbeitstag
Leiter/in	Leiter/in	Leiter/in	Leiter/in			Sachbearbeiter/in Sicherheitsbeauftragter BA BR Leiter/in	
						Sachbearbeiter/in ggf. Vm	

Abb. 107 und 108: **Beispiel für den Prozess Personalbeschaffung**

Der Prozess Personalbeschaffung besteht beispielhaft aus 18 Schritten. Für jeden der Teilschritte ist der dafür verantwortliche Referent namentlich aufgeführt. Unterhalb des Referentennamens sind in der Waagerechten die Themen der Teilschritte aufgeführt. Auf der Vertikalen sind die verschiedenen Funktionen, die die Mitwirkenden des Prozesses innehaben, dargestellt. Anders wie im Abbildungsmuster, in dem die Mitwirkenden als Leiter, Betreuer und Betriebsrat aufgeführt sind, werden sie in der konkreten Matrix namentlich benannt. Das gilt selbstverständlich auch für den Prozessverantwortlichen, der der Ansprechpartner für den Kunden ist. Er muss dafür sorgen, dass alle Teilprozesse und Mitwirkenden den Kundenwunsch erfüllen. Der Kunde hat somit selbst bei komplexen Aufträgen nur einen Ansprechpartner.

Prozessorganisationen werden die Zukunft der Unternehmen prägen. Das HR-Management sollte hier eine Pole Position einnehmen, um dabei maßgeblich mitzuwirken.

10.2 HR als Business Partner

Human Resources hat mehrere Metamorphosen durchlaufen. Last but not least ist modernes Personalmanagement zu einem strategischen Business Partner geworden (Ulrich, 2005).

Funktionen der HR-Architektur

Der HR-Business-Partner ist das „Gesicht" der zukünftigen HR-Struktur, die Shared-Service-Center sind das „Rückgrat", die Competence-Center of Expertise die „inneren Organe".

Business
- Übertragung von Geschäftsstrategie in HR-Strategie & Einbindung der HR-Strategie in die Geschäftsstrategie

„HR-Prozess- und Produkthaus: Think Company"

„HR-Touch-Company"

„HR-Service-Company"

HR-Competence-Center of Expertise
- Erarbeitung von HR-Policies und Kernprozessen/Tools zur Steuerung, Begleitung und Kontrolle der Umsetzung
- z. B. Comp. Ben. Tarif- und Legal, HRD, Health und Soziales

HR-Business - Partner
- Erfüllung businessseitiger Anforderungen, u. a.:
- umfassende Beratung von FK und Top-Management
- Implementierung von Kernprozessen
- geschäftsspezifische HR-Prokejte
- Gestaltung der Sozialpartnerschaft

HR-Shared – Service-Center
- Effiziente & qualitativ hochwertige Erfüllung administrativer Standardprozesse
- z. B. Gehaltsabrechnung, Personalakte, Altersversorgung, Rekruiting, Training

Involvementbeziehung

Auftragnehmer-/Auftraggeberbeziehung (Servicelevel, Preis)

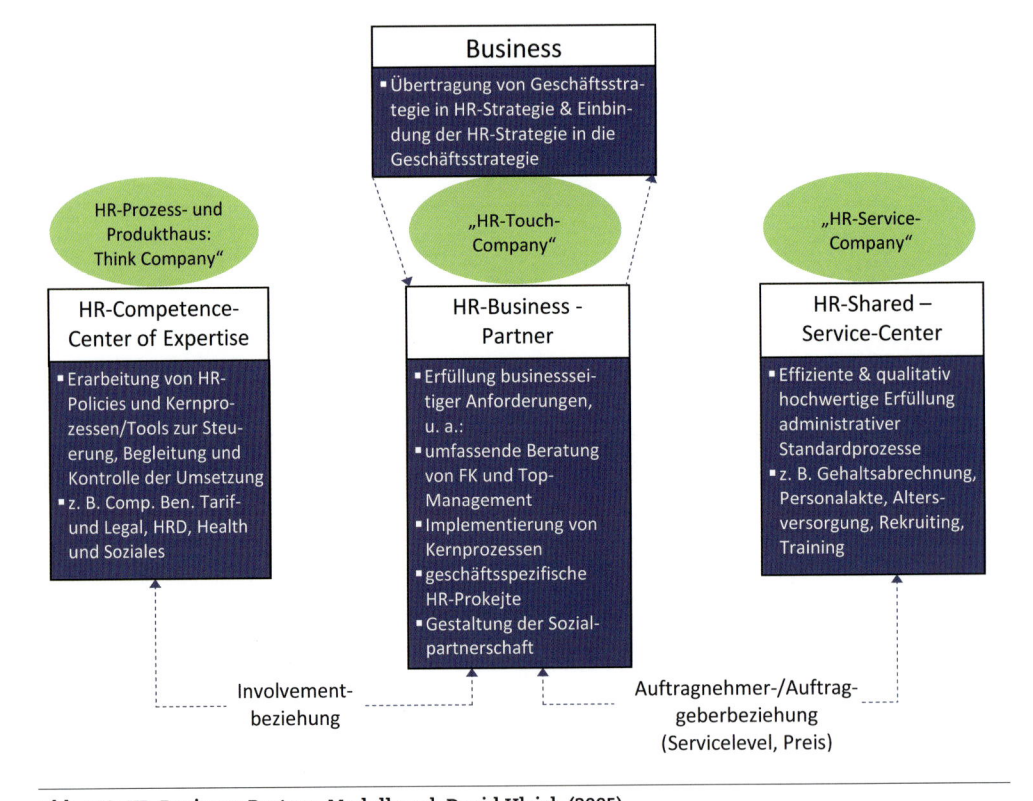

Abb. 109: **HR-Business-Partner-Modell nach David Ulrich (2005)**

Drei Einheiten gehören laut Ulrich zum HR-Business-Partner-Modell:

- Das HR-Shared-Service-Center. In seinen Aufgabenbereich fallen Standardprozesse wie Vergütung, Recruiting und Training. Hier kann mit Service-Level-Agreements zwischen Auftragnehmern und -gebern verhandelt und gearbeitet werden.

HR als Business Partner 10

- Weiterhin gibt es in dem Modell das HR-Competence-Center. zu seinen Aufgaben gehören die Erarbeitung von Policies und Kernprozessen sowie das HR-Controlling. Operativ bedeutet dies u. a., dass das HR-Competence-Center für tarifliche und gesetzliche Bestimmungen, soziale Aktivitäten und auch das Gesundheitsmanagement zuständig ist.
- Die genannten Inhalte fließen in die Einheit HR Business Partner und in die Erfüllung businessseitiger Anforderungen ein. Das sind z. B. die qualitative Beratung von Führungskräften und Topmanagement, die Implementierung der HR-Kernprozesse wie auch die Gestaltung der Sozialpartnerschaft.

Ableitungen des Ulrich-Modells sehen die Entwicklung von dem einstigen Schwerpunkt der HR-Administration zur HR-Strategie.

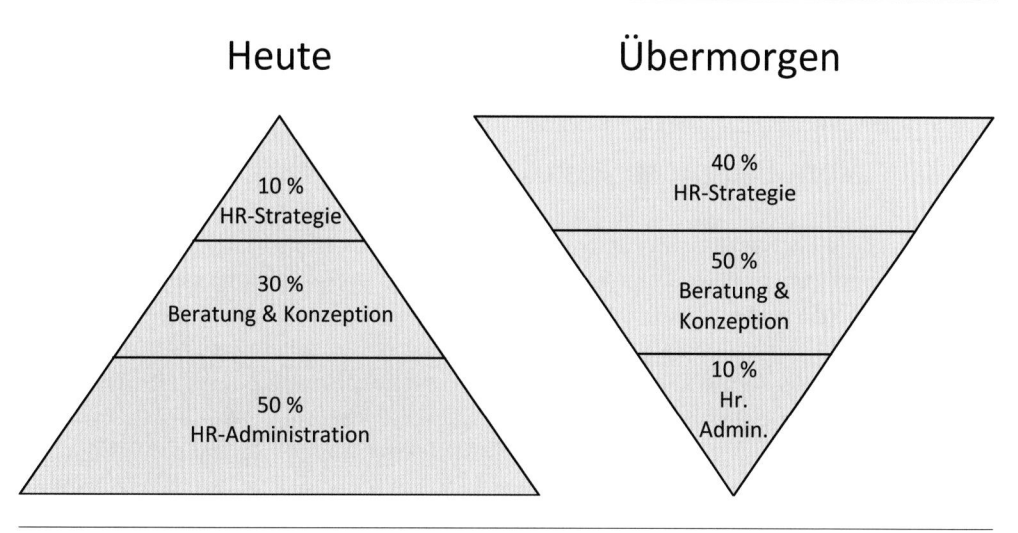

Heute

- 10 % HR-Strategie
- 30 % Beratung & Konzeption
- 50 % HR-Administration

Übermorgen

- 40 % HR-Strategie
- 50 % Beratung & Konzeption
- 10 % Hr. Admin.

Abb. 110: **Veränderung der HR-Arbeit**

Es ist zweifelsfrei wichtig, einen höheren Strategieanteil im gesamtunternehmerischen Sinn zu gewinnen. „Vom Verwalter zum Gestalter" oder „vom Getriebenen zum Treibenden" lauten Aussagen des letzten Jahrzehnts (Hohlbaum & Olesch, 2010). Zum HR-Management von heute gehören folgende Kompetenzen:

- Strategieentwicklung
  HR-Strategiereview und Management der Strategien
- Performance Management
  Leistungssteuerung und Managementqualität
- Personalentwicklung
  Leistungsaudit, Weiterbildung, persönliche Entwicklung

Prozessorientiertes HR-Management

- Change Management
  Veränderungskultur und Kompetenzen
- Kontinuierliche HR-Optimierung
  Effizienzsteigerung und Bürokratieabbau

Weitere zentrale Erfolgsfaktoren des Personalmanagements sind laut Ulrich:

- Kundenorientiertes Handeln
- Pragmatisches Vorgehen
- HR-Tätigkeiten standardisieren
- Qualität liefern
- Businessorientierung erhöhen
- Strategischen Wertbeitrag liefern
- Wirtschaftlich handeln

10.3 Vom Business Partner zum Steering Partner

Die Begriffe Business Partner und Steering Partner sind nicht neu. Bereits vor zwanzig Jahren wurden sie im Zusammenhang mit HR-Ausrichtungen diskutiert. Sie haben aber auch heute noch Aktualität. Ich bin der Meinung, dass der HR-Manager nicht nur Business Partner, sondern Steering Partner sein sollte. Die Aufgabe eines Steering Partners ist, das Management nicht nur zu beraten und zu unterstützen, sondern das Unternehmen mit zu steuern (Olesch, 2013 c). Wie das sein kann und was dazu gehört, wird im Weiteren geschildert. Es handelt sich dabei nicht um eine Theorie oder ein Konzept, wie Ulrich (2005) es formuliert hat, sondern um gelebte Realität. Es wird bei Phoenix Contact umgesetzt.

Was sind die entscheidenden Faktoren, damit man als HR-Manager zum Steering Partner für die Unternehmensleitung bzw. in der Unternehmensleitung wird (Olesch, 2010 a)?

1. Exzellente HR-Arbeit
2. Generalistisches Handeln
3. HR-Face-Organisation
4. „Begeisternder" HR-Manager

10.3.1 Exzellente HR-Arbeit

Voraussetzung für eine exzellente HR-Arbeit ist, ein exzellentes HR-Management zu führen. Alle wichtigen und innovativen Themen von HR müssen erfolgreich realisiert sein. Sie müssen dabei strikt am Bedürfnis des Unternehmens ausgerichtet sein. Und die Bedürfnislage ist vielfältig. So muss der HR-Manager die Interessen von Geschäftsleitung, Inhabern oder Aktionären, Führungskräften, Mitarbeitern, Betriebsrat sowie Sozialpartnern berücksichtigen. Shareholder und Stakeholder mit unterschiedlichen Ansichten zufriedenzustellen, ist eine echte Herausforderung.

Wie kann der HR-Manager messen und nachweisen, wie erfolgreich sein Tun ist? Im letzten Jahrzehnt wurden Benchmark-Methoden aus der Taufe gehoben, um die Qualität der HR-Arbeit in Unternehmen zu analysieren. Das tun — wie bereits beschrieben — Marken wie „TOP JOB" von Compamedia, „Great Place to Work®" vom Great-Place-to-Work-Institut und „Top Arbeitgeber" von CRF (CRF 2012). Diese Unternehmen diagnostizieren die HR-Arbeit ihrer Kunden. Alle HR-Konzepte werden analysiert.

Aber das ist nicht das einzige Bewertungsmerkmal, denn Konzepte können gut klingen, kommen aber nicht zwangsläufig bei Mitarbeitern, Führungskräften und der Unternehmensleitung an. Aus diesem Grund werden von seriösen Benchmark-Unternehmen Mitarbeiterbefragungen durchgeführt. Hier zeigt sich nun, ob die HR-Konzepte auch ankommen und realisiert sind. Dabei werden wie bei TOP JOB wissenschaftliche Analysen und umfangreiche Mitarbeiterbefragungen durchgeführt und daraus wiederum werden dezidierte Verbesserungsmaßnahmen abgeleitet.

Im Unternehmen des Autors wurden diese Untersuchungen mit dem Ziel, das Employer Branding aufzubauen, bereits im Jahr 2002 durchgeführt. Durch die zahlreichen Awards wurde der Nachweis einer exzellenten HR-Arbeit von wissenschaftlicher und neutraler Stelle erbracht. Dies führte zu einem guten Image und einer guten Reputation des HR-Managements im Unternehmen (Olesch, 2012) — eine wichtige Voraussetzung, um als Steering Partner wirken zu können.

10.3.2 Generalistisches Handeln

Um ein Unternehmen mit zu steuern, reicht es nicht aus, gute HR-Arbeit zu leisten, sondern man muss vor allem generalistisch agieren. Häufig bringen sich z. B. Vertriebs- oder Produktionsverantwortliche in die Arbeit der HR-Manager ein und machen Vorschläge zur Optimierung der Mitarbeiterauswahl oder des Mitarbeitertrainings. Selten aber richten HR-Manager an den Vertrieb oder die Produktion kompetente Handlungsvorschläge. HR-Manager arbeiten primär daran, ihre HR-Kernkompetenz auszubauen. Das allein reicht nicht aus, um Steering Partner zu werden. Sie müssen über den Tellerrand ihres Fachgebietes hinaus aktiv werden.

Der HR-Manager muss sich in Themen wie Produktion, Entwicklung, Vertrieb, Marketing, Finanzen und Unternehmensentwicklung einarbeiten, um als generalistisch kompetenter Partner von der Unternehmensleitung akzeptiert zu werden. Dadurch kann er als HR-Steering-Partner auf entscheidender Ebene mitwirken und erfolgreich strategische Unternehmensarbeit leisten. Er sollte in der Lage sein, bei Vertriebs-, Produktions-, Marketing-, und Finanzthemen mitzureden und themenübergreifende Beiträge zu leisten (Olesch, 2010 b). Dadurch gewinnt der HR-Manager mehr Ansehen in seiner generalistischen Kompetenz, was für den Aufstieg in die Unternehmensführung unbedingte Voraussetzung ist.

10.3.3 HR-Face-Organisation

In Zukunft ist das Denken und Handeln in Prozessen elementar. Die HR-Organisation des Unternehmens muss sich darauf ausrichten. Der Kunde will für alle HR-Themen einen Ansprechpartner. Dieser ist verantwortlich, seine Aufträge und Bedürfnisse zu erfüllen. „One-face-to-the-customer" ist das Schlüsselwort. Eine gute Dienstleistung richtet sich danach aus und der HR-Manager erhält die Möglichkeit, Steering Partner im Unternehmen zu werden.

Aber nicht nur die Performance der HR-Dienstleistung ist ausschlaggebend. Um als Steering Partner wirken zu können, muss das HR-Management vor allem strategisch und visionär mitwirken. Das ist nur möglich, wenn es in die verschiedenen Strategieentwicklungen der Unternehmenseinheiten personell eingebunden ist. In vielen Unternehmen existieren z. B. nicht mehr die klassischen Entwicklungs-, Produktions- und Vertriebsabteilungen für sich. Man hat sich hin zum Kunden in Form von Geschäftsfeldern, Divisionen oder Business Units ausgerichtet. Dazu gehören jeweils Entwicklung, Produktmarketing, Produktion und Vertrieb. Diese Divisionen können als legale Einheiten wie eine GmbH oder als Cost- oder Profitcenter aufgebaut sein. Auf jeden Fall begleiten sie ihren externen Kunden von seinem ersten Bedürfnis für ein neues Produkt bis zur Massenfertigung. Unterstützt werden die Geschäftsfelder bzw. Divisionen von Zentralfunktionen wie z. B. Informatik, Controlling und Human Resources (Olesch, 2011 b).

10 Vom Business Partner zum Steering Partner

Bei Phoenix Contact sind es Divisionen, die nach Kundenbranchen ausgerichtet sind. Es existieren vier davon. Das Management einer Division hat jeweils einen HR-Manager für alle HR-Aktivitäten. Er bzw. sie ist das Gesicht von HR und wird daher „HR-Face" genannt. Der eigentliche Aufgabenschwerpunkt des HR-Faces liegt in der strategischen Mitwirkung bei allen Themen der Divisionsentwicklung sowie bei deren operativer Umsetzung. Das HR-Face nimmt an allen Terminen und Sitzungen des Divisionsmanagements teil. Es soll in alle kunden-, entwicklungs- und produktionsrelevanten Themen HR-Strategien einbauen und HR-Aktivitäten einleiten. Es ist Sparringspartner für die Divisionsmanager. Dabei findet eine permanente Kommunikation zwischen beiden statt. Das Verständnis von HR-Mitarbeitern für Prozesse anderer Unternehmensbereiche kann enorm wachsen. Das HR-Face ist aber auch für operative HR-Aufgaben zuständig.

Es befindet sich mit den zuständigen HR-Referenten auch räumlich dort, wo die Arbeit in den Divisionen geleistet wird. Dadurch ist eine schnelle Reaktionsfähigkeit gewährleistet und es werden rechtzeitig HR-Belange berücksichtigt und realistische Aktivitäten umgesetzt. Wenn die HR-Mitarbeiter vor Ort sind, bekommen sie zudem eher die Stimmungen und Belange, die dort herrschen, mit und können schneller darauf reagieren und damit erfolgreichere HR-Arbeit leisten.

Das HR-Face ist Ansprechpartner des Divisionsmanagements für alle HR-Belange und wirkt bei allen Themen des „Strategieteams" des Geschäftsfeldes mit:

- Mitgestaltung der Geschäftsfeldstrategie
- Personalplanung und -controlling für das Geschäftsfeld
- Nachfolgeplanung und Potenzialentwicklung
- Besetzung aller nationalen/internationalen Positionen
- Impulsgeber, Projektleiter/Mitwirkung bei HR-Projekten
- Weiterentwicklung der jeweilgen Organisation
- Prozess- und Umsetzungsverantwortung für HR-Maßnahmen in Abstimmung mit den jeweiligen Standortpersonalverantwortlichen
- Betreuung der Divisionsmitarbeiter vor Ort

Das HR-Face entwickelt also gemeinsam mit den Divisionsmanagern deren Strategie und setzt die dafür notwendigen HR-Aktivitäten um. Es ist für die rechtzeitige Erfüllung der Divisionsaufträge strategisch und operativ verantwortlich. In Abbildung 111 ist die Aufgabenverteilung der HR-Organisation bei Phoenix Contact aufgeführt.

Prozessorientiertes HR-Management

```
                    ┌─────────────────────────────┐
                    │  Geschäftsführung Personal  │
                    └─────────────────────────────┘
```

Personalmanagement		Professional Education

• Personalmarketing
• Arbeitsrecht
• Arbeitsschutz
• Gesundheitsmanagement
• Mitarbeiter- & Gästebewirtung
• Entgeltabrechnung
• Personaladministration
• HR-IT
• Führungsleitlinien
• Demografie
• Employer Branding
    - Great Place to Work®
    - TOB JOB
• 360 Grad
• CSR
• Internationaler Personalaustausch
	• Human-Resources-Face je Division
	• Strategische HR je Division
	    - Mitgestaltung der Divisionsstrategie
	    - Divisionsplanung
	• Operative HR-Aufgaben
	    - Personalbeschaffung
	    - Personalbetreuung
		• Ausbildung
		• Duales Studium
		• Weiterbildung
		• Personalentwicklung
		• Führungskräfteentwicklung
		• Fach- und Projektleiterentwicklung
		• Praktikantenbetreuung
		• Internationale Ausbildung
		• Internationaler Technikwettbewerb Xplore
		• Kooperationen mit internationalen Hochschulen - Edunet

Abb. 111: **Aufgabenverteilung im HR-Ressort bei Phoenix Contact**

Die Anforderungen für die HR-Faces sind aufgrund der strategischen Komplexität recht anspruchsvoll:

- Exzellente strategische Kompetenz
- Business-Kompetenz
- Beste Berufserfahrung in HR-Management, Organisationsentwicklung oder vergleichbarem Umfeld
- Sehr gute Vernetzung im Unternehmen
- Verhandlungssicheres Englisch
- Hohe soziale und interkulturelle Kompetenz
- Ausgeprägte Methodenkompetenz
- Überzeugungsvermögen und Verhandlungsgeschick

Über Jahre hat sich das HR-Management zum Mitglied der Geschäftsführung entwickelt. Durch die HR-Faces sowie die Positionierung des HR-Geschäftsführers und der HR-Einheiten konnte eine hohe Performance erreicht werden (Olesch, 2009).

Exzellente HR-Arbeit und generalistisches Handeln sind zwei grundsätzliche Erfolgsfaktoren, um sich vom Business Partner zum Steering Partner zu entwickeln. Dazu gehören eine hohe HR-Kernkompetenz, aber vor allem auch ausgeprägte Fähigkeiten in General Management und Unternehmensentwicklung. Der HR-Manager muss visionär Denken und Handeln. Dabei muss er die Megatrends im Auge haben und sich fragen, wo wird die Welt in 10 und 20 Jahren sein und welchen Beitrag kann HR dabei leisten? Das HR-Management muss sich dafür eine eigene Vision geben. Ein Beispiel für eine HR-Vision: „Phoenix Contact ist einer der besten Arbeitgeber". Das heißt, bei Arbeitgeberwettbewerben den dritten, zweiten, am liebsten den ersten Platz zu besetzen. Es ist wissenschaftlich erwiesen, dass ein Unternehmen, dessen Mitarbeiter es als guten Arbeitgeber bewerten, im Hinblick auf Umsatzsteigerung, Rendite und Innovationsrate erfolgreicher ist (Bruch & Vogel, 2009).

10.3.4 „Begeisternder" HR-Manager

In den vorherigen Abschnitten ging es primär um rationale Faktoren. Um ein gutes HR-Produkt auf dem internen Markt erfolgreich zu realisieren, bedarf es aber auch einer überzeugenden Begeisterungsfähigkeit. Um Steering Partner zu sein, sind politisches und psychologisches Geschick unbedingte Voraussetzungen. Der HR-Manager muss sich eine Mission und Vision geben und von beidem überzeugt sein, damit er das Topmanagement dafür gewinnen kann. Dafür ist Ausdauer eine wichtige Voraussetzung. Man benötigt sie besonders, wenn man von der Rolle des Business Partners zum Steering Partner wechselt. Sie ist für das Topmanagement vieler Unternehmen neu. Deswegen muss man Widerstände mit Ausdauer mutig überwinden.

Begeisterungsfähigkeit ist dabei ein besonderer Erfolgsfaktor. Denn nur wer ein Leuchten in den eigenen Augen hat, lässt das Leuchten in den Augen anderer erstrahlen. Die Begeisterungsfähigkeit eines guten Verkäufers für sein Produkt und seine Überzeugung ist ein wesentlicher Erfolgsfaktor, über den ein HR-Steering-Partner verfügen muss. Daher muss er sich in dieser emotionalen Kompetenz weiterentwickeln. Schließlich gehört zu einem guten und überzeugenden Topmanager eine gehörige Portion positiver Ausstrahlung.

10.4 HR und das Prinzip Markt

Vertriebsabteilungen setzen systematische Analysen ein, um den Kundenbedürfnissen gerecht zu werden. Hier herrscht das überlebensnotwendige Bewusstsein, sich direkt am Kunden auszurichten, um den Markt zu sichern und auszubauen. Bei Phoenix Contact ist auch die Personalabteilung nach unternehmerischen Prinzipien auf den Markt ausgerichtet. Modernes Personalmanagement muss sich effizient, flexibel und kostengünstig als Prozessorganisation entwickeln (Pepels, 2005).

Prozessorientiertes HR-Management

Zu einer modernen und effektiven HR-Dienstleistung gehört heute:

- eine starke Kundenorientierung durch eine systematische Bedarfsanalyse,
- eine ausgeprägte Kostenbeherrschung sowie ein Benchmark der einzelnen HR-Dienstleistungen am Markt,
- eine Effizienzsteigerung durch Prozessorganisation statt funktionaler Organisation und
- das Vermarkten von HR-Dienstleistung durch die Personalverantwortlichen.

Von einem modernen Personalmanagement wird ständige Anpassung und Flexibilität an die Gegebenheiten des Marktes und des Unternehmens gefordert. Personalmanager sollten daher kontinuierlich überprüfen, ob die Inhalte und Gestaltungen der HR-Dienstleistungen den aktuellen Gegebenheiten entsprechen. Viele Personalabteilungen arbeiten heute mehr angebotsorientiert. Die Zukunft fordert jedoch: Weg von der Angebotsorientierung hin zur strikten Kundenorientierung.

Das Personalmanagement von Phoenix Contact entwickelt jährlich Optimierungsmaßnahmen für die eigene Organisation. Damit diese auch konsequent umgesetzt werden, sollte die HR-Leitung das in den Zielvereinbarungen mit den HR-Mitarbeitern vereinbaren. Um die Motivation zu fördern, sollte diese Zielerreichung an variable Vergütungskomponenten der HR-Mitarbeiter gekoppelt werden. Die Höhe der Auszahlung kann von der Beurteilung durch die Kunden abhängig gemacht werden.

Mit der Qualität und Professionalität von HR bin ich ...
Mittelwert 2,2

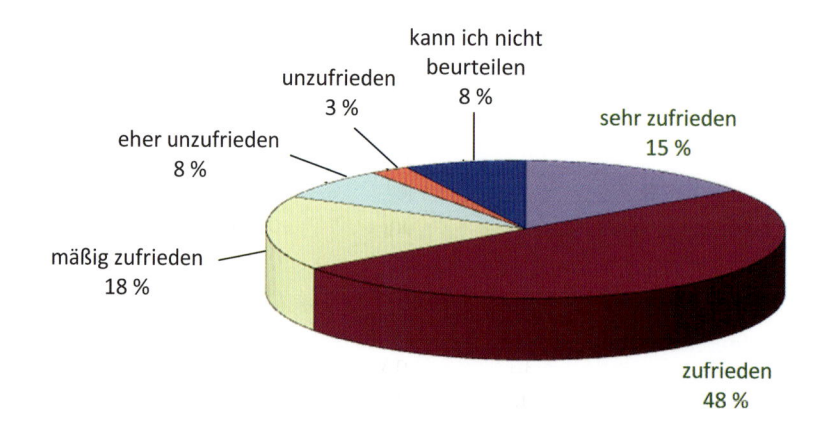

- kann ich nicht beurteilen 8 %
- unzufrieden 3 %
- eher unzufrieden 8 %
- mäßig zufrieden 18 %
- sehr zufrieden 15 %
- zufrieden 48 %

Abb. 112: **Beispiel einer Beurteilung durch den Kunden**

HR und das Prinzip Markt 10

Um beim Beispiel der Abbildung 112 zu bleiben: Eine Zielvereinbarung könnte z. B. lauten: „Die Qualität und Professionalität der HR-Mitarbeiter wird anstatt mit 2,2 mit „besser als 1,9" bewertet." Bis zu vier Prozent des Jahresgehalts werden z. B. bei Phoenix Contact auf diese Weise als variable Vergütung von der Zielerreichung abhängig gemacht.

Konjunkturschwankungen machen eine strikte Kostenkontrolle der HR-Dienstleistungen notwendig. Bei Phoenix Contact wurden deshalb strategische Regeln für Dienstleistungsbereiche eingeführt:

Strategie — Servicecenter Human Resources
1. HR wird nach unternehmerischen Grundsätzen geführt und verfügt über hochgradiges Know-how. Das Preis-Leistungs-Verhältnis ist besser als marktüblich.
2. Die für die Gruppenunternehmen erbrachten Leistungen werden verursachergerecht, zeitnah und für die Verursacher transparent verrechnet.
3. Grundsätzlich arbeiten HR für die Gruppenunternehmen. Arbeiten für gruppenfremde Unternehmen sind zum Erhalt der „Wettbewerbsfähigkeit" möglich.

Mit diesen Ansätzen kann man Service-Level-Agreements (SLA) einführen. Sie definieren HR-Dienstleistungen wie die Personalgewinnung, indem Inhalte, Termine und Kosten detailliert gelistet werden. Der interne Kunde lernt so das gesamte Serviceangebot differenziert und mit hoher Transparenz kennen. Entscheidet er sich für ein Dienstleistungsangebot, rechnet man ihm die angefallenen Kosten auf seine Kostenstelle an. Es ist dabei die Verantwortung des Personalbereichs, all seine Kosten durch entsprechende SLAs abzudecken (Olesch, 2005 c).

HR-Mitarbeiter haben also über die SLAs einen weiteren Anreiz, ihren Bereich effizienter und effektiver zu gestalten. Tatsächlich optimieren SLAs in der Regel nicht nur die Leistung, sie reduzieren auch die Kosten. Phoenix Contact überprüft dies regelmäßig durch Benchmarks mit anderen. Für die internen HR-Dienstleister ist klar: Ihr Preis-Leistungs-Verhältnis muss besser sein, als das der externen Mitbewerber. Um dies zu untermauern hat die Unternehmensleitung bewusst ein Damoklesschwert geschaffen: Der interne Kunde kann jederzeit bei einem ungünstigen Angebot des internen HR-Bereichs einen externen Dienstleister wählen. Eine Situation, die das unternehmerische Denken und Handeln aller HR-Mitarbeiter schärft.

Zukunftsträchtige Organisationsformen wahren ein Gleichgewicht zwischen Aufgabe, Mitteleinsatz und Struktur und ermöglichen eine ausreichende Kommunikation zwischen den Handlungsträgern.

10.5 Marketing für Personaldienstleistungen

Personalverantwortliche müssen ihre Dienstleistungen bei internen Kunden vermarkten. Das setzt voraus, dass sie die Regeln der Marktwirtschaft und ihres Marktes beherrschen. Aus der jährlichen Unternehmensplanung wird ein Businessplan des HR-Bereichs abgeleitet. Darin sind auch Marketingmaßnahmen enthalten:

- Umfangreiche Informationen über alle HR-Dienstleistungen im Intranet
- Darstellung in der Mitarbeiterzeitung
- In „Verkaufsgesprächen" verhandeln die HR-Verantwortlichen mit den jeweiligen Vorgesetzten ihres Kundenstamms den Bedarf an HR-Dienstleistungen des Jahres.

Gerade beim letzten Punkt sind vom HR-Mitarbeiter Methoden des klassischen Verkaufsgespräches gefordert. Nur so gewinnt und bindet er Kunden. Dabei sollten folgende Anforderungen für die Einstellung des HR-Mitarbeiters gelten:

- Er ist Gestalter und Steuerer und nicht Berater
- Er ist Generalist und nicht Spezialist,
- Er ist begeisternd und nicht nüchtern.

Will sich der HR-Bereich als ein wertschöpfender und prägender Faktor innerhalb eines Unternehmens etablieren, gelten folgende Anforderungen:

- Grundvoraussetzung: Das HR-Management muss durch erfolgreiche und vor allem durch im Unternehmen anerkannte Arbeit überzeugen.
- Es sollte sich über den eigenen fachlichen Tellerrand Kompetenz aneignen, um andere Bereichen wie Produktion, Logistik, oder Vertrieb zu beraten und zu begleiten.
- Es sollte ein generalisiertes und unternehmerisches Wissen besitzen.
- Das HR-Management sollte den Mut und die Initiative aufbringen, das Unternehmen aktiv mitsteuern zu wollen.

Viele Unternehmen stehen durch die angespannte wirtschaftliche Lage unter starkem Kostendruck. Dabei werden alle Bereiche durchleuchtet, um Maßnahmen zur Kostenreduzierung zu realisieren. Schnell wird der Rotstift angesetzt und nicht selten fallen ihm Einheiten von Human Resources zum Opfer. Zu schnell werden Personalthemen vom Kostenskalpell bearbeitet. In den Operationssälen der Downsizingabteilungen, zuweilen auch Controlling genannt, wird gerne Aus- und Weiterbildung gestutzt oder ganz herausgeschnitten. Bildung, die in guten wirtschaftlichen Zeiten hoch gelobt wird, rutscht bei unzufriedener Umsatzentwicklung auf der Beliebtheitsskala so mancher Geschäftsleitung auf einen hinteren Rang (Olesch, 2003 b). Alle Vorsätze einiger Unternehmensrepräsentanten scheinen vergessen.

Aber Deutschland verfügt nur über den Rohstoff Qualifikation. Wir haben kein Öl und Gold. Wir haben hoch entwickelte Ausbildungssysteme, die von anderen Ländern als goldwert betrachtet werden. Deutschland besitzt hier ein deutliches Herausstellungsmerkmal, einen Marktvorteil gegenüber den industrialisierten Wettbewerbsländern. Das hohe Know-how deutscher Mitarbeiter ist unser unschätzbares Highlight. Die Pisa-Studie hat gezeigt, dass wir einige Hausaufgaben machen müssen, um dringend notwendige Korrekturen vorzunehmen. Das sieht auch die Wirtschaft so. Daher wäre es fatal, wenn Bildung in den Unternehmen von einem falsch angesetzten Rotstift traktiert würde.

Darüber hinaus sollte berücksichtigt werden:

Qualifizierung ist immer eine Investition in die Zukunft und wer nicht in die Zukunft investiert, wird auch keine haben.

Bei der Entwicklung neuer Produkte und der Anschaffung einer teuren Produktionsmaschine nimmt die Unternehmensleitung in Kauf, dass der Return-on-Invest erst in diversen Jahren kommen wird. Beim Thema Bildung ist es manchmal anders.

Man kann nicht häufig genug betonen, dass die Investition in die Ausbildung eines Jugendlichen zum Facharbeiter erst nach fünf Jahren greift. Erst dann kann man vollständig von seinem Know-how profitieren. Wenn man heute den Qualifizierungsrotstift zu drastisch ansetzt, wird die eigene Zukunft in fünf Jahren kritisch werden.

Aber auch der Bildungsbereich eines Unternehmens muss sich bei wirtschaftlich rauem Seegang fragen, wie er seine Kosten verträglicher für das Unternehmen gestaltet. Dazu will der Autor Anregungen für Möglichkeiten geben, die bei Phoenix Contact seit Jahren praktiziert werden. Die Personalentwicklung, bestehend aus Aus- sowie Weiterbildung, wird bei Phoenix Contact als Costcenter geführt. Die Dienstleistungen werden als Service-Level-Agreement den internen Kunden, Entscheidungsträgern, Mitarbeitern und Betriebsrat im Intranet des Unternehmens transparent gemacht. Der interne Kunde kennt dadurch Aufgabeninhalte, Dauer, Ansprechpartner und vor allem Kosten für die jeweilige Dienstleistung.

Prozessorientiertes HR-Management

Vorteile durch Service-Level-Agreement:

1. Transparenz der Dienstleistungen
2. Planungsgenauigkeit für Kunden
3. Leistung und Nutzenoptimierung für den Kunden
4. Kostenreduktion durch bessere Auslastung der eigenen Kapazitäten
5. Kostensenkung durch Insourcing

Folgende Bildungsthemen können im Unternehmen als SLA angeboten werden:

1. Einstellung von Auszubildenden
2. Ausbildung zu Facharbeitern
3. Ausbildung zum Facharbeiter und gleichzeitig zum Diplom-Ingenieur
4. Konzeption einer Bildungsveranstaltung/eines Workshops
5. Teilnahme an interner Weiterbildung
6. Teilnahme an externer Weiterbildung
7. Einarbeitung angestellter Mitarbeiter
8. Entwicklung von Fach- und Führungskräften
9. Beschäftigung von Praktikanten

Die folgenden Beispiele zeigen die Inhalte von mehreren Bildungs-SLAs:

SLA: Ausbildung

Ausbildung
- Serviceumfang
  - Durchführung des Einstellungs- und Auswahlverfahrens
  - Vertragsabschluss
  - Ausbildungsplanung
  - Vermittlung von Fertigkeiten und Kenntnissen
  - Ausbildungsbetreuung
  - Vorbereitung auf die Abschlussprüfung
  - Unterstützende Tätigkeiten durch die Auszubildenden in den Fachabteilungen
- Verantwortliche/r
  - Ausbildungsleitung
  - Ausbilder

- Prozessstart/-dauer
  - Ausbildungsstart in den Ausbildungsberufen jeweils 01.09.
  - Ausbildungsstart in der kooperativen Ingenieur-Ausbildung jeweils 01.07.
  - Ausbildungsdauer 2,5-4 Jahre je nach Ausbildungsberuf
- Servicekosten; Arbeitszeit
  - Ausbildungskosten pro Jahr pro Azubi 13.830 €
  - Verkürzte Ausbildung im kaufm. Bereich, IT-Berufe, Kunststoffbereich
    2,5 Jahre 34.575 €
  - Verkürzte Mechaniker- und Elektrotechnische Berufe, reguläre kaufm. und IT-Berufe, Kunststoffbereich
    3 Jahre 41.490 €
  - Reguläre Mechaniker- und Elektrotechnische Berufe
    3,5 Jahre 48.405 €
  - Kooperative Ingenieur-Ausbildung
    4 Jahre 55.320 €

10 Marketing für Personaldienstleistungen

SLA: Entwicklung von Fach- und Führungskräften

- Entwicklung von Fach- und Führungskräften

  - Serviceumfang
    - Individuelle Beratung zur Potenzialentwicklung
    - Abgleich von Anforderungsprofil der Stelle und Kompetenzprofil des Mitarbeiters
    - Individuelle Entwicklungs- und Weiterbildungsplanung
    - Beratung zur Vorbereitung der Selbstpräsentation
    - Ggf. Coaching

  - Verantwortliche/r
    - Leiter Personalentwicklung

- Prozessstart/-dauer
  - Start nach Entscheidung über die Besetzung von Fach- oder Führungspositionen
  - Dauer abhängig vom Grad der Übereinstimmung von Anforderungs- und Kompetenzprofil

- Servicekosten; Arbeitszeit
  - Konkreter Kostenvoranschlag nach namentlicher Nennung

SLA: Teilnahme an Weiterbildung

Serviceumfang
- Bedarfserhebung und Anmeldeverfolgung
- Einladung und Bereitstellung vollständiger Teilnehmerunterlagen
- Meldung an Betriebsrat
- Organisation von Bewirtung und ggf. Übernachtung der Teilnehmer
- Seminarbegleitung und Qualitätssicherung
- Erfolgskontrolle anhand Seminarbeurteilung der Teilnehmer und Wirksamkeitsüberprüfung anhand Feedbackbogen des Vorgesetzten
- Bereitstellung von Seminarunterlagen, Teilnahmebescheinigung und ggf. Fotoprotokoll
- Prüfung der Rechnung von Seminaranbieter und Hotel sowie Weiterleitung an Buchhaltung
- Dokumentation der Seminarteilnahme in der Mitarbeiter-Weiterbildungsübersicht (Intranet)

- Verantwortliche/r
  - Referent/in Personalentwicklung
  - Sachbearbeiter/in Personalentwicklung
- Prozessstart/-dauer
  - Start nach Anmeldung
  - Einladung bis 6 Wochen vor Durchführung (Ausnahme: im Nachrückverfahren oder bei kurzfristig anberaumten Terminen)
- Servicekosten; Arbeitszeit
  - Je Seminar ca. 60 €
  - Je Teilnehmer/in ca. 5 €
- Zusätzliche Kosten
  - Trainer je nach Aufwand (siehe z. B. Weiterbildungsprogramm)
  - Seminarunterlagen je nach Aufwand
  - Ggf. Übernachtungskosten
  - Reisekosten

Abb. 113 bis 115: **Beispiele für die Inhalte von SLAs**

Durch diese Transparenz hat der Kunde die Möglichkeit, Vergleiche mit externen Bildungsinstitutionen anzustellen und die Personalentwicklung ist durch diese Benchmarks dazu angehalten, ihr Preis-Leistungs-Verhältnis ständig zu verbessern. Das setzt wiederum Kreativität und Aktivitäten zur Prozessoptimierung bei den Mitarbeitern in Kraft. Eine derartige Kreativität ließ bei Phoenix Contact die Idee des Insourcing reifen. Bei der Überlegung, die teure Ausbildung günstiger zu gestalten, hatte man aus innerer Überzeugung die Alternative des Downsizings oder der Kostenbeschneidung verworfen. Bildung wird als eine unbedingte Investition in die Zukunft des Unternehmens betrachtet. Stattdessen entwickelte man das Konzept des Insourcings, um Kosten zu sparen.

10.6 Insourcing von HR-Aufgaben

Unternehmen, denen es mangels eigener Kapazitäten nicht möglich ist, komplexe Ausbildungen anzubieten, können bei Phoenix Contact junge Menschen ausbilden lassen. Primär kleine bis mittlere Unternehmen und Institutionen wie Hochschulen, die über keine Ausbildungsabteilung verfügen oder nie verfügt haben, nehmen dieses Angebot wahr. Daraus resultieren für alle Beteiligten Vorteile:

1. Das ausbildende Unternehmen kann durch bessere Kapazitätsauslastung seine Kosten senken. Es wird sogar von den externen Auftraggebern für die Ausbildung ihrer Azubis bezahlt und erwirtschaftet somit Umsatz und Ertrag.
2. Die kleinen und mittleren Unternehmen, die junge Menschen ausbilden lassen, sichern das Facharbeiter-Know-how für ihre eigene Zukunft.
3. Junge Menschen erhalten eine Ausbildung, die ihnen sonst nicht möglich gewesen wäre.

Dieses Konzept einer Verbundausbildung wird Ausbildungskooperation genannt. Sie bietet die Möglichkeit, die dreieinhalbjährige Ausbildung für andere Unternehmen durchzuführen oder Elemente der kompletten Ausbildung in Form von Ausbildungsmodulen anzubieten. Gerade kleinere Unternehmen möchten einen jungen Auszubildenden möglichst schnell auch selbst einsetzen. Daher besteht z. B. für junge Menschen die Alternative, im ersten Jahr im ausbildenden „Fremdunternehmen" tätig zu sein und im zweiten Jahr bereits in ihrem eigentlichen Unternehmen aktiv zu werden. Sollten Bildungsthemen benötigt werden, über die das kleinere Unternehmen nicht verfügt, kann es Qualifizierungsmodule einkaufen.

10 Insourcing von HR-Aufgaben

Im Folgenden wird das Ausbildungsangebot zum/zur „IT-Systemkaufmann/-frau" und ein Modul „Grundlagen Löten" exemplarisch dargestellt:

Ausbildungsberuf: IT-Systemkaufmann/-frau

Zunächst werden die Kernqualifikationen wie z. B. Grundlagen der Datenverarbeitung und der Programmierung sowie Kenntnisse bzgl. Marktbeobachtung, Wettbewerbsvergleichen und Controlling vermittelt. Im Rahmen der Vermittlung der Fachqualifikationen werden Kenntnisse über Marketing und Vertrieb vermittelt. Dazu gehört die Bearbeitung von Projekten, die Entwicklung von Lösungen für den Einsatz kompletter Systeme sowie die Erstellung von Angeboten und Verträgen für Kunden.

Teilnehmerkreis: Auszubildende zum/r IT-Systemkaufmann/-frau

Fachliche Inhalte:
1. Grundlagen Löten
2. Grundlagen Datenverarbeitung
3. Grundlagen Elektrotechnik
4. Schutztechnik
5. Grundlagen HTML
6. Präsentationstechnik
7. Projektmanagement

Dauer: 3,5 Jahre

Kosten: 8 € zuzüglich 16 % Mehrwertsteuer pro Teilnehmer und geleisteter Zeitstunde

---

Das gleiche Modell des Insourcings wird in der klassischen Personalentwicklung betrieben. So werden zahlreiche Weiterbildungsthemen externen Unternehmen angeboten. Die Abbildung 116 zeigt beispielhaft das Seminarangebot für interkulturelle Zusammenarbeit.

Durch verschiedene Maßnahmen der Insourcing-Strategie im Hinblick auf Personalentwicklung werden gute Umsätze erwirtschaftet, die gegen die gesamten HR-Kosten gerechnet werden. Dadurch kann das HR-Budget deutlich gesenkt und die Kapazitäten können optimaler genutzt werden.

Weiterhin werden die Auszubildenden dafür eingesetzt, Schaltschränke für Anbieter von Bildungsgeräten herzustellen. Dadurch werden Umsätze mit Bildungsanbietern generiert, zudem üben die Auszubildenden wertschöpfende Tätigkeiten aus, die ihre Motivation und auch ihren Stolz fördern.

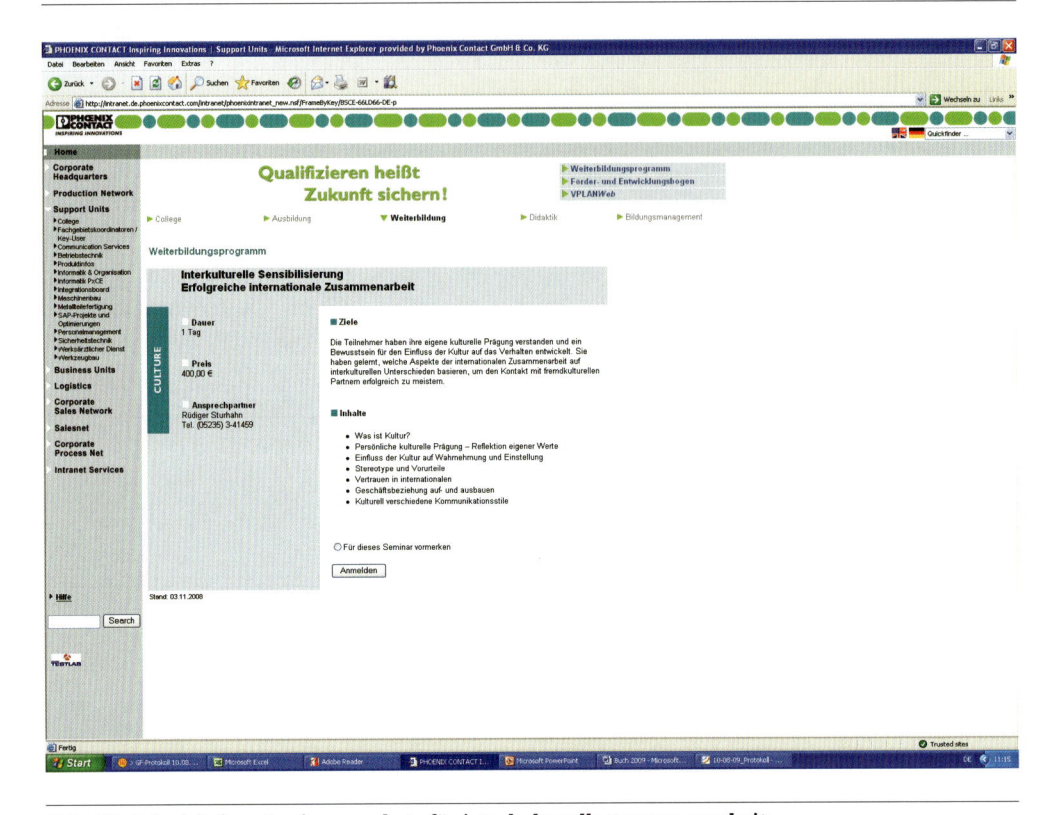

Abb. 116: **Beispiel eines Seminarangebots für interkulturelle Zusammenarbeit**

> **Praktische Handlungsempfehlungen**
>
> 1. Richten Sie die Personaleinheit prozessorientiert aus.
> 2. Entwickeln Sie den Personalbereich zum Steering Partner.
> 3. Das Personalmanagement sollte sich mehr Know-how im Bereich Generalmanagement aneignen
> 4. Die Personalmitarbeiter sollten vor Ort in den Unternehmenseinheiten arbeiten und nicht in einer Zentrale.
> 5. Die Personalabteilung sollte sich als Servicecenter stark am Bedarf der internen Kunden ausrichten.
> 6. Das Personalmanagement sollte seine wichtigen Aufgaben und Aufträge als SLA formulieren.
> 7. Wertschöpfung und Kostenbewusstsein sollten im HR-Bereich besonders ausgeprägt sein.

11 Positionierung von HR innerhalb der Geschäftsleitung

Mitte der 1970er Jahre zogen viele Personalleiter in die Vorstands- oder Geschäftsleitungsetagen größerer Unternehmen ein. Dies wurde durch § 33 des Mitbestimmungsgesetzes unterstützt. Der Arbeitsdirektor wurde als gleichberechtigtes Mitglied der Unternehmensleitung bestellt. Seine Aufgaben übte er in engster Abstimmung mit dem Topmanagement aus. Viele Unternehmen, besonders solche, die der Montanmitbestimmung unterlagen, schlossen sich dem Trend an. Aus dem einstigen Leiter der Personalverwaltung sollte ein Gestalter und Unternehmenspolitiker mit weitreichender strategischer Ausrichtung werden. Mitwirkung in der Geschäftsleitung prädestinierte den Arbeitsdirektor, an entscheidender Stelle personalpolitische Entscheidungen im Sinne des Unternehmens und der Mitarbeiter zu treffen. Seine Funktion wurde in den 1980er Jahren z. T. auch in die mittelständischen bzw. privaten Unternehmen übertragen (Olesch, 2008 b).

In der Unternehmensleitung waren primär folgende Funktionen vertreten:

Entwicklung — Produktion — Vertrieb — Finanzen — Personal.

11.1 Hürden auf dem Weg in die Unternehmensleitung

Ende der 1980er und Anfang der 1990er Jahre konnte man einen eindeutigen Rückschritt dieser Entwicklung beobachten. Die Position des Arbeitsdirektors verschwand zum Teil. Dort, wo ein Arbeitsdirektor in Pension ging oder das Unternehmen verließ, wurde seine Aufgabe von einem anderen Vorstands- oder Geschäftsleitungsmitglied übernommen oder das Personalwesen wurde häufig demjenigen Mitglied der Unternehmensleitung, das für Finanzen zuständig war, unterstellt. Gerade beim Finanzchef eines Unternehmens aber zählt das Personalwesen als primärer Kostenverursacher. Die strategische Ausrichtung des Personalmanagements war nicht so bedeutend. Es ging weniger darum, wie man die Qualität und Motivation der Mitarbeiter entwickeln kann, sondern darum, wie man Personal und seine Kosten reduzieren kann. Mittel für Personalentwicklung, Ausbildung und Investitionen in die Mitarbeiterschaft wurden restriktiv behandelt.

Positionierung von HR innerhalb der Geschäftsleitung

Dieser Trend wurde zudem von der allgemein wirtschaftlich stagnierenden Entwicklung gegen Ende der 1990er Jahre in Deutschland verstärkt. Sie war aber nicht der primäre Grund, weshalb Personalmanager auf Geschäftsleitungs- und Vorstandsebene selten wurden. Was waren die relevanten Aspekte dafür? Sehen Sie dazu die folgenden Abschnitte.

11.1.1 Der Personalmanager als Berater mit Stabsfunktion

Mitte der 1990er Jahre entwickelten einige Personalverantwortliche die Strategie, den Führungskräften im Unternehmen bei allen HR-Themen primär als Berater zur Verfügung zu stehen. Um diese Rolle zu unterstreichen, betrachtete man sich als Business Partner im Unternehmen (Ulrich, 2005). Auf vielen Kongressen wurde dieser Fokus der Personalverantwortlichen als der zukünftige Trend postuliert.

Dabei wurden der Aspekt und die Gefahr nicht genügend in Betracht gezogen, dass ein Berater oder Business Partner nie den unternehmerischen Einfluss besitzt wie ein Topmanager. Durch diesen Ansatz katapultierte man sich zum Teil aus der einstigen Topführungsposition und gab den entsprechenden unternehmerischen Einfluss auf. Vielleicht kam das anderen Vorstandskollegen recht, um Kosten auch auf der Topführungsetage zu reduzieren und den „Missionar" einer mitarbeiterorientierten Unternehmenskultur in seine Grenzen zu weisen.

11.1.2 Der Personalmanager als Spezialist

Ein weiterer Faktor unterstützte ebenfalls die Schwächung des Arbeitsdirektors. Viele Personalmanager sahen sich als Spezialisten auf ihrem Gebiet. Sie qualifizierten sich ständig durch neues Know-How, sei es im Hinblick auf Personalentwicklung, Arbeitsflexibilisierung oder Work-Life-Balance. Auf der Ebene der Unternehmensleitung wird aber nicht Detailwissen im jeweiligen Fachgebiet verlangt, sondern generalistisches, unternehmerisches und strategisches Wissen sowie Handeln.

In der Unternehmensleitung herrscht häufig die Meinung, man könne beim Thema Human Resources kompetent mitreden. Demgegenüber haben sich Personalmanager kaum generalistisches Know-How angeeignet, um anderen Geschäftsleitungskollegen qualifiziert mit Rat und Tat zur Verfügung zu stehen. Wer fachübergreifend in der Unternehmensleitung mitreden und mitgestalten kann, wird eine Funktion in diesem wichtigsten Gremium erfolgreich besetzen können.

11.1.3 Der Personalmanager als Kostentreiber

Es gibt einen weiteren Punkt, der die Funktion des Personalmanagers in der Unternehmensleitung erschwert. Der Vertriebskollege kann z. B. von positiven Zahlen wie Umsatzsteigerung und Marktwachstum berichten. Der Produktionskollege kann über Reduzierung von Durchlaufzeiten und Steigerung der Produktivität sprechen. Alle Aspekte, die in einem unter Kostendruck stehenden Unternehmen allgemeine Zustimmung finden. Der Personalmanager kann dagegen zumeist nur Kosten präsentieren, da die Effizienz seiner Arbeit zur Wertschöpfung des Unternehmens kaum in Zahlen nachzuweisen ist (Olesch, 2008 c). Einige Aspekte wie Wertschöpfung durch geringere Fluktuation, Krankenstand und schnellere Gewinnung von neuen hoch qualifizierten Mitarbeitern kann man allerdings stichhaltig beweisen, wie im Abschnitt „Messbare Wertschöpfung von Employer Branding" dargelegt.

11.1.4 Der Personalmanager als nüchterne Persönlichkeit

Viele Personalmanager möchten primär fachlich, sachlich und nüchtern wirken. Das ist sicherlich auch notwendig, reicht aber nicht aus, um eine starke Position in der Unternehmensleitung einzunehmen. Nicht selten werden sie hinter vorgehaltener Hand als Personalverwalter betitelt, auch wenn sie sich selbst als Gestalter sehen. Betrachtet man dagegen Vertriebs- oder Marketingmanager, so kann man konstatieren, dass sie häufig mehr Begeisterungsfähigkeit und Esprit besitzen, gerade weil sie dadurch, abgesehen von ihrer fachlichen Kompetenz, den Kunden für das Unternehmen gewinnen und begeistern. Da der Aktionsbereich des Personalvorstands eher nach innen ins Unternehmen gerichtet ist, hat er weniger Übung darin, emotional überzeugend aufzutreten. Eine begeisternde Persönlichkeit gehört jedoch dazu, um sowohl die Kollegen aus der Unternehmensleitung als auch die Mitarbeiter für sich und seine Aktivitäten zu gewinnen.

11.2 Der Weg in die Unternehmensleitung

Was kann nun der Personalmanager tun, um eine Position in der Unternehmensleitung glaubhaft in Anspruch zu nehmen? Zunächst einmal muss er von den Kollegen als fachlich hoch kompetent eingeschätzt werden. Das erreicht er nur, indem er seine Arbeit mit überdurchschnittlichem Erfolg ausführt und dafür eine angemessene Anerkennung erhält. Eine hohe Performance ist eine Voraussetzung für den Aufstieg in die Geschäftsleitung, wie im ersten und vierten Kapitel beschrieben. Darüber hinaus sollte er sich als Lenker, Generalist, Missionar und Begeisterer profilieren (Olesch, 20013 c).

Die folgende Übersicht fasst noch einmal zusammen, was einen Personalmanager auszeichnen muss, damit er eine Position in der Unternehmensleitung erreichen und auch glaubhaft beanspruchen kann:

Was einen Personalmanager auszeichnen muss

Der HR-Manager als Steering Partner

Nicht mit der Rolle eines Beraters für die Unternehmensleitung, nicht mit dem Satus eines Offiziers, sondern mit der Stellung eines Kapitäns sollte sich der HR-Manager zufriedengeben. Von der Position der Unternehmensleitung aus kann er erfolgreiche Konzepte für Human Resources realisieren, die das Unternehmen nach vorne bringen und dessen Zukunft sichern und ausbauen. Natürlich gehört dazu viel Mut. Mut, wichtige unternehmensstrategische Entscheidungen zu treffen und sie gegenüber starken Mitgliedern in der Unternehmensleitung und dem Management zu vertreten.

Der HR-Manager als Generalist

Eine wesentliche Voraussetzung ist es, Know-how in anderen Managementthemen zu besitzen. So sollte sich der HR-Manager in Themen wie Produktion, Entwicklung, Marketing und Vertrieb oder Controlling einarbeiten. Hier wird von ihm zwar kein Detailwissen verlangt, aber er muss über Kenntnisse hinsichtlich der Themen verfügen, die die allgemeine Unternehmensführung tangieren. Er sollte sich auf ein generalistisches Know-how ausrichten und sich von seinem Personaldetailwissen ein wenig distanzieren. Initiative und Mut gehören ebenfalls dazu, um mit anderen Mitgliedern der Unternehmensleitung kompetent Unternehmensstrategien zu gestalten. Dabei ist es wichtig, mit dem Kopf über die Wolken zu sehen und mit den Füßen auf dem Boden zu stehen. Bodenhaftung heißt, die eigenen Grenzen zu kennen und sich nicht auf Glatteis zu begeben.

Der HR-Manager als Visionär

An anderer Stelle wurde das Dilemma geschildert, dass HR-Managern häufig die hohen Personalkosten vorgehalten werden. Viele Versuche wurden unternommen, um eine Wertschöpfung und Renditesteigerung der HR-Leistung zahlenmäßig zu erfassen. So wurden Personalstabsabteilungen mit wochenlangen und kostenaufwendigen Analysen konfrontiert. Die Erkenntnis daraus besteht meistens darin, dass eine dezidierte Validierung von Personalthemen äußerst aufwendig ist. Hier sollte man dort investieren, wo es sich lohnt.

Mit Personalthemen kann man am besten überzeugen, wenn man selbst an den Erfolg glaubt und diese Überzeugung glaubwürdig vertritt. Hier spreche ich vom HR-Manager als Visionär. Er sollte sich wie ein guter Verkäufer verhalten. Auch wenn beim ersten und zweiten Mal der Kunde kein Interesse zeigt, bleibt er am Ball und wird durch den Glauben an sein Produkt den Kunden schließlich doch gewinnen. Wie eine gute Unternehmensleitung, die, wenn ihr der Wind ins Gesicht bläst, nie aufgibt und dabei immer die Zukunft und die eigene Vision im Auge behält.

Der HR-Manager als Begeisterer
Menschen, die zur Unternehmensleitung gehören, müssen motivieren, ja mitreißen und begeistern können. Nur dann folgen die Mitarbeiter und werden effizient arbeiten. Das ist auch die Herausforderung an einen Personalmanager, der in die Unternehmensleitung aufgenommen werden und dort erfolgreich tätig sein will. Nun sind Personalverantwortliche nicht selten eher nüchterne, sachliche Typen. Sie sollten sich an guten Vertriebs- und Marketingkollegen und deren hoher Begeisterungsfähigkeit orientieren. Die besten Argumente wirken wenig, wenn neben dem Kopf nicht auch das Herz angesprochen wird. Dafür kann man Maßnahmen zur Persönlichkeitsentwicklung, wie z. B. Coaching, wahrnehmen. Begeisterung kann man nur vermitteln, wenn man mit Mut an seine Visionen und an die eigenen Fähigkeiten glaubt.

11.3 Zukunftschancen für HR-Manager

Die Chancen für Personalmanager, in die Unternehmensleitung aufzusteigen, sind vorhanden. Die demografische Entwicklung, die Globalisierung und der Wertewandel stellen unsere Unternehmen vor gewaltige Herausforderungen. Ab 2016 wird die Anzahl der Fachkräfte in Deutschland stark zurückgehen. In zehn Jahren werden wir fast 10 Millionen weniger arbeitende Menschen haben. Mit solchen Fakten können die HR-Manager, die diese Herausforderungen rechtzeitig annehmen, im Unternehmen punkten. Unsere Mitarbeiter sind die Antriebskräfte der Unternehmen. Ohne sie werden wir unsere starke weltweite Exportposition nicht halten können. Durch intelligente, strategische und vorausschauende Personalstrategien und deren erfolgreiche Umsetzung können wir, die HR-Verantwortlichen, den Erfolg unserer Unternehmen entscheidend mitgestalten. Es ist unsere Chance zum Erfolg, nutzen wir sie!

Praktische Handlungsempfehlungen

Am Ende dieses Abschnitts möchte ich — anders wie in den vorherigen Kapiteln — anstatt Handlungsempfehlungen zu geben, mit wenigen Worten zusammenfassen, was einen exzellenten Personalmanager auszeichnet:
Der Personalmanager sollte den Willen haben, das Unternehmen mitzusteuern (Steering Partner), sowie Generalist, Visionär und Begeisterer zu sein.

Schlussgedanken

In diesem Buch habe ich viel über exzellente HR-Arbeit und das hohe Engagement, das man für sie aufbringen muss, geschrieben. Ich habe betont, wie wichtig es ist, durch eine überdurchschnittliche Leistung den Weg in die Geschäftsführung eines Unternehmens zu finden. Man sollte dies nicht aus einem persönlichen Machtstreben heraus tun, sondern deshalb, weil man auf dieser Ebene noch effizienter für das Unternehmen und die Mitarbeiter wirken kann. Das sind große Ziele, die viel Engagement verlangen. Dabei sollte man aber immer auch sein persönliches Leben als Privatmensch im Fokus haben. Denn nur, wenn die anspruchsvolle Tätigkeit als HR-Verantwortlicher mit dem eigenen privaten Leben im Einklang steht, kann man glücklich leben. Und das ist doch letztendlich unser aller Ziel.

Was ist wahrer Erfolg für einen selbst? Wenn man jeden Abend beim Einschlafen mit sich im Reinen ist — das ist Erfolg (Coelho, 2013).

Literatur

Becker, F. G.: Lexikon des Personalmanagements. Deutscher Taschenbuch Verlag, München, 3. Auflage, 2005.

Becker, F. G. & Kramasch, M. H.: Leistungs- und erfolgsorientierte Vergütung für Führungskräfte. Hogrefe Verlag, Göttingen, 2006

Brenner, D.: Mitarbeitersuche. Wolters Kluwer, Köln, 2009.

Bruch, H.: Die besten Arbeitgeber im Mittelstand 2006. In: Redline Wirtschaft, 2006.

Bruch, H.: Die besten Arbeitgeber im Mittelstand 2008. In: Redline Verlag, 2008.

Bruch, H.: Die besten Arbeitgeber im Mittelstand 2011. In: Redline Verlag, 2011

Bruch, H. & Vogel, B.: Organisationale Energie. Verlag Gabler, 2009.

Coelho, P.: Die Schriften von Accra. Diogenes Verlag 2013.

Coelho, P.: Sei wie ein Fluss, der still die Nacht durchströmt. Diogenes Verlag 2006.

CRF: Top Arbeitsgeber für Ingenieure 2012, Bertelsmann Verlag, 2012.

Dunker, M.: Marketing. Merkur Verlag, Rinteln, 2003.

Frank, S.: Internationales Business, Haufe Verlag, München, 2003.

Frickenschmidt, S. & Quenzler, A.: Wahre Schönheit kommt von innen. In: Personalführung, 8, 2012

Goleman, D.: Der Erfolgsquotient. Carl Hanser Verlag, München/Wien, 3. Auflage, 2003.

Hohlbaum, A. & Olesch, G.: Human Resources — Modernes Personalwesen. Merkur Verlag, Rinteln, 4. Auflage, 2010.

Ibers, T & Hey, A.: Risikomanagement. Merkur Verlag, Rinteln, 2005.

Literatur

Jaschinski, Ch. & Hey, A.: Wirtschaftsrecht. Merkur Verlag, Rinteln, 2. Auflage, 2004.

Jungkind, W.: Personalwirtschaft. Merkur Verlag, Rinteln, 2006.

Hungenberg, H.: Strategisches Management im Unternehmen. Gabler-Verlag, Wiesbaden, 2001.

Lasko, W. W. & Busch, P.: Strategie Umsetzung Profit. Gabler Verlag, Wiesbaden, 2007.

Lemmer, R.: Wertvolles Gütesiegel. In: Personal, 2, 2011.

Micic, P.: Das Zukunftsradar. Gabel Verlag, Offenbach, 2006.

Olesch, G. & Paulus, G.: Innovative Personalentwicklung in der Praxis. Beck-Verlag, München, 2000.

Olesch, G.: Schwerpunkte der Personalarbeit. Sauer-Verlag, Heidelberg, 1997

Olesch, G.: Erfolgreiche Mitarbeiter durch Unternehmenskultur. In: Personal, 7, 2001 a.

Olesch, G.: Zielvereinbarung und variable Vergütung. In: Entgelt gestalten, Wirtschaftsverlag, Bachem, 2001 b.

Olesch, G.: Strategisches Personalmanagement — Herausforderungen für die Zukunft. In: Die Zukunft des Managements. Deutscher Manager Verband, 2002.

Olesch, G.: Eine Alternative zur Führungskarriere. In: Personal Magazin, 6, 2003 a.

Olesch, G.: Insourcing von Personalentwicklung. In: Personal, 11, 2003 b.

Olesch, G.: Bildung als Fundament der Unternehmensstrategie. In: MessTec & Automation, 4, 2004 a.

Olesch, G.: Gesundheit schafft Sieger. In Personal, 4 , 2004 b.

Olesch, G.: Welche HR-Strategie fordert die demografische Entwicklung? In: Demografische Analyse und Strategieentwicklung in Unternehmen, Wirtschaftsverlag, Bachem, 2005 a.

Literatur

Olesch, G.: Mens sana in corpore sano. In: HR Services, 12, 2005 b.

Olesch, G.: HR und das Prinzip Markt. In: Personalwirtschaft, 12, 2005 c.

Olesch, G.: Motivation und Mitarbeiterbildung durch Personalentwicklung. In: Jahrbuch der Personalentwicklung 2005, Hrsg. Schwuchow, K. & Gutman, J., Luchterhand, 2005 d.

Olesch, G.: Globalisiertes Arbeiten. In: Persorama, Special, 2006 a.

Olesch, G.: Leader werden. In: Personal 2, 2006 b.

Olesch, G.: Europas Manager als Vorbilder. In: HR Today, 12, 2006 c.

Olesch, G.: Soziale Verantwortung für Arbeitsplätze. In: Personal, 9, 2006 d.

Olesch, G.: Mitarbeiter sind unser Erfolg. In: Industrie Service, 5, 2006 e.

Olesch, G.: Fachkräftemangel als Herausforderung. In: Fallstudie zur Unternehmensführung, Gabler Verlag, 2008 a.

Olesch, G.: Personalmanager an die Macht. Personalwirtschaft, 2, 2008 b.

Olesch, G.: Kostenmanagement in der Personalgewinnung. In: Nachhaltiges Kostenmanagement, Schäffer-Poeschel Verlag, 2008 c.

Olesch, G.: Jetzt erst recht. In: Personal, 7, 2009 a.

Olesch, G.: Soziale Verantwortung trotz Krise. Personalwirtschaft, 7, 2009 b.

Olesch, G.: Servicecenter Personalmanagement. In: Institut für angewandte Arbeitswissenschaften e. V., 200, 2009 c.

Olesch, G.: Visionen entwickeln und Mitarbeiter begeistern. In: Personalwirtschaft, 8, 2010 a.

Olesch, G.: Erfolgreich im Personalmanagement. Bachem Verlag, 2010 b.

Olesch, G.: Ethik managen. In: Personal, 7—8, 2010 c.

Literatur

Olesch, G.: Innovation durch Human Resources und Unternehmenskultur. In: Innovationsfähigkeit sichern. Hrsg. Happe, G., Gabler Verlag, 2011 a.

Olesch, G.: Vom Businesspartner zum Steering Partner. In: Personalwirtschaft, 10, 2011 b.

Olesch, G.: Innovation durch Human Resources und Unternehmenskultur. In: Innovationsfähigkeit sichern. Hrsg. Happe, G., Gabler Verlag, 2011 c.

Olesch, G.: Die Marke macht´s. In: Personalwirtschaft, 3, 2012.

Olesch, G.: Visionen und Mut in HR. In: Personalwirtschaft, 4, 2013 a.

Olesch, G.: Ein Blick in die HR Bilanz. In: Personalmagazin, 6, 2013 b.

Olesch, G.: Steering Partner statt Business Partner. In: Jahrbuch der Personalentwicklung 2013, Hrsg. Schwuchow, K. & Gutman, J., Haufe-Lexware, 2013 c.

Ulrich, D.: The Future of Human Resources Management, John Wiley & Sons, 2005.

Pepels, W.: Servicemanagement. Merkur Verlag, Rinteln, 2005.

Pukas, D.: Lernmanagement. Merkur Verlag, Rinteln, 2. Auflage, 2005.

Scheunemann, R. & Seidel, R.: Potenzial im Unterschied. Verlag Dr. Müller, Saarbrücken, 2007.

Wagner, K.-R. (Hrsg.): Mitarbeiterbeteiligung. Gabler-Verlag, Wiesbaden, 2002.

Abbildungsverzeichnis

Abb. 1: Vision als Orientierung (Quelle: eigene Darstellung)

Abb. 2: Mission von Phoenix Contact (Quelle: eigene Darstellung)

Abb. 3: Das strategische Ziel für 2020 (Quelle: eigene Darstellung)

Abb. 4: Der Autor als Leiter eines Workshops für Führungskräfte (Quelle: eigene Darstellung)

Abb. 5: Strategische Maßnahmen auf dem Weg zum vertrauensvollsten Unternehmen (Quelle: eigene Darstellung)

Abb. 6: Schritte von der Unternehmensvision zur Realisierung (Quelle: eigene Darstellung)

Abb. 7: Megatrends für Human Resources (Quelle: eigene Darstellung)

Abb. 8: Der Weg zur Vision — bergauf und bergab (Quelle: eigene Darstellung)

Abb. 9: Die Zukunft wird mehr Flexibiltät von den Unternehmen fordern (Quelle: eigene Darstellung)

Abb. 10 und 11: Das Topmanagement stellt das eigene Privatleben vor und ermutigt dadurch die Mitarbeiter, ebenfalls zu ihrem Privatleben zu stehen (Quelle: eigene Darstellung)

Abb. 12: Fabel ist eine von Phoenix Contact mitgegründete Einheit, die sich um die privaten Probleme von Mitarbeitern kümmert; der FABEL-Service ist eine Initiative von lippischen Unternehmen und des Kreises Lippe, mit der Zielsetzung, Mitarbeiter mit persönlicher Beratung und der Vermittlung wertvoller Kontakte zu allen familienbezogenen Fragen zu unterstützen (Quelle: FABEL-Service, Detmold)

Abb. 13: Vision zu Human Resources (Quelle: eigene Darstellung)

Abb. 14: Phoenix Contact erreicht durch sein Engagement für seine Mitarbeiter ein gutes Image bei Kununu.com (Quelle: eigene Darstellung)

Abb. 15: Feedback von Mitarbeitern auf Kununu.com (Quelle: eigene Darstellung)

Abb. 16 und 17: Online- bzw. Zeitungsveröffentlichung zur Kununu-Bewertung von Phoenix Contact (Quelle: eigene Darstellung)

Abbildungsverzeichnis

Abb. 18: Herr Clement, Bundeswirtschaftsminister a. D., Frau Prof. Bruch, Universität St. Gallen, und Herr Wickert, Ex-Tagesthemen-Moderator, überreichen den TOP-JOB-Preis „Bester Arbeitgeber Deutschlands 2008" (Quelle: Blomberger Anzeiger, Januar 2008)

Abb. 19: Frau von der Leyen, Bundesarbeitsministerin, überreicht den Great-Place-to-Work-Preis 2010 an Phoenix Contact (Quelle: eigene Darstellung)

Abb. 20: Herr Clement, Bundeswirtschaftsminister a. D., überreicht ein weiteres Mal den TOP-JOB-Preis „Bester Arbeitgeber Deutschlands 2010" an Phoenix Contact (Quelle: Pyrmonter Rundblick, Februar 2011)

Abb. 21: Die Ministerpräsidentin von NRW, Frau Kraft, informiert sich beim Besten Arbeitgeber Deutschlands für Ingenieure 2012 (Quelle: eigene Darstellung)

Abb. 22: Bundesministerin von der Leyen besucht Phoenix Contact als besten Arbeitgeber 2013 (Quelle: Lippe aktuell, 28.08.2013)

Abb. 23: Phoenix Contact im herausfordernden Wettbewerb zu anderen attraktiven Arbeitgebern (Quelle: eigene Darstellung)

Abb. 24: Mitarbeiter mit höherer Identifikation und höherer Zufriedenheit bescheren einem Unternehmen höhere Umsatzsteigerungen, Renditen und Innovationsraten (Bruch & Vogel, 2009)

Abb. 25: Die HR-Aktivitäten von Phoenix Contact aus dem Jahr 2012, die national und auch international als gut bzw. als verbesserungswürdig betrachtet werden (Quelle: eigene Darstellung)

Abb. 26: Intranet Page der Best Practice Modelle (Quelle: eigene Darstellung)

Abb. 27: Drei wesentliche weltweite Maßnahmen zur Verbesserung von HR (Quelle: eigene Darstellung)

Abb. 28: Dokumentation des Status aller HR-Aktivitäten in einem Unternehmensbereich (Quelle: eigene Darstellung)

Abb. 29: Zielvereinbarungsbogen einer Führungskraft mit der Betonung der Unternehmens- und Führungskultur (Quelle: eigene Darstellung)

Abb. 30: Die wichtigsten Bedürfnisse der Mitarbeiter bei Phoenix Contact (Quelle: eigene Darstellung)

Abb. 31: Einige anonyme Äußerungen von Mitarbeitern in der TOP-JOB-Befragung 2011 (Quelle: eigene Darstellung)

Abbildungsverzeichnis 14

Abb. 32: Ziele von Employer Branding und deren messbare Ergebnisse (Quelle: eigene Darstellung)

Abb. 33: Kosten einer Vakanz durch verlorene Bruttowertschöpfung laut MINT Frühjahresreport 2012, Institut der deutschen Wirtschaft (eigene Darstellung)

Abb. 34: Fluktuationsrate in der Industrie laut Institut der deutschen Wirtschaft 2012 (Quelle: eigene Darstellung)

Abb. 35: In einem Workshop wurde erarbeitet, welche Unsicherheiten gegenüber der Globalisierung bestehen (Quelle: eigene Darstellung)

Abb. 36: Rückgang der Zahl Berufstätiger in Deutschland (Quelle: Statistisches Bundesamt, 2005)

Abb. 37: Sparmaßnahmen von Mangern bei Krisen (Quelle: ©mänz + rossmann organisationsentwicklung, 2003)

Abb. 38: Verankerung der Entwicklung der Mitarbeiter in den Unternehmenswerten (Quelle: eigene Darstellung)

Abb. 39: Zeitungsartikel über eine junge Frau, die ein hervorragendes Ingenieurstudium absolviert hat (Quelle: Lippische Landeszeitung, Januar 2009)

Abb. 40: Zeitungsartikel über den Frauenpowertag mit der ehemaligen Bundesministerin für Bildung Frau Bulmahn (Quelle: Mitarbeiterzeitschrift CONTACT)

Abb. 41: Berichterstattung über eine Weiterbildung von 50-Jährigen (Quelle: Lippische Landeszeitung, März 2004)

Abb. 42: Phoenix Contact stellt Mitarbeiter im Alter von 63 Jahren ein (Pyrmonter Nachrichten, August 2011)

Abb. 43: Das Engagement für Hauptschüler lohnt sich, was auch durch die Ehrung zum Ausdruck kommt (Lippische Landeszeitung, November 2005)

Abb. 44: Bildungskooperationsvertrag mit der Stadt Berlin (Quelle: eigene Darstellung)

Abb. 45: Auf der Homepage sowie in Printanzeigen wird darauf hingewiesen, dass Phoenix Contact zum besten Arbeitgeber gekürt worden ist (Quelle: eigene Darstellung)

Abb. 46: Was Mitarbeiter von ihrem Arbeitgeber erwarten (Quelle: eigene Darstellung)

Abb. 47 und 48: Beispiele von HR-Seiten (Quelle: eigene Darstellung)

Abbildungsverzeichnis

Abb. 49 und 50: Beispiele für angebotene Positionen (Quelle: eigene Darstellung)

Abb. 51: Karrierechancen im Unternehmen (Quelle: eigene Darstellung)

Abb. 52: Beispiel eines Ausschnitts des Weiterbildungsangebots (Quelle: eigene Darstellung)

Abb. 53: Qualifizierung zum Ingenieur und Facharbeiter (Quelle: eigene Darstellung)

Abb. 54 und 55: Darstellung der Unternehmens- und Führungskultur (Quelle: eigene Darstellung)

Abb. 56: Podcast Geschäftsführung (Quelle: eigene Darstellung)

Abb. 57: Podcast einer Mitarbeiterin (Quelle: eigene Darstellung)

Abb. 58 und 59: Phoenix Contact auf Facebook (Quelle: https://www.facebook.com/PhoenixContactAusbildung, Zugriff 14. September 2013)

Abb. 60 und 61: Darstellung des Unternehmensumfelds (Quelle: eigene Darstellung)

Abb. 62: Die drei Karrierechancen (Quelle: eigene Darstellung)

Abb. 63: Sechs parallele Beurteilungsstufen (Quelle: eigene Darstellung)

Abb. 64: Beispiel eines Soll-Ist-Profils (Quelle: eigene Darstellung)

Abb. 65: Definition von Handlungsfeldern (Quelle: eigene Darstellung)

Abb. 66: Altersstruktur der deutschen Bevölkerung (Quelle: eigene Darstellung, Grafik: Statistisches Bundesamt)

Abb. 67: Bei Phoenix Contact besteht die Vision, den Gesundheitszustand der älter werdenden Mitarbeiter auf dem Niveau der jüngeren zu halten (Quelle: eigene Darstellung)

Abb. 68: Befragung zur Teilnahme von Mitarbeitern am Gesundheitsmanagement (Quelle: eigene Darstellung)

Abb. 69: Das Zusammenwirken aller Beteiligten am Gesundheitsmanagement (Quelle: eigene Darstellung)

Abb. 70: Gesundheitstrainings am Arbeitsplatz (Quelle: eigene Darstellung)

Abb. 71: Zusammenfassung der Resultate des Gesundheitsmanagements (Quelle: eigene Darstellung)

Abb. 72: Aktionswochen bei Phoenix Contact (Quelle: eigene Darstellung)

Abb. 73: Eine Erfolgsmeldung über einen Mitarbeiter (Quelle: eigene Darstellung)

Abb. 74: Die Grafik zeigt die Zunahme der Präventionsgespräche (Quelle: eigene Darstellung)

Abb. 75: Die verschiedenen Krankheitsursachen für die Wiedereingliederung (Quelle: eigene Darstellung)

Abb. 76: Der Autor und sein Geschäftsführungskollege Roland Bent bei einem Firmenlauf (Quelle: eigene Darstellung)

Abb. 77: Human Resources Award für Gesundheitsmanagement (Quelle: Pyrmonter Nachrichten, November 2011)

Abb. 78: Ein Beispiel von Arbeitsflexibilisierung (Quelle: eigene Darstellung)

Abb. 79: Elternteilzeit – Beitrag in der Firmenzeitschrift über eine Phoenix-Contact-Familie (Quelle: eigene Darstellung)

Abb. 80: Die primären Ziele der Führungsleitlinien (Quelle: eigene Darstellung)

Abb. 81 bis 83: Beispiele für Führungsseminare (Quelle: eigene Darstellung)

Abb. 84: Schritte des Einführungsprozesses (Quelle: eigene Darstellung)

Abb. 85: Zusammenwirken von Unternehmenszielen, Unternehmensleitlinien und Unternehmenskultur (Quelle: eigene Darstellung)

Abb. 86: Entwicklung der Unternehmensziele (Quelle: eigene Darstellung)

Abb. 87: Beispiel für die Target Card des gesamten Unternehmens (Quelle: eigene Darstellung)

Abb. 88: Gestaltung von Zielen (Quelle: eigene Darstellung)

Abb. 89: Zielvereinbarungsbogen für Tarifangestellte (Quelle: eigene Darstellung)

Abb. 90: Die Vision-Werte-Pyramide (Quelle: eigene Darstellung)

Abb. 91 bis 94: Die Abbildungen zeigen beispielhaft Mission, Vision und Werte von Phoenix Contact (Quelle: eigene Darstellung)

Abb. 95: Balance der fünf Verantwortungsbereiche des Managements (Quelle: eigene Darstellung)

Abb. 96: Die Grafik zeigt die schlechte wirtschaftliche Entwicklung im Jahr 2009 (Quelle: eigene Darstellung)

Abbildungsverzeichnis

Abb. 97: Mitarbeiter von Phoenix Contact werden bei einer Krise regelmäßig informiert (Quelle: eigene Darstellung)

Abb. 98: Eine solch positive Darstellung unterstützt ganz besonders das Employer Branding eines Unternehmens (Quelle: Lippische Landeszeitung, Pyrmonter Nachrichten, Februar 2009)

Abb. 99: Die CR-Strategie von Phoenix Contact (Quelle: eigene Darstellung)

Abb. 100: Die Grafik zeigt den internationalen Aufruf von Phoenix Contact zur Mitwirkung an CR-Maßnahmen für Bildung (Quelle: eigene Darstellung)

Abb. 101: Das positive Feedback der Mitarbeiter zur Corporate Responsibility (Quelle: eigene Darstellung)

Abb. 102: Green Technologie bei Phoenix Contact wurde 2009 als CR-Ziel definiert (Quelle: eigene Darstellung)

Abb. 103: CR-Analyse deutscher Unternehmen von concern aus dem Jahr 2010 (Quelle: concern; Spin-Off des „Philosophy & Economics"-Programms der Universität Bayreuth)

Abb. 104: Beispiel einer funktionalen Organisation des Personalmanagements (Quelle: eigene Darstellung)

Abb. 105: Kundenverwirrung mit funktionaler Organisation des Personalmanagements (Quelle: eigene Darstellung)

Abb. 106: Zukunftsorientierte Prozessorganisation (Quelle: eigene Darstellung)

Abb. 107 und 108: Beispiel für den Prozess Personalbeschaffung (Quelle: eigene Darstellung)

Abb. 109: HR-Business-Partner-Modell nach David Ulrich (2005) (Quelle: Selbst-GmbH)

Abb. 110: Veränderung der HR-Arbeit (Quelle: eigene Darstellung)

Abb. 111: Aufgabenverteilung im HR-Ressort bei Phoenix Contact (Quelle: eigene Darstellung)

Abb. 112: Beispiel einer Beurteilung durch den Kunden (Quelle: eigene Darstellung)

Abb. 113 bis 115: Beispiele für die Inhalte von SLAs (Quelle: eigene Darstellung)

Abb. 116: Beispiel eines Seminarangebots für interkulturelle Zusammenarbeit (Quelle: eigene Darstellung)

Stichwortverzeichnis

A

Aktiengesellschaften	13
ältere Mitarbeiter	69
Vor- und Nachteile	70
andere Kulturen	63
Arbeitskontorahmen	128
Arbeitslosigkeit	62, 157
Arbeitsmarkt Trends	153
Arbeitsplätze	27
Arbeitsplatzsuche	33
Arbeitszeiten	47
Arbeitszeitmodelle	28, 127
Ausbildung	67, 197

B

Balanced Scorecard	142
Bankmanager	155, 156
BDI	164
BEM	123
betriebliches Eingliederungsmanagement	123
Betriebsarzt	124
Betriebsklima	28
Bevölkerungszahl	65
Bildung	62, 197
Bildungsniveau	59
Bildungssystem	59
Bildungswesen	66
Bill Gates	24, 31
Billiglohnländer	156
Bonusregelung	46
Bruttowertschöpfung	51
Business Partner	186

C

China	59
Coaching	67, 117
Corporate Principles	16
CR	164
CRF	31, 189

D

Demografie	25, 65
demografische Entwicklung	25, 65

E

Effizienz	61, 62
Eigenverantwortung	127
Eingliederungsmanagement	123
Elternteilzeit	129
Employer Branding	32, 33, 39, 47, 81
messbare Wertschöpfung	48
Ziele	50
Energiepreise	27
Entlassungen	14
EQR	74
Equal Pay	28
E-Recruiting	82

F

Facharbeiterinnen	69
Fachexperte	104
Fachkräfte	25, 65, 81
Fachkräftemangel	65
Fachleiter	104, 106
Fachleiterlaufbahn	106
Fairness	146
Flexibilität	173
Fluktuationsrate	52

Stichwortverzeichnis

Frauen	25, 68
technische Berufe	68
Freiraum	127
Führungsaufgaben	103
Führungsgrundsätze	131
Führungskraft	103
Führungskultur	21
Führungslaufbahn	105
Führungsleitbild	126
Führungsleitlinien	131, 132
Entwicklung	132
Umestzung	135
Ziele	133
Führungstrainings	135

G

Geiz-ist-geil-Mentalität	59
Geldpolitik	27
Generatione 50 plus	69
Generation X	29
Generation Y	29
gesellschaftliche Trends	153
Gesundheitsmanagement	26, 115, 117, 118, 125, 127
Resultate	121
Gesundheitssystem	155
Gier	156
Gleitzeitkorridor	128
Globalisierung	25, 26, 57, 58
Chancen	57
Great Place to Work®	19, 31, 40, 42, 189

H

Hauptschüler	26
Hausarztempfehlung	124
Herausforderungen	25
High Potentials	117, 127
binden	103
Karrieremöglichkeiten	103
Hochschulmessen	33
Homeoffice	47, 129
Homepage	33
HR-Bilanz	40, 41, 43, 47
HR-Business-Partner	187
HR-Business-Partner-Modell	186
HR-Competence-Center	187
HR-Face	191
HR-Homepage	83
HR-Management	22, 23
Aufgaben	173
prozessorientiert	181
strategische Kompetenzen	23
HR-Shared-Service-Center	186
HR-Verantwortlicher	21
Aufgaben	21
Human Resources	
Business Partner	186
Servicecenter	171
Human-Resources-Bilanz	40

I

Indien	60
Ingenieurinnen	69
Innovationsfähigkeit	173
Insourcing	200
interkulturelle Gruppen	64
interkulturelle Trainings	63
internationaler Markt	63
Internet	82

J

Jahresziele	145
Job-Enrichment	117
Job-Sharing	129
Jobsuchende	39
jüngere Mitarbeiter	
Vor- und Nachteile	70

K

Kapitalgesellschaften	157
Kooperationen	57, 63
Krankenversicherung	124

Stichwortverzeichnis

Krankheit	124
Kreativität	16, 61
Kundenbefragung	19
Kununu.com	33
Kurzarbeit	14

L

Leasingmitarbeiter	28

M

Megatrends	23, 153
Mission	15, 149, 150, 152
Mitarbeiterbefragung	19, 42
Mitarbeiterfragen	42
Mitarbeitergespräch	136
Mitarbeitergewinnung	81
Mitarbeiterzufriedenheit	41
Mittelstand	157
Motivation	62

N

Niederlagen	25

O

ökonomische Trends	152
One-face-to-the-customer	183, 190
Organisationsentwicklung	18

P

Partizipation	49
Partnerschaft	49
Personalabbau	155
Personalanzeigen	33
Personalbeschaffung	51
Personaldienstleistungen	196
Personalentwicklung	18, 49, 67, 197
Insourcing	201
Personal-Image-Werbung	82
Personalkosten	14

Personalmanagement	
prozessorientiert	181
Personalmarketing	81, 82
Personalmaßnahmen	81
Prävention	26
Präventionsgespräch	124
Privatunternehmen	13, 157
Profitdenken	156
Projektleiter	106
Projektmanager	104
Prozessoptimierung	145
Prozessorganisation	182, 183
prozessorientiertes HR-Management	181

Q

Qualifikation	59, 173

R

Rendite	47
Rentenversicherung	124

S

Schwellenländer	59
Service-Level-Agreement	183, 197
SLA	183
Social Media	33, 82
Sprachtrainings	63
Steering Partner	188
Steve Jobs	21, 31
Strategien	15, 16

T

Target Card	142
Technologie	59
Teilzeitarbeit	129
Telearbeit	129
Top Arbeitgeber	32, 189
TOP JOB	31, 40, 42, 189
Training	117

Stichwortverzeichnis

U

Umsatz	47
Umsatzwachstum	47
Unternehmensethik	147, 148
Unternehmensführung	146
Unternehmenskultur	28, 47, 139, 148
Prozesse	140
Unternehmensstrategien	150
Unternehmensziele	142
USA	62

V

Verantwortung	155, 157
Management	155
Vergütung	46, 144, 145
Vertrauen	18, 49
Vertrauensbildung	21
Vision	13, 15, 16, 25, 149, 150, 152
Volatilität	27

W

Weiterbildung	67, 197
Weltmarkt	27
Weltwirtschaftskrise	155
Werte	149, 152
Wertewandel	25, 29
Wertschöpfung	51
Wiedereingliederung	124
Wiedereingliederungsplan	125
Wiedereingliederungsprozess	125
Win-loose-Situation	146
Work-Life-Balance	29, 47, 115, 117, 127

Z

Zeitkonten	28, 128
Ziele	16
Zielvereinbarung	60, 142, 143
Prozess	143
Zielvereinbarungssysteme	49